舊制度與大革命

L'Ancien Régime et la Révolution

阿勒克西·德·托克維爾
Alexis de Tocqueville　著

李焰明　譯

目錄

第三編

導論

《舊制度與大革命》影響史資料

托克維爾曾於一八五〇年十二月二十六日，從蘇連多寫信給他的朋友古斯塔夫·德·博蒙（Gustave de Beaumont）。信中說：「就像你所知道的，從很久以前，我就想要寫一部新作。我始終認為，如果我必須在這世上留下什麼痕跡的話，那必定是以文字，而非行動的方式留下。此外，我覺得自己現在比十五年前時更適合寫書。於是，我踏遍蘇連多群山，開始尋找主題。我需要的主題應該是當代的，能為我提供一種將事實與思想、歷史哲學與歷史本身結合起來的手段，這些對我而言是問題產生的環境。我經常想到第一帝國，如果說法國大革命是一齣戲，那麼第一帝國便是其中特殊的、尚未定局的一幕。但是，當我看到種種難以逾越的障礙，尤其當我想到自己似乎是寫相同類型、並可能重新調整前人此類名著的架構，我便失去了勇氣。但這一次，主題卻是以嶄新、且在我看來也更易懂的形式呈現在我眼前。我認為，與其寫第一帝國史，還不如致力於指出並解釋重大事件的起因、特點和意義，因為它們是構成時代之鏈的重要環節。可以說，事實只是我所有堅固而持久的思想的基礎，而這些思想涉及我對那個時期、及其前後時代的思考，也涉及我對生活於其中的著名人物，及其為法國大革命運動揭示的方向的看法，以及我對民族的命運與全歐洲命運的關注。我可以就此寫一本小書，或許只會有一、兩卷，但會饒富趣味，並且有可能成為一部重要著作。我全神貫注在這個新的念頭上，並興奮地發現許多我起初並未留下深刻印象、但有可究之處的觀點。這一切都還只是在我的腦海中飄忽不定的雲影。你對這個主題有何想法？」

托克維爾的另一封信比上述文字更能彰顯作者的意圖，這封信是在一八五〇年十二月十五日寫給路易．德．凱爾戈爾萊伯爵的，也是從蘇連多寄出。我們在信中讀到：「再寫一部大作的念頭由來已久，也揮之不去。我覺得自己真正的價值是在思想領域，我的思維活躍，行動力卻不足。如果說我能在這世上留下一點什麼，那一定是我寫的書，而不是因為我有何功績。從許多方面來看，過去的十年我都沒有什麼大成就，但這十年卻讓我對人事有了更真實的了解、更關注細節，並依然保持著縱觀人事的習慣。比起寫《民主在美國》（*De la démocratie en Amérique*）那時候，我覺得自己現在更有能力去處理政治學的重大主題。但要選什麼主題呢？成功與否多半取決於選題，因為不僅要選一個讀者感興趣的主題，那更應是個令我振奮、讓我不吐不快的主題。我是這世上最不願為利益違背自己的想法和興趣的人，如果我所做的事無法為自己帶來極大的快樂，那我就會連個普通人都不如。所以，近幾年我常常尋找（至少是當我還有一點空閒可以觀察四周，跳出我身陷的那一小團混亂時），看可以從哪個主題著手，可惜沒有完全符合我的興趣所在、讓我驚喜的主題。

「然而，青春已逝、光陰荏苒，或者更確切地說，時間已過了壯年。我已更加明瞭生命的種種限制，而我的活動範圍也日漸縮限。對這些事的思考，也可說這些紛亂的想法，都自然而然地促使身居僻靜之地的我更嚴肅、更深入地尋找新書的主題。我想把腦海裡湧現的這些想法一一告訴你，徵求你的意見。我只能考慮當代的主題。其實，也唯有我們這個時代的事情，既能引起眾人的關注，又能讓我願意獻身其中。當今世界諸景紛呈，既壯觀又奇特，吸引了太多注意力，以致對於歷史事件，人們往往未及深思，歷史成了有閒及博學階級的專屬品。

「當代可討論的主題很多，到底該選哪一個呢？最新且最符合我的天性和理解的，是對當代一系列的思考和概述、以及對現代社會的自由評價，還有對這個社會未來種種可能性的預見。但是，當我探尋此類主題的癥結何在——即何者引發了該主題所有的思想，卻沒有找到。我能想像這部作品的許多部分，卻無法想像整體輪廓該是如何；我有經紗卻沒有緯線，織不成布。我必須找到某個部分，來為我的思想提供穩固而持久的事實基礎。我只有在寫歷史議題的時候才能觸碰到它，因為當潛心研究某個時代時，我可以在刻畫這個時代的同時，一併描繪我們時代的人事物，將各個零散的部分拼成一幅完整的畫面。而可以提供這樣的時代的，唯有法國大革命這部長劇。

「我早就有個想法（我好像跟你講過），要從一七八九年至今這段時間（我繼續稱之為法國大革命）裡，選取第一帝國的十年來論述。這也是大革命這令人難以置信的壯舉之誕生、發展、衰落和滅亡的時期。我越思考就越認為我選得或許還不錯。說到這時代本身，它不僅偉大，而且獨特，甚至是獨一無二的。然而，直至今日，至少在我看來，人們對第一帝國時代的描述總帶有虛假或庸俗的色彩。此外，這個時代不僅照亮了之前的時代，也啟發了之後的時代；若要使人能對大革命整體做出正確評價，讓人們都能從這齣戲中看見自己感興趣的主題，這一定是最合適的一幕。

「我感到困惑的不是主題的選擇，而是論述方式。我最初的想法是要按自己的方式重寫梯也爾[1]的著作，描述第一帝國的功業，但不再長篇大論地著墨於軍事部分，這部分梯也爾已經憑著自身的才華洋洋灑灑且生動地再現了。但是，就在我這麼想的時候，我突然對用這種方式來處理主題深感困惑。要寫作此書，需要長期的努力；此外，歷史學家最大的長處便是組織、串聯史實，但我不確定自己是否具備這樣的能力。到目前為止，我最擅長的是評價

1　梯也爾（Marie Joseph Louis Adolphe Thiers,1797-1877）：法國政治家、歷史學家，法蘭西第三共和國首任總統。著有《執政府與帝國史》（*Histoire du Consulat et de l'Empire*）。

事件，而不是簡單地敘述事件。在這種嚴格意義的歷史書寫中，我自認擁有的評判能力幾無用武之地，只能在歷史體裁外附帶提及，而且會使敘述變得累贅。最後，這還會給人一種矯揉造作的感覺，彷彿又走上了梯也爾的老路。讀者很少會因為這些用心的嘗試感激你，因為當兩位作家論述同一主題時，讀者自然會認為第二位作家的東西無甚可觀。我跟你說的這些便是我的疑慮，我想聽聽你的看法。

「幾乎緊接在第一種呈現主題的方式之後，我的腦海裡又湧現出另一種表達方式：我要寫的不再是一部長篇巨著，而是一本非常短的小書，或許只有一卷。確切地說，我不打算要寫第一帝國史，而是要對這段歷史做整體的思考和評價。毫無疑問的，我會提及事件、遵循事件的連貫性，但我的主要任務不是描述事件。我特別想讓人們了解的是最重要的大事，並讓人們看到引發這些事件的種種原因，包括第一帝國是怎樣產生的；它為何會在大革命開創的社會中被建立起來；它所使用的手段有哪些；創建第一帝國的人物面目；他成功與失敗的原因；他對世界的命運、尤其是對法國命運所產生的短期與長遠影響。我覺得一部偉大著作的素材就在這裡。

「但當然也極其困難。其中最令我頭痛的，就是如何將嚴格意義上的歷史與歷史哲學揉合在一起。我還不知道怎樣將二者結合起來（但這二者必須結合在一起，因為人們會說前者是畫布，後者是顏料，而作畫必須二者兼備）。我擔心一方會損害另一方，擔心自己缺乏那種不可或缺的精準選擇事件的本事，而且這些事件必須要能夠支撐思想。此外，敘述要詳實，要讓讀者能順著有趣的敘述，從一種思考被引向另一種思考，但又不能過於繁瑣，如此才能突顯本書的特點。在這類著作中，無與倫比的典範便是孟德斯鳩論羅馬興衰的那部作品[2]。

「透過羅馬的歷史可以看出羅馬的盛衰興亡，然而羅馬史中仍有許多需要作者加以解釋才能理解的部分。撇開某些偉大的經典遠勝於它所有的仿作這一點不談，孟德斯鳩的書中仍有不足。孟德斯鳩關注的是一個極寬廣遙遠的時代，他能做的只有選出那些重大事件，對之發表些普通的評論；如果他把自己的研究限定在某十年內，並透過大量細節與史實來探索自己的表達，那麼該著的難度肯定會大上很多。

「上述這番話是想讓你充分了解我的心境。前文所述的種種想法令我振奮，但我的思緒還在一團黑暗之中，最多也只有些微光，只能讓我看到此主題的重要性，卻無法認清這遼闊空間中事物的具體樣貌。我非常希望你能助我明察一切。我敢說，我比任何人都具備能把某種偉大的精神自由帶進類似的主題中、客觀且毫無保留地評論人事的能力。因為關於那些人物，儘管他們曾生活在我們這個時代，但我可以肯定自己對他們既無愛、也沒有恨。至於

2　即《羅馬盛衰原因論》（*Considerations sur les causes de la grandeur des Romains et de leur decadence*）。

名為憲法、法律、王朝、階級這些事物的形式，如果不考慮它們產生的效果，可以說它們在我眼裡是不存在的（我不能說它們是沒有價值的）。我不受傳統束縛，沒有黨派，也沒有事業，只獻身於自由和人類的尊嚴。對此，我可以保證。對於這種工作來說，這樣的傾向和性格是有益的；但當事情涉及介入人與人之間，而非僅僅談論的時候，這樣的傾向和性格往往就有害了……」

沒有人能比本書作者更清楚地指出《舊制度與大革命》創作的目的和方法。或許還應該一提，托克維爾曾在這兩封信中提及，最令他頭痛的即「如何將嚴格意義上的歷史與歷史哲學揉合在一起」。其實，這部著作無與倫比的特點正在於這種「揉合」。在托克維爾之前或之後所寫的所有法國大革命史，其寫作年代都十分明顯，烙上了作品誕生的時代烙印；而托克維爾的這部著作歷久彌新且經久不衰，是因為這是一部比較歷史社會學著作。即使我們的歷史學方法或社會學方法變得更加專業化，維柯[3]的《新科學》、孟德斯鳩的《論

3 維柯（Giovanni Battista Vico,1668-1744）：義大利政治哲學家、修辭學家、歷史學家和法理學家。代表作為《新科學》（*Scienza nuova*）。

法的精神》(*De l'esprit des lois*)、雅各・布克哈特[4]的《世界歷史沉思錄》(*Weltgeschichtliche Betrachtungen*)，這些著作仍不曾過時。《舊制度與大革命》也當屬此類經典著作，這是毋庸疑的。

歷經五年的深入研究，一八五六年六月，托克維爾的《舊制度與大革命》終於付梓；幾乎與此同時，該書由亨利・里夫(Henry Reeve)譯成英文在英國出版。此人是托克維爾的朋友，也是《民主在美國》的英譯者。他的表妹達芙・戈登女士協助他一起翻譯，「她的翻譯完美無缺」，里夫於一八五六年四月二十七日寫信給托克維爾時這麼說。他還在這封信中對托克維爾說：「我越是仔細研究你寄來的那些章節，就越是為之感染並陶醉。這一切就像藝術品般予人強烈的印象，我從中又看到了希臘雕塑的痕跡和樣貌。」里夫是托克維爾這部著作的第一位讀者，他認為《舊制度與大革命》對托克維爾的重要性，就如同《論法的精神》在孟德斯鳩作品中所占的地位(一八五六年五月二十日里夫致托克維爾的信中說道)。

從一八五六年到一八五九年，即托克維爾逝世那年，《舊制度與大革命》在法國再版了

4　雅各・布克哈特(Jacob Christoph Burckhardt ,1818-1897)：瑞士文化歷史學家，致力於文化藝術史與人文主義的研究，強調研究文化藝術對了解人類歷史的作用。主要著作為《義大利文藝復興時代的文化》(*Die Kultur der Renaissance in Italien: ein Versuch*)。

四次：一八五六年兩次；一八五七年一次；最後一次，亦即本書所依據的一八五九年版，但它是在一八五八年十二月時印製的，這是第四版。一八六〇年時出了另一個版本，也稱為第四版。古斯塔夫・德・博蒙於一八六六年出版了一個版本，作為其編訂的《托克維爾全集》的第四卷，卻被誤稱為第七版。

我找到了一八六六年後發行的所有版本，出版年代分別為一八七八年、一八八七年、一九〇〇年、一九〇二年、一九〇六年、一九一一年、一九一九年、一九二四年、一九二八年、一九三四年。《舊制度與大革命》在法國印行了十六版，共計兩萬五千冊。在英國，里夫的版本於一八七三年再版，增加了七章，均選自博蒙編訂的《托克維爾全集》的第八卷；里夫的第三版於一八八八年發行。一九〇四年，牛津克拉倫登出版社出版了《舊制度與大革命》的法文版，由G・W・黑德勒姆作導言並加注，此版本於一九一六年、一九二一年、一九二三年、一九二五年、一九三三年和一九四九年重印。此外，巴茲爾・布萊克韋爾書店在M・W・派特森的支持下，於一九三三年出版了《舊制度與大革命》新英譯本。遺憾的是少了托克維爾在該著中加上的重要的注釋，此版本於一九四七年和一九四九年兩次重印。《舊制度與大革命》至今在英國已有十三個版本，該書已成為英國文化不可或缺的一部分。

這個現象不難解釋：二十世紀初，牛津大學就將《舊制度與大革命》指定為教科書，為歷史系和社會系學生的基礎教材；在美國，托克維爾的這部著作也於一八五六年以「*The Old Regime and the Revolution*」之名出版，譯者是約翰·邦納（John Bonner），由哈珀兄弟出版社出版；德文譯本也於一八五六年，在阿諾德·博斯考維茨的關心下出版，出版者是萊比錫的赫爾曼·孟德爾松出版社。

就《舊制度與大革命》的思想對當代讀者產生的影響寫一本書，並非難事。我在此只是指出一些前因後果而已。

夏爾·德·雷米札在談論朋友托克維爾的著作的文章中寫道：「我們應當記住他第一部著作的主要思想。二十多年前，當他把這樣的想法套用於歐洲時，用以下結論作為他論述美國的結尾：『在我看來，那些自認重新找到了亨利四世或路易十四君主制的人都喪失了理智。至於我，我對好幾個歐洲國家目前的情況，和其他所有歐洲國家未來的趨勢進行了分析，我認為在不久的將來，歐洲國家不是民主自由[5]，就是獨裁專制。』此想法由來已久，正因此，從那時起他就開始研究事物的強與弱、縮小普遍性，畫定運用範圍並驗證其準確性。但是民主在他看來始終是當代社會的主要事件，是未來現實社會的危險或希望，可能偉

5　雷米札在注釋中補充道：「不要以為作者這裡說的專指共和政體下的自由。他在同一章裡明確地提及，他認為在美國以外的其他地方，可能存在著一種君主制、民主制和自由合而為一的政體。」——原注

大也可能漸趨渺小。他在新著的前言裡，以活潑、激勵人心的方式概述民主原則崛起的種種社會特點。勾勒這幅畫的是一隻堅定、穩健的手，它毫不誇張也毫無忽略，善於精確構圖，並結合真實的色彩，從中能看到畫家以其才華展現了自己的觀點。他既不曾改變體系，也沒有改變方法或思想。二十年來的經歷，以及為寫此書耗費的四年研究、思考時光都沒有改變他的信念。向他致敬！他始終堅持自己的想法。」

關於這一點，托克維爾的另一位朋友讓—雅克·安培（Jean-Jacques Ampère）也可以作證：「托克維爾曾出任議院議員，也曾擔任政府官員。他以經驗證實了自己的理論，使其信念既反映人格，亦有威望。如今，他又利用目前的形勢給他的閒暇，來思考比美國民主更重大的事件，即法國大革命。他試著要詮釋這個大事件，因為探究事物發生的理由是他的天性。他的目的是透過歷史來揭示法國大革命如何從舊制度中產生。為此，他試圖復原並重現法國舊社會的真實情形，在他之前從未有人如此做過。這是一部取自原始資料，並以若干省分的手抄文件為依據的真正博學著作。書末那些真知灼見的注釋更增強了此書的說服力。這項工作本身儘管非常重要、又極富教育意義，但對這位有勇氣著手且孜孜不倦的人而言，這卻只是對法國大革命做出歷史解釋，使人們理解大革命的手段而已。」

在安培極其詳細的分析中，我們只記下了這些話：「我們在托克維爾的這部書裡可以看到，幾乎所有被視為大革命的成果、或者是人們所說的大革命戰果的事物，其實在舊制度中都早已存在。中央集權、行政監督、行政風尚、針對公民的官員保障制、職位的多樣性和對之的迷戀、徵兵、巴黎的優勢、財產的過度瓜分，所有這些在一七八九年之前就已存在。此後便不再有真正的地方勢力，貴族只有頭銜和特權，對周遭事務不再有絲毫影響力，一切都由樞密院、總督或總督代理操控，也可以說參政院、省長和專區區長主宰了一切。某市鎮申請翻修本堂神父住宅或建造鐘樓，至少需要一年時間才能得到中央政府的批准。這種情況一直沒有改變。領主不再掌權，市政府便也無法發揮更多的作用，僅有少數幾個三級會議省例外。關於這幾個省的情況，托克維爾的著作中有一個詳實的附錄[6]。自從路易十四將市政官員職位投入交易市場，也就是可以出售官職（這場偉大的革命沒有政治目的，只是為了撈錢。正如托克維爾所說，此次革命無顏載入歷史），真正的城市代議制在各處皆已消失。中世紀的『英雄市鎮』被搬到美洲後，變成了美國的『township』（小鎮）。這些小鎮實行自理自治，法國的市鎮卻處於無政府狀態，官員為所欲為。為了更便於推行專制政治，國家對官員們的保護可謂無微不至，以免他們被那些遭剝奪應有權利的人攻擊。當你讀到這些時，你就會尋思大革命究竟改變了什麼、為什麼會發生大革命。而其他章節對大革命發生的原因、以及它如何發展至此等做了很好的解釋。」

6　即本書附錄〈論三級會議各省，尤其是朗格多克省〉。

說到托克維爾這部著作的風格，著名的比較文學史學者是這麼說的：「面對一部如此嚴肅的著作，我幾乎不敢再去讚賞其純文學方面的成就。然而我不能否認，正是因為這樣的內容，而更突顯了該作家的風格。他的風格既遒勁又柔和；在他的作品中，嚴肅與敏銳精巧兼備，即使是在進行最深奧的論述時，也不忘以奇聞軼事或化義憤為譏諷的有趣筆觸來描繪。他內心的激情在這些觀點新穎、極其明智而理性的篇章中奔流，其高貴靈魂中的激情使這些篇章充滿生氣。我們彷彿聽見一個真實而絕非虛幻、懇切而沒有一絲魯莽的聲音，使我們從作者身上看到身為人類的榮耀，並同時喚起我們的同情和尊敬。」（出自：讓－雅克·安培，同前引書信）

從那時代的私人通信中，甚至也能看到托克維爾這部作品的影響。居維利埃－弗勒里就曾在給奧馬勒公爵（le duc d'Aumale）的信中寫道：「你讀過托克維爾的《舊制度與大革命》嗎？我認為該書很有見地，某些部分顯示出作者學識過人，具有孟德斯鳩式的才華。但是該書的結論有些含糊，儘管書中明顯充滿對專制暴政的憎惡，但結論卻像是在指責人們對法國大革命缺乏真正的同情。不管怎麼說，從書中都可以得出這樣的結論（不管作者是怎麼想的）：法國大革命的爆發合情合理，上層階級的態度使大革命成為一件不可避免的事；人民的性格則使大革命變得不可抑制，但人民在大革命中雖然無比憤慨，卻仍保有理性。對我而言，這就足夠了。從文學觀點看來，該書的遺憾在於，將那些早已被揭示出來、為大多數人所了解的某些事實當作新發現，尤其是格拉涅爾·德·卡薩尼亞克[7]已在《法國大革命緣由史》第一卷裡揭示的某些真理……」

奧馬勒公爵回信說：「……我本想和你談談托克維爾的書，我剛讀完。我饒有興味地讀完了它，認為此書很有價值。儘管我並不完全贊同作者的觀點，而且不覺得他在書中所說的一切都具有新意。現將我的讀後感概括如下：

托克維爾指出法國大革命是不可避免的，而且是合乎情理的，儘管過程暴力，但唯有如此才能掃除流弊，並且如作者所說的，讓人民與農民得到解放。法國大革命創造了某種過度的中央集權和許多專制工具，對此托克維爾表示諒解，因為這些其實在大革命之前早已存在；大革命摧毀了能夠遏止無政府或專制的制衡力量，對此他也表示諒解，因為這些制衡力量在大革命前其實就已消失。但他明確地指責大革命至今尚未創造出任何制衡力量，而至少在舊制度下，此一制衡力量的作用還是很明顯的。他指責大革命恢復了舊制度的全部政府機構，這造成的情形是：六十年後我們第二次(天曉得還有多少次)又置身於專制政體下，且這比舊的專制政體更合理、更平等，但無疑也更全面。

該著的缺點是沒有結論。語氣有些悲觀，沒有充分展現進取的面向，沒有給出治病的

7　格拉涅爾·德·卡薩尼亞克(Granier de Cassagnac,1806-1880)：法國新聞工作者、政治家。

良方。向人民說真話是好的，但不要用令人沮喪的語氣來說，尤其不該像是在對一個偉大的民族說它不值得擁有自由。那會讓統治者、奴顏婢膝的人和利己主義者十分痛快。

儘管存在著以上不足，這仍然是一部好書，我很喜歡，並且認為該書無論是內容還是形式都值得讚揚。因為，就像你說的那樣，人們在書中確實感受到了專制的恐怖氣息，而那就是我們的敵人。舊制度已死亡，一去不復返，但千萬不要以為人們只能在舊制度的廢墟上建立專制政體或無政府——這些是大革命的私生子，唯有『自由』才是大革命合法的女兒。總有一天，它會借助上帝的力量，驅逐所有入侵者。」（出自：《奧馬勒公爵與居維利埃—弗勒里書信集》，四卷本，巴黎，一九一〇至一九一四年，卷二，第三百三十三頁及隨後幾頁。）

既然《舊制度與大革命》也被譯成英文出版，我們也應該談談它在英國的情況。前面曾提到亨利．里夫，他是那個時代最重要的英國雜誌《愛丁堡評論》（*Edinburgh Review*）的社長，以及《泰晤士報》的社論作者，他對該著作的盛情讚譽具有不容忽視的分量。他的朋友G．W．葛列格在《泰晤士報》上發表了兩篇文章，《泰晤士報》從當時乃至今日，始終是足以為輿論定調的重要報紙。我援引其中的一段話：「大膽發表預言需要格外謹慎，因為形勢瞬息萬變，常使得局面不如預期。不過，即便如此，我們還是可以大膽地說，托克維爾將越來越受尊崇，後世會不斷地對他同時代人的評價進行補充……」葛列格對該書做了詳細的分析，此文總有一天會被輯入托克維爾研究而出版。

他在這篇影響深遠的評論結尾寫道：「我們相信已向讀者指出，托克維爾寫了一部非常重要的著作，裡面幾乎全是鮮為人知的史實，並由此產生了一些可謂新發現、甚至可說是具有永恆價值的新發現的歷史觀點。然而，這本書還只是他允諾我們的著作的一部分。如果我們理解得對的話，此書和之前論美國的那幾卷，只是他畢生的文學作品中零碎的一小部分。他將傾注他全部的研究成果，以從現階段社會發展的狀況來評斷未來社會的前景。」

喬治·康沃爾·路易斯是托克維爾的朋友，他是英國財政大臣，也是著名學者。他感謝托克維爾寄給他《舊制度與大革命》，在一八五六年七月三十日給托克維爾的一封信中，他寫道：「這是我讀過的唯一能滿足我精神需求的書，因為它對法國大革命的起因和特點提出了完全真實且合理的看法……」[8] 關於托克維爾的這部作品在英國受到歡迎的情況，還有許多例子，不過我們就此打住。

以下要舉幾個《舊制度與大革命》對後世產生影響的證明。丹尼爾·哈洛維（Daniel

8 參見喬治·康沃爾·路易斯的《一七七〇～一八三〇年的英國政府史》（一八六七年，巴黎），其中有關路易斯的生平介紹。——原注

Halévy）[9]在他那本引人注目的小書《法國大革命一百五十周年簡史》（巴黎，一九三九年，第二十四頁）中寫道：「必須提及一部偉大的著作，作者是托克維爾……一八五六年，托克維爾發表了《舊制度與大革命》，該著產生了極其深遠的影響，我們以後再談這部著作。」現在我要談的正是這種影響。

我們在為《民主在美國》所附的參考書目（卷一，第二冊，第三百八十九頁）中已經指出，制定一八七五年憲法的那代人的政治教育深受托克維爾、布羅伊[10]和普雷沃－帕拉多爾的著作影響。布羅伊公爵的《論法國政府》（巴黎，一八七〇年）[11]再現了《舊制度與大革命》的氛圍，許多參考資料都證明了這一點。

托克維爾對丹納[12]的影響甚巨。你仔細閱讀《現代法蘭西淵源》，就會發現其中很多文字出自托克維爾的《舊制度與大革命》（例如丹納的《舊制度》〔*The Ancient Regime*〕，第三版，巴黎，一八七六年，第九十九頁）。在《現代法蘭西淵源》這部書裡，丹納寫道：「在法國建

9 編注：法國著名歷史學家，其家族以音樂及文學成名於巴黎，對巴黎上流社會影響極大。

10 布羅伊（Jacques-Victor-Albert, 4th duc de Broglie,1821-1901）：法國政治家、文學家，君主主義者。

11 這部作品於一八六一年出版，印量極少，後遭皇家員警查封。——原注

12 丹納（Hippolyte Adolphe Taine,1828-1893）：法國文學評論家、歷史學家、實證主義哲學家，著有《英國文學史》（*History of English Literature*）、《藝術哲學》（*Lectures on Art*）等書。

立中央集權制的並不是大革命，而是君主制。」

丹納在他的原文此處加了注釋：「參見托克維爾的《舊制度與大革命》第二篇。這個重要的事實是托克維爾以其非凡的洞察力點出的。」另外請看《現代法蘭西淵源》一書的附錄——《丹納的生平與通信》（第三卷，巴黎，一九〇五年），此附錄是丹納為該書所做的預備筆記的節選，附錄中有引自托克維爾著作的引注（參見第三百頁、第三百一十九頁）。深入研究托克維爾的著作對丹納產生的影響，無疑是一件有意義的事。維克托・吉羅的論著《論丹納的著作及其影響》（巴黎，一九三二年）對此做了大致的描述。吉羅寫道：「……想準確弄清，丹納受托克維爾著作中那些文獻、豐富的闡述、概述與細節描繪中得到怎樣的啟發，可能需要很長的篇幅。托克維爾原本打算闡述的整個主題，正是丹納在書中涉及的主題。但是，托克維爾只完成了《舊制度與大革命》這部巨著的第一部分；接下來的部分本應是不同凡響的，但我們讀到的卻只是筆記、斷斷續續的感想、未經斟酌的章節、以及在思想最活躍的時候卻因作者死亡而突然中斷，留下的一些簡短而有份量的草稿。丹納運用這些零碎的材料，在更加廣闊的基礎上重建這座未完成的大廈；他以豐富而華麗的風格，取代了原先建築物刻板的線條及未加修飾的莊嚴；但是這座大廈的某些原始的重要部分，甚至整體藍圖都被保留下來。《現代法蘭西淵源》探討的是，大革命最深刻的根源存在於從古至今的整個歷史當中，這個想法也就是托克維爾《舊制度與大革命》這部著作的主題思想；我幾乎可以斷定，丹納的『地方分權』的傾向，很大一部分來自於他這位有洞察力且大膽的前輩。」

正如我剛才所言，對托克維爾與丹納還需要做進一步的研究，這兩位思想家之間的差異，或許可以從他們的知識結構中得到解答。托克維爾首先是因個人經歷接觸社會學問題，而後又對行政史與法律進行了深入的研究；而丹納所受的教育則偏重於文學、哲學和藝術方面。請允許我在此摘錄一段丹納有關政治哲學的言論，這段話出自《H・丹納的生平與通信》(第二卷，巴黎，一九〇四年，自第二百六十三頁起)。丹納在一八六二年十月的一封信中寫道：「我在政治與宗教上有一個理想，但我知道這在法國是難以實現的，這就是為什麼我此生只能做個思辨家，而非實踐者的緣故。施萊爾馬赫[13]時代的德國，或者當今英國所出現的自由新教，再或者是比利時、荷蘭、英國當今的地方與市鎮自由，最終形成了中央代議制。但是新教與法國人的天性格格不入，地方政治生活也不符合法國的所有制結構和社會結構。除了緩解過度中央集權、說服政府從自身利益出發給予人民一定的言論自由、減少天主教與反天主教的暴力行為、適應人民的性情以外，別無他法。必須將政府的力量導向其他

13　施萊爾馬赫（Friedrich Daniel Ernst Schleiermacher ,1768-1834）：德國哲學家、神學家，現代基督教新教神學的創造者。

層面：導向理論科學、導向優美的風格、導向某些藝術領域、導向技藝的鑽研、導向上流社會的舒適生活、導向無私而普遍的偉大思想、導向全民福利的增長。」（參見安德列．謝弗里榮所著《丹納的思想之誕生》，巴黎，一九三二年；E・C・羅所著《丹納與英國》，巴黎，一九二三年；A．奧拉爾所著《丹納，法國大革命史學家》，巴黎，一九〇七年；奧古斯坦．科尚所作〈大革命史學的危機〉，載於《思想與民主的社會》，巴黎，一九二一年；海因里希．馮．西貝爾所作〈舊國家與法國大革命〉，載於《小歷史論文》，斯圖加特，一八八〇年，自第二百二十九頁起。）西貝爾本人就寫過一部關於法國大革命的重要著作，他在其中對《現代法蘭西淵源》第一卷進行了分析，也時常請讀者參閱托克維爾的那部「名著」（參見海因里希．馮．西貝爾所著《大革命史，一七八九～一八〇〇年》，十卷本，斯圖加特，一八九七年。該書的第一卷發表於一八五三年）。

眾所皆知，丹納作《現代法蘭西淵源》是受一八七一年法國戰敗和巴黎公社的啟發。和《舊制度與大革命》相比，丹納的這部著作更多的是從社會學角度對比較政治學進行研究。托克維爾預測西方世界的普遍發展趨勢，而丹納則是從法國社會革命的角度來探討此一主題。

一八六四年，菲斯泰爾．德．古朗士[14]的《古代城邦》（*La Cité antique*）問世，該書亦深受《舊制度與大革命》影響。一八九六年，C．朱利昂出版了一部教材《十九世紀法國歷史學家文選》（本書所引段落出自一九一三年第七版）。他在教材中寫道：「說到菲斯泰爾．德．古朗士在歷史方面所受的影響，人們推測他首先是受到了孟德斯鳩的影響（關於政體的研究），或許還有米什萊[15]的影響，但更多的是托克維爾的影響（關於社會生活中宗教感的作用）。《舊制度與大革命》對菲斯泰爾的才華產生了決定性的作用不足為奇，在《古代城邦》中，我們看到了同樣的敘述方式、同樣的歸納步驟、和同一個理想——即便一本書有兩、三個主題思想。」（第九十一頁及隨後幾頁。）

在更後面的幾頁，朱利昂又回到了這個主題：「在《古代城邦》中，托克維爾的影響比米什萊的影響更加明顯。該書的導言題目是『論研究前人最古老的信仰對於了解其制度的必要性』，這似乎與《民主在美國》一書的開頭如出一轍。《舊制度與大革命》最偉大的功績之一，就是揭示了一七八九年後，過去無數的制度、習俗、思想在新法國依然存在，使新法

14 菲斯泰爾．德．古朗士（Numa Denis Fustel de Coulanges,1830-1889）：法國歷史學家，實證史學的代表人物。

15 米什萊（Jules Michelet ,1798-1874）：法國歷史學家，認為歷史就是人類反對宿命、爭取自由的鬥爭史，著有《法國史》（Histoire de France）、《法國革命史》（Histoire de la Revolution francaise）等。

國在不自覺的情況下成了君主制法國的繼承人。菲斯泰爾・德・古朗士在其作品中指出，宗教傳統和習俗具有長期的延續性；至於這個延續性法則的定義，沒有一本書寫得比《古代城邦》的描述更為精妙的了：『對人來說，過去永遠不會徹底消亡。人可以遺忘過往，但身體卻始終帶著它。因為，儘管過往每個時刻在不同時代中都有各自的面貌，它依然是之前所有時代的產物與總和。如果它深入人的靈魂，便可以依據每個時代在人身上留下的痕跡，重新找到這些不同的時代並加以區別。』」

關於菲斯泰爾・德・古朗士，可參見瑞士歷史學家E・菲特的重要著作《新編史學史》（慕尼黑與柏林，一九一一年，自第五百六十頁起）、E・尚皮翁的《菲斯泰爾・德・古朗士的政治與宗教思想》（巴黎，一九〇三年）、以及J・M・圖爾納爾－奧蒙的《菲斯泰爾・德・古朗士》（巴黎，一九三一年，第五十九頁及隨後幾頁）。

此外，我們在朱利昂的《十九世紀法國歷史學家文選》中，發現了一段對托克維爾《舊制度與大革命》的重要性既簡潔又精彩的評價，我們讀了肯定會受益：「托克維爾的這部著作與《古代城邦》，都是十九世紀最具獨創性、最出色的歷史學著作……」（參見第八十四頁及隨後幾頁）。朱利昂將托克維爾視為哲學歷史學家，我們今天也許會說他是社會歷史學家。

馬克・布洛克[16]的《封建社會》(*La société féodale*)也許是當代社會歷史學的典範。

從法國歷史學家阿爾貝・索雷爾(Albert Sorel)的名著《歐洲與法國大革命》(*Europe and The French Revolution*)(八卷本,巴黎,一八八五至一九〇四年)中,也能明顯看出托克維爾的影響始終不絕。

歐仁・德希塔爾在《托克維爾與自由民主》(巴黎,一八九七年)一書中,用了整整一章的篇幅來論述《舊制度與大革命》,並強調此書對阿爾貝・索雷爾的影響。我們引用其中一段:「有必要指出,阿爾貝・索雷爾在他重要的歷史學著作《歐洲與法國大革命》中,將托克維爾的方法與思想廣泛應用到革命的對外政策上;他還證明,無論是對外還是對內,『大革命,甚至任何最奇特的革命,其結果無一不源自於歷史,並且只能以舊制度的先例加以解釋』。他比任何人都更出色地證明了托克維爾的這句真理:『我敢說,無論是誰,如果他只研究或考察法國,就永遠無法真正理解法國大革命。』」

勒普萊[17]的思想變得更為豐富,肯定也是得力於托克維爾的這部著作。他在《基於歐洲

---

16 馬克・布洛克(Marc Léopold Benjamin Bloch,1886-1944):法國歷史學家,專門研究中世紀法國史,年鑑學派創始人之一。

17 勒普萊(Frederic Le Play ,1806-1882):法國社會學家、政治家。

各民族的考察而得到的法國社會改革現狀》（巴黎，一八七四年，第三卷）中，有一段對《舊制度與大革命》別樹一格的評注：「在路易十五不寬容且極其殘酷的政策中，保留了某些人道的形式，目的只是為了消滅新教徒；一七九三年雅各賓黨的不寬容，目的卻是徹底消滅所有宗教。」這個論點的依據是以下注釋：「托克維爾在一部著作（《舊制度與大革命》）中闡明了此一真理，如果這本書的內容與書名相符，並且有一個明確結論，它就將是一部傑作。」我們並不認為勒普萊對托克維爾的評價是正確的。他的決疑論和道德家精神，使他不可能真正理解托克維爾的歷史社會學（參見迪羅塞爾的《法國社會天主教的開端，一八二二～一八七〇》，巴黎，一九五一年，自第六百七十二頁起）。《舊制度與大革命》的許多讀者都是著名人物，其中我們要提到喬治．索雷爾[18]和讓．饒勒斯[19]。後者的《進步的虛幻》（第一版，巴黎，一九〇八年）中經常引證托克維爾的作品，《法國大革命的社會主義史》（A．馬迪厄審訂版，八卷本，巴黎，一九二二至一九二四年）書中也同樣有《舊制度與大革命》的

18　喬治．索雷爾（Georges Eugène Sorel,1847-1922）：法國哲學家，工團主義革命派理論家。持激進社會主義思想，認為透過動員非理性力量進行暴力革命，是實現社會主義的唯一方式。

19　讓．饒勒斯（Jean Léon Jaurès,1859-1914）：法國社會黨領導人、歷史學家。主張教會與政府分離，持改良主義立場。

痕跡。

還可以舉著名的法國法律史學家A．埃斯曼為例，他在《法國比較憲法學基礎知識》（第四版，巴黎，一九〇六年）一書中，展現出自己對托克維爾思想的了解。

此外，也不應忘記那些偉大的法國文學史學家。我們只舉幾個例子。聖伯夫[20]在《周一漫談》（第三版，十五卷本，巴黎，未注明年份，自第九十六頁起）中，明確指出他向來不理解托克維爾這部作品的社會學意義。如果我們還記得托克維爾的《民主在美國》發表時，聖伯夫在《周一漫談》第一輯中如何為此歡呼喝彩，那我們只能得出這樣的結論：托克維爾身為聖伯夫在法蘭西學院的同事，一定在什麼時候得罪了他……（見J．P．馬耶爾《阿勒克西．德．托克維爾》，巴黎，一九四八年，第一百五十六頁及隨後幾頁）。即使聖伯夫對托克維爾不懷好意，他的榮耀也不會因此而減弱。

與聖伯夫形成鮮明對比的是伯蒂．德．朱爾維爾，他在《法國文學史》第五百四十頁中寫道：「托克維爾畢業於基佐的學校，於一八三五年發表了《民主在美國》，這是自《論法的精神》以來，人類寫出的最有價值的社會哲學著作。二十年後（一八五六年），托克維爾的

20 聖伯夫（Charles-Augustin Sainte-Beuve ,1804-1869）：法國文學評論家和作家，其代表作為文學評論集《周一漫談》。

《舊制度與大革命》問世，這是一部極其獨特而創新的著作，影響極其廣泛，並在拉馬丁[21]的《吉倫特派史》（*Histoire des Girondins*）獲得非同凡響的成功後，開始在法國，使那些深思熟慮、有才智的人們得以重新審視被稱作『大革命神話』的東西。人們不再把大革命視為一場始料未及的、英雄或魔鬼製造出來的颶風，而能認識到大革命產生自眾多遙遠而深刻的原因。丹納最終使民眾普遍接受此一觀點，但最先使民眾轉變觀念的是托克維爾。」

費迪南・布呂內蒂埃[22]在《法國文學史教程》（巴黎，一八九八年）這部深具價值的著作中，以筆記形式表達了自己對托克維爾的《舊制度與大革命》的看法：「……這部書（《舊制度與大革命》）標誌了一個時代，展現了對大革命起源的一種全新的理解方式，重現大革命歷史的方式也與過去全然不同。以下是托克維爾的觀點：一、透過種種歷史制度的遺跡，可看出大革命與我們歷史當中最遙遠的過去有所關聯；二、大革命的宗教性質乃源於其起因的深刻性；三、因此，無法依靠任何政治力量來消除大革命的種種影響。托克維爾的兩部著

21　拉馬丁（Alphonse Marie Louise Prat de Lamartine ,1790-1869）：法國浪漫派詩人、政治家。一八四八年二月革命後，成為臨時政府實際上的領導人，後被免職。代表作為《沉思集》。

22　費迪南・布呂內蒂埃（Ferdinand Brunetière,1849-1906）：法國文學批評家，繼丹納後法國學院派文學批評的重要代表人物。

作，第一次使歷史擺脫了歷史學家武斷評價的影響，為當代思想的形成做了準備，並使歷史具有一門科學應當具有的特徵。」（前引書，第四百四十一頁。）

居斯塔夫·朗松[23]在他的經典名著《法國文學史》（*Histoire de la littérature française*）（巴黎，一九一二年）中，也對托克維爾的這部著作給予了高度評價：「……《舊制度與大革命》以歷史學家的思想為基礎。托克維爾和奧爾良派歷史學家一樣，在法國大革命中看到了一場社會政治運動的結果，也可以說是這場起源可追溯至法國誕生之時的運動的結束；大革命並不像正統派和民主派認為的那樣，是與過去的一切截然斷裂、是一次突然且奇蹟般的爆發。有人詛咒它，也有人獻上祝福，但幾乎所有人都堅信，一七八九年和一七九三年的法國，與路易十四或聖路易時代的法國完全不同。然而，奧爾良派的歷史觀是為某個黨派的利益而服務的；托克維爾則是一位嚴格的歷史學家，更是一位哲學家，他只是確立了制度的發展和風俗的演變之間的關聯性。大革命爆發於一七八九年，但那時它已經進行到一半了，因為數世紀以來，一切一直在朝平等和中央集權發展。封建權利與專制王權至此顯得更加令人難以忍受，乃因它們已是最後一道障礙。托克維爾認為文學與不信教對大革命有所影響，平等的觀念戰勝對自由的熱愛，對此他做出了解釋。就這樣，托克維爾對君主制的毀滅做了

23 居斯塔夫·朗松（Gustave Lanson,1857-1934）：法國文學批評家。

分析，他還打算指出新法國是如何在舊法國的殘骸之上重建的，這幾乎就是丹納在《現代法蘭西淵源》中實現的偉大構想，但是托克維爾沒有來得及完成他的第二個計畫。」（前引書，第一〇一九頁及隨後幾頁）。法國文學史家們就是如此將托克維爾這部著作的成果傳給一代代的年輕人，但願年輕人們能充分利用這些成果。

我們已概述了《舊制度與大革命》在法國的影響，在結束這部分的內容之前，我還想向讀者介紹一本重要的小書，即傑出的政治史學家保爾·雅內的《法國大革命哲學》（巴黎，一八七五年）。雅內很有見地的看見一八五二年是法國大革命史觀中，具有決定性意義的一條分界。以下便是書中相關的內容：「一八五二年使法國大革命哲學面臨了一次真正的危機。這是一種深層的失望，一種對在此之前法國人所珍視的原則前所未有的背離（至少人們可能如此認為），一種為了大革命的物質成果而犧牲其精神成果的可悲傾向。有人認為必須讓專制主義永遠消失在這世界上，但在這些思想的影響下卻又出現了一種新的專制主義，且還是一種內容更為廣泛、更科學的專制主義。倘若將我們的狀況與鄰國做比較，最終便會發現一個雖然可悲，卻已被無數經驗所證實的事實——那些民族雖然沒有經歷過那麼多的危機與災難，但隨著時局發展，它們逐漸達到了我們曾經嚮往並失之交臂的政治自由；甚至從某些社會自由的角度來看，它們已經超越了我們。大西洋彼岸的某個民族，在其廣闊疆域內既實現了自由、又實現了平等；而我們已經開始犧牲掉一半，只等著晚點再扔掉另一半。所有這些觀點、這些思考、經驗與比較，只能使人們在某種程度上開始質疑自己對大革命抱持的信仰……因此，法國大革命的最新理論有了全新的方向：大革命很少尊重個人自由，它崇尚武力，盲目服從至高無上的中央政權。人們對此感到震驚。人們自問：如果大革命在近代社會確立了人人平等，它會不會像羅馬帝國那樣，成了新的專制政體的前鋒？沒有一位政論家比知名且深具洞察力的托克維爾更受這個想法震撼，而且他還是首先提出此一想法者。他在自己深具獨創性的著作《民主在美國》中，第一次向身處和平、溫和、立憲時代的現代民主警示『凱撒專制』的危險，這個預示令人難以理解，因為當時沒有任何情形、事件與徵兆足以證明。後來，這個預言被證實，他在那本優秀的作品《舊制度與大革命》中，以罕見的洞察力，再次引用，並重新加以論述及發展……」

我們無法完整引用雅內精闢的分析，茲摘要如下：「因此，托克維爾在某種意義上為革命辯護，但從另一方面來說，他也是在批判大革命，只是和大革命的批評者或擁護者所採取的方式不一樣。他在為大革命辯護的同時，指出大革命並不那麼創新，也不像守舊派所說的那麼荒謬。大革命試圖以純理性和抽象的權利觀念、人性觀念為依據，建立一個新的社會秩序。但是在這一點上，大革命只是實現了先前所有時代為之準備的東西。因而無論是從歷史的角度，還是哲學的角度來看，大革命都是正確的。托克維爾也竭力提醒眾人正視大革命有可能帶來的惡果，即建立一個新的專制主義、民主的或凱撒式的專制主義，抹除個體，對權利漠然視之，中央吞併一切地方生活，繼而扼殺各地所有的生命力。對於此惡果，托克維爾或許（但願是如此）誇大了它的嚴重性，但是它早已發端於我們的歷史之中，而大革命則使它得到了擴張，並無疑地發展到極其嚴重的程度。這就是托克維爾這部著作要向我們揭示的道理……」（參見前引書，第一一九頁及隨後幾頁。）

正是大革命的這些潛在傾向——在民主化過程中個人的消失、實行平等、公民投票選舉制度的惡果——對瑞士歷史學家雅各·布克哈特的作品產生了深刻的影響。儘管他是一個冥想式的唯美主義者，但在我們提及的所有思想家中，他的思想或許是最接近托克維爾的。他在給朋友的一封信中寫道：「但是就像你所說的那樣，我們想訓練人們去參加集會；而當某一天參加的人不到一百個的時候，大家都要哭了。」

自從沃納·凱吉為《世界史之感想》（《歷史殘稿》，斯圖加特，一九四二年）做了一些研究準備，並將這些研究發表以來，我們知道了布克哈特如何深受托克維爾的影響。法國大革命作為十九世紀和二十世紀革命中的一個階段，正處於兩位思想家的交會點上。我們早已提到了菲特在《新編史學史》一書中，花了幾頁來論述《舊制度與大革命》在歷史科學發展中所占的地位（參見前引書，自第五百五十七頁起）。而在洛桑任教的社會學家維爾弗雷多·巴烈圖（Vilfredo Federico Damaso Pareto）博覽群書、百科全書般的腦袋裡，他也沒有忘記研究托克維爾的這部作品。

在義大利，貝內代托．克羅齊[24]的著作也受到《舊制度與大革命》的影響。

我們已在《民主在美國》（見《托克維爾全集》，馬耶爾編訂，第一卷，第二冊，第三百九十三頁）參考書目的注釋中指出，德國思想家威廉．狄爾泰[25]發現了托克維爾對於我們這個時代的重要性（《人文科學中歷史世界的構造》，載於《狄爾泰全集》，第八卷，柏林，一九二七年，自第一百〇四頁起），以下是他對《舊制度與大革命》的評論：「托克維爾在另一部書中，首次對十八世紀和大革命時期的法國政治秩序整體狀況做了深入研究。這樣的政治學同樣可以貫徹運用在政治方面。他在延續亞里斯多德的論點方面，成果尤其豐富，特別是他提出一個國家制度的健全，應該是建立在權利和義務比例恰當的基礎之上。否定這種權利與義務間的平衡，便會使權利變為特權，最終導致國家的滅亡。將這些分析恰到好處地運用於實踐當中，得到的結果是：過度中央集權會帶來諸多危害，而個人和地方行政管理的自由則有益無害。因此，他從歷史本身獲得了豐富的資料，對過去的現實有了新的分析，這個新的分析使得我們對現狀有了更深的理解。」

---

24 貝內代托．克羅齊（Benedetto Croce, 1866-1952）：義大利著名文藝批評家、歷史學家、新黑格爾主義者、義大利自由黨領袖。創立「精神哲學」體系，強調精神是唯一的實在，著有《精神哲學》（四卷）。

25 威廉．狄爾泰（Wilhelm Dilthey,1833-1911）：德國哲學家，歷史學家，心理學家，社會學家。

德國歷史學家阿德爾貝特．瓦爾在他對大革命前的法國歷史所做的研究中，經常舉托克維爾為例，並稱他為「有史以來最偉大的歷史學家之一」（參見瓦爾《法國大革命以前史：一個嘗試》，兩卷本，杜賓根，一九〇五年；及其另一著作：《法國大革命以前史研究》，杜賓根，一九〇一年）。

在英國，里夫、葛列格、喬治．康沃爾．路易斯、約翰．斯圖爾特．米爾（John Stuart Mill）等人受到了《舊制度與大革命》思想的啟發，托克維爾這部著作的獨創性也因他們而得以為後代所知。戴雪[26]在其《英憲精義》（*Introduction to the Study of the Law of the Constitution*）（初版，一八八五年；我們引證根據第八版，倫敦，一九一五年）的一個重要段落中，將《民主在美國》與《舊制度與大革命》相提並論，以闡明他關於行政法的重要論點。他引用了托克維爾第一部作品《民主在美國》的內文：「法蘭西共和八年出現了一部憲法，其中的第七十五條是這樣規定的：『除部長之外的所有政府官員，如果犯了與其職務相關的罪行，只有行政法院的裁決才能起訴之；在這種情況下，起訴由普通法庭受理。』共和八年，憲法通過了，但這一條始終被排拒在憲法之外。根據公民的正當要求，每天都有人反對此法條，這種

26　戴雪（Albert Venn Dicey,1835-1922）：英國法學家。主張行政訴訟應由普通法院管轄，這也是英國憲法的一項基本原則。

現象日益普遍。

「我總是試圖要使英國人或美國人明白這第七十五條的意思，但非常困難。他們首先會發現，在法國，行政法院是一個位於王國中央的大法庭；那裡實行專制，所有申訴人還沒進入法庭，就已經先被打發走了。我努力向他們解釋，這裡的行政法院並不是一般所說的司法機構，而是一個行政機構。其成員都依附於國王，國王行使其最高權力命令身為他僕人的總督做一件極不公道的事之後，還能以同樣的方式命令另一個僕人，即樞密院，不許懲處總督。

「有個公民曾受國王的命令損害，卻又被迫來請求國王本人還他公道。當我把這件事告訴美國人和英國人的時候，他們都不相信會有這樣荒謬的事，還說我撒謊、無知。舊君主制之下，經常有高等法院下令逮捕犯罪的國家公務員這樣的事。有時王權強行干預，訴訟就會被撤銷。專制那時已無所顧忌，人們只能唯命是從，屈服於暴力。我們現在還不如父輩那時，因為我們打著公正的幌子、以法律的名義，放任一切暴力及強加於人民的那些東西，默認它們的存在。」（見《托克維爾全集》，馬耶爾編訂，第一卷，第一冊，自第一百〇五頁起；還可參見我們加注的參考書目，第一卷，第二冊，自第八百九十二頁起。）

戴雪在這段引文後面寫道：「托克維爾的《民主在美國》此一經典段落發表於一八三五年；那時作者僅三十歲，卻獲得了極大的榮譽，他的朋友們認為可與孟德斯鳩相媲美。當他在壯年發表這部最為有力、最成熟的著作時，他對行政法的重視並未改變；而當他在生命的盡頭發表《舊制度與大革命》這部並非最成熟的作品時，他對行政法的讚賞之情無疑地也沒有改變。」戴雪還再次引用托克維爾的段落：「我們確實已將司法權逐出了行政領域——是舊制度讓它錯誤地走進了這個領域；但同時，正如大家所見的，政府又不斷地介入司法權的領域，而我們則放任一切發生。其實權力的混亂在司法領域和在行政領域一樣危險，甚至更加危險，因為法院干預政府只對案件有害，但政府干預法院則使人墮落，使他們同時成為革命者和受奴役者。」(《舊制度與大革命》，本版。)

然後戴雪又加了一段評論：這些話「是一個具有非凡才華的人所講的，他熟知法國歷史，而且對他那個時代的法國瞭若指掌。他出任議會議員多年，並當過一任部長。他了解法國公共生活的程度，就如同麥考萊[27]對英國公共生活的了解。托克維爾的語言或許顯得有些誇張，部分原因來自於其思維方式和傾向；這兩者促使他鑽研現代民主的弱點與舊君主制的罪惡之間的相似性和關係，因而語言難免有些誇張。」(戴雪，前引書，自第三百五十一頁起。)

27 麥考萊(Thomas Babington Macaulay, 1st Baron Macaulay,1800-1859)：英國詩人、歷史學家、輝格黨政治家。並曾擔任陸軍大臣及財政部主計長。

保羅．維諾格拉多夫(Paul Vinogradoff)是戴雪在牛津大學的同事，他是研究英國行政和司法史的歷史學家，他將《舊制度與大革命》的研究方法與成果傳授給了他所有的學生。那時，經濟史的研究在英國處於起步階段，托克維爾的著作對經濟史這門學科的發展產生了深遠但間接的影響。E．W．梅特蘭是專攻英國法律史經典的歷史學家，其作品中明顯帶有托克維爾論著的風格，對此我們並不感到驚訝(參見保羅．維諾格拉多夫《歷史法學概要》(*Outline of Historical Jurisprudence*)，牛津，一九二〇年，第一卷，自第一百五十二頁起；R．H．托尼《宗教與資本主義的興起》，倫敦，一九二六年，法譯本，一九五一；E．W．梅特蘭《直到愛德華一世時代的英國法律史》(與E．波洛克合著)，牛津，一八九五年；及其另一部著作《英國憲法史》，劍橋，一九〇八年)。

我們已經提過，阿克頓也受到托克維爾的影響。(見附錄參考書目，第一卷，第二冊，第三百九十一頁。)阿克頓的《法國大革命講稿》(倫敦，一九一〇年)書中有一個關於大革命文學的附錄，他在其中寫道：「十九世紀中葉，當西貝爾開始發表頭幾部作品的時候，在法國，托克維爾則開始了更為深入的研究。他第一個確認了(即使算不上第一個發現)大革命不僅僅是一次決裂、推翻，某種程度而言，也是折磨舊君主制的種種傾向的延伸……在所有作家當中，他是最受到歡迎，也是最容易被人挑毛病的作家。」(前引書，自第三百五十六頁起。)

在美國，只有最年輕的一代欣賞《舊制度與大革命》。這是一個年輕的民族，很晚才開始發展歷史科學。歷史學方法被應用於政治社會學，就像托克維爾的作品中所顯示的那樣，這乃是文明成熟的結果。用黑格爾的話來說就是：密涅瓦[28]的貓頭鷹在暮色中展翅飛翔。美國著名的歷史家羅伯特·厄爾甘在其著作《從文藝復興到滑鐵盧的歐洲》（紐約，一九三九年）中加了一個參考書目，我們引用其中的一句話來結束對《舊制度與大革命》之影響的概述：「《舊制度與大革命》對大革命種種起因做了最為深刻的分析。」

J·P·馬耶爾

28　密涅瓦（Minerva）：羅馬神話中的智慧女神。

前言

此刻我發表的這本書，並非一部大革命史。這段歷史已有許多輝煌巨著來描述，我不想再寫。本書是針對這場大革命所做的一項研究。

為了將自己的命運截成兩段，以一道鴻溝將之前存在的與之後希望呈現的隔絕開來，法國人以其他民族未曾有過的犧牲精神，在一七八九年付出了最大的努力。為了實現目標，他們採取了各式各樣的預防措施，以免把過去帶進他們的新生活；他們對自己設下種種嚴格限制，要把自己塑造成與父輩完全不同的形象。總之，他們盡其所能使自己變得截然不同。

我一直認為，他們在這項獨特事業中取得的成就，比他們期望的、以及外界設想的要小得多。我深信，他們保留了舊制度下的大部分情感、習慣，甚至觀念——他們借助這些觀念來引導大革命，直到將舊制度摧毀；我還相信，他們在不知不覺中用了舊制度的瓦礫，來建造新社會的大廈。因此，想要充分理解大革命及其成果，必須暫時忘記今天的法國，去墳墓追尋那個已經逝去的法國。這就是我在這裡打算做的事，但是我為此遇到的困難比想像中大得多。

已有大量論述闡明了君主制度的頭幾個世紀、中世紀和文藝復興時期，這些著作成為人們深入研究的對象。由此，我們不僅知道當時發生的各種事件，還能了解不同時期的政府和民族的法律、習俗、精神。但時至今日，還沒有人不辭勞苦地花同樣精神來研究十八世紀。我們總以為自己已經非常了解十八世紀的法國社會，因為我們能清楚地看到它表面耀眼的光芒；我們甚至知曉那時代最著名的人物的生活細節；並且多虧了那些機智或雄辯的批評家們，對於那個時代偉大作家的作品，我們都熟讀於心。至於處理事務的方式、各種制度實際實施的情形、各階層彼此間的相互關係、被人們所漠視的階級及其生活狀態與感受、乃至輿論和風俗的本質，我們都只有一些模糊的、而且常常是錯誤的概念。

我試圖觸及這個舊制度的核心。從年代看，它離我們很近，但卻被大革命的光芒遮掩了，使我們對其視而不見。

為達此目的，我不僅重讀了十八世紀出版的所有名著，還研究了許多不是很有名、且不被眾人所知的作品。這些作品缺乏精雕細琢，卻更真切地反映了那個時代的精神。我認真閱讀了所有公告，大革命前夕，法國人在這些公告上表達了他們的觀點和傾向；省三級會議和後來的省議會紀錄在這方面也給了我許多啟示。我特別深入地研究了三個社會階級[29]在

29 編注：此三個階級指教士（第一級）、貴族（第二級）、平民（第三級）。

一七八九年起草的陳情書，這些陳情書的手稿長達數卷，成為法國舊社會的精神遺產，是其願望的最高體現與最終意志的真實表達。這是史上獨一無二的一份文獻，但這對我來說還遠遠不夠。

在公共管理十分嚴密的國家裡，很少會產生思想、願望、痛苦，也很少會出現興趣和激情──因為它們遲早會暴露在政府面前。瀏覽政府部門的檔案，不僅對其統治手段有了確切的概念，而且能看到整個國家的狀況。如果我們現在把裝滿內政部和各省紙箱的所有密件全部交給一個外國人，他馬上就會比我們更了解我們自己。你們讀了本書後就會了解，十八世紀，政府權力已經很集中，並且非常強大、不可思議的活躍。它資助、禁止或允許某項事業，這些活動從未間斷；它有很多東西可以承諾，有很多東西能夠給予；它以各種方式施加影響，不僅干涉國家事務的整體方向，還涉及每個家庭的未來和每個人的私生活。此外，它並不張揚，這使得人們不怕將自己最難以啟齒的缺點展現在它面前。

我花了相當長的時間研究關於所剩不多的，巴黎或其他外省的公共管理檔案。如我所料，我在其中發現了活生生的舊制度，包括它的思想、它的激情、它的偏見、它的舉措。每個人都有其方式暴露自己內心最隱密的想法，就這樣，最終我獲得了當代人未注意的舊社會的許多概念，因為我閱讀的資料是其他人從未見過的。

隨著研究更加深入，我十分驚訝地發現，於舊制度下的法國任一時期，都能看到許多當代法國鮮明的特徵。我從中發現了無數原以為源自大革命的感情、以為來自大革命的習俗、以為是大革命留給我們法國人的無數習慣；我時時都能碰觸到深深植根於這片古老土壤的當代社會的根基。每向一七八九年接近一步，我都能更加清晰地看到促使大革命形成、誕生和擴大的那種精神。漸漸地，我發現這場大革命的全貌就展現在我眼前。它已經顯示出自己的性格和特徵，這就是它本身。在這裡，我不僅發現了大革命之初某些行動的原因，或許還發現了它打算長期建設的那些事物的徵兆。因為大革命有兩個截然不同的階段，在第一階段，法國人似乎要廢除過去的一切；在第二階段，他們則想恢復一部分被他們遺棄的東西。舊制度的大量法律和政治習慣就這樣在一七八九年突然消失，幾年後又重新出現，如同某些河流潛入地下，又在不遠處重新湧出，使人們在新的河岸看到同樣的水流。

我獻給大眾的這部作品，旨在闡明為何這場大革命幾乎同時在整個歐洲大陸醞釀著，最後卻只爆發在法國；為何它不可阻攔地產生於它即將摧毀的那個社會；最後，舊的君主制度何以如此徹底、如此突然地崩潰。

從思想方面來說，我已開始著手的這部作品不應在此結束。如果時間和精力允許的話，我打算要跟隨那些法國人一起穿越這場漫長革命的起伏興衰。不久前，我還和這些本身就是舊制度造就而成的法國人一同無拘無束地生活在舊制度下。我要觀察他們隨著各種歷史事件發生變化，卻始終保有不變的本質；看他們如何不斷在我們面前重現，相貌雖有所不同，但總能辨認出來。

首先，我要和他們一起經歷一七八九年的第一階段。那時，對平等與自由的熱愛，在他們心裡占據著同等重要的地位。他們不只是要建立民主的制度，還要真的自由；不但要消滅特權，還要彰顯並保障人民的各種權利。這是青春、熱情、自豪的時代，充滿慷慨和真誠的感情。儘管它有各種謬誤，但會永遠銘刻在人們心中，並且很長一段時間都將讓那些想腐蝕或奴役人類的人不得安寧。

在這場追溯大革命的過程中，我試圖證明以下幾個問題：這些法國人由於哪些事件、哪些錯誤、哪些誤判，最終放棄了原先的目標、忘卻了自由，只想成為世界霸主[30]身邊平等的僕役；為何一個比被大革命推翻的政府更為強大的專制政府，會重新奪得並集中所有權力，取消以如此昂貴代價換來的所有自由，以虛幻的表象取而代之；為何標榜選舉人的普

30　指拿破崙。法國大革命期間，法蘭西第一共和國於一七九二年成立，路易十六則於隔年被推上斷頭台。然而此時期法國內部派系鬥爭不斷，一七九三年至一七九四年的恐怖統治在羅伯斯比爾和雅各賓派倒台後結束，督政府於一七九五年掌權。一七九九年拿破崙上台，並於同年發動霧月政變，成為法蘭西共和國第一執政。五年後，經公民投票，他以高達百分之九十九點九三的同意票被參議院擁戴為帝。在他統治期間，法國曾占領西歐及中歐的廣大領土。此事件即本書中時常出現的「大革命迎來了比被大革命推翻的政府更強大專制的政府」所指稱者。

選權即是人民主權，但選舉人既不明真相，也不能集合起來共同選擇某一政策；為何捐稅事務中備受吹捧的「自由表決」制度，只不過代表被馴服得屈從而沉默的與會者毫無意義的贊成；為何剝奪民族的自治權，使人民喪失權利的主要保障，失去思想、言論和寫作的自由的同時（而這些正是一七八九年所有戰果中最珍貴、最崇高的東西），政府還能自詡是個擁有自由的政府。

當我覺得大革命差不多完成了它的使命，孕育出新社會的時候，我就會打住。我將只對這個新社會進行考察，我要盡力辨別它在哪些方面與之前的那個社會相似，又在哪些方面與之不同；我們在這場驚天動地的巨大變革中失去了什麼、從中得到了什麼。最後，我要試著預測一下我們的未來。

這部著作的第二卷已有部分草稿寫好了，但還不能獻給讀者。我有可能完成這部作品嗎？誰能說得準呢？與民族的命運相較，個人的命運要難以把握得多。

我希望這本書不帶任何偏見，但我不能肯定我寫作時未懷任何激情。一個法國人談起自己的祖國、想到自己的時代，卻無動於衷，這幾乎是不可能的。我承認，在研究舊社會時，我從未將新社會完全置之不顧。我不但想知道病人死於什麼病，還想知道當初他如何可能免於一死；我像醫生似的，試圖在每個變得衰弱的器官中探尋生命的法則。我的目的是要繪製一幅極其精確，同時又富有教育意義的圖畫。因此，每當我在前人身上看到某些我們幾乎喪失，然而卻應是不可或缺的品德——真正的獨立精神、對崇高事物的愛好、對我們自身和某個事業的信仰時，我就特別突顯它。同樣地，當我在那個時代的法律、思想和風俗中，發現那些吞噬舊社會、如今也還在折磨著我們的某些惡行時，我也不忘揭露它們，讓人們看清這些惡行帶來的痛苦，從而對它們還會給我們帶來的不幸有更清楚的認識。

為達此目的，坦白說，我不怕得罪任何人，無論是個人還是某個階級，無論是輿論還是回憶錄，也無論他們的身分多顯赫。我這麼做時常常感到歉意，但無愧於心。但願那些因我而感到不愉快的人，考量我真誠無私的目的而寬恕我。

有些人可能會指責我在這本書中，對自由表現出一種非常不合時宜的興趣。他們要我相信，如今在法國，再也沒有人關心什麼自由了。

我只懇請那些對我提出這種指責的人注意，我對自由的熱愛由來已久。二十多年以前，我在談論另一個社會時，差不多就已一字不漏地寫下了你們將要讀到的內容。

在未來的茫茫黑夜中，人們已經能看到三條非常明晰的真理。第一條是，如今所有人都被一種無名的力量所驅使，人們或許想控制它或削弱它，但並不想消滅它。它時而輕輕地、時而猛烈地推動人們去摧毀貴族制度。第二條是，世界上所有社會裡，最難長期擺脫專制政府的，正是那些貴族制度已不存在、或不可能繼續存在的社會。最後，第三條真理是，專制制度在上述社會中產生的惡果，比在其他任何地方都嚴重，因為專制制度比其他任何政體都更有助於這些社會特有的惡行，並促使它們朝著這些社會已經自然趨向的方向發展。

在上述社會中，人們之間不再因為種姓、階級、行會、家庭的關係而有所聯繫，他們出於天性，只關心自己的個人利益，總是只考慮自己，將自己封閉在扼殺了公共道德的狹隘個人主義之中。專制制度非但不會和這種傾向爭鬥，反而會使之勢不可擋，因為它使公民不再有任何共同情感和相互需求，不再有相互理解的必要和共同行動的機會。就這樣，它用一堵牆把公民囚禁在私人生活中。人們本來就傾向於獨處，專制制度則使他們彼此隔絕；人們本來就互不關心，專制制度則使他們冷若冰霜。

在這種社會中，沒有什麼是穩定不變的，每個人時時刻刻都感到焦慮，生怕自己的地位下降，急著要向上爬。由於金錢不僅成為區分貴賤尊卑的主要標誌，還具有一種獨特的流動性，不斷易主、能改變個人的處境、使家庭地位升高或降低，因此幾乎所有人都迫不得已分秒必爭地拚命攢錢或賺錢。於是，不顧一切致富的渴望、對商業的愛好、對安逸和物質享樂的追求，便成為最普遍的激情。這些激情極其自然地擴散到所有階層，甚至深入到那些向來與此無緣的階級。如果不加以阻止，它們很快就會使整個民族瘋狂、墮落。而專制制度本質上就是為這樣的激情創造條件，並使之蔓延。這些使人消沉的激情對專制制度大有助益，它能轉移人們的注意力，讓人們的想像遠離公共事務，使他們一想到革命就渾身顫抖。只有專制制度能為它們提供隱蔽和黑暗之處，使貪婪猖行，讓人以可恥的手段攫取不義之財。如果沒有專制制度，這些激情也可能會很強烈，但有了專制制度，它們就能占據統治地位。

自由則相反，唯有它能在這種社會中，與社會固有的種種惡行對抗，使整個社會不致沿著斜坡滑落。的確，唯有自由能使公民擺脫孤立，促使他們彼此接近，因為公民地位的獨立性使人生活在孤立狀態中；唯有自由能使人們感到溫暖，彼此相聚，因為公共事務的實施離不開公民的共同協商、彼此信任和與人為善；唯有自由能使他們放下金錢崇拜，擺脫個人日常瑣事的煩惱，時時刻刻都意識到、並感到國家高於一切，近在咫尺；唯有自由能隨時以更有活力、更崇高的激情取代對安逸的迷戀，使公民渴望從事比獲取財富更重要的事；唯有自由能創造光明，讓人看清人類的惡行和美德，並做出判斷。

沒有自由的民主社會可以是富裕的，高雅、華麗、甚至輝煌，因其平民百姓各具份量而顯得強大。在那裡可以看到個人德行，能見到慈祥的父親、誠實的商人和可敬的老闆。你甚至還會遇到優秀的基督徒，因為這些人的國家不在塵世，而他們的宗教榮耀就是在最腐敗的風俗和最專制的制度下造就優秀基督徒。羅馬帝國的腐敗時期就有許多這樣的基督徒。但是，我敢說，在此類社會中，你永遠看不到偉大的公民。尤其是偉大的人民，我敢肯定，只要平等與專制結合在一起，心靈與精神的普遍水準便會不斷地下降。

這就是我二十年前想到和說過的。坦白說，在那之後，這世界並沒有發生什麼事情能讓我改變那時的想法和說法。過去，當自由受到重視時，我表達了對自由的讚賞；現在，自由遭到拋棄，我對它的愛依然不變，人們不會覺得這有什麼不妥吧？

但願人們還希望看到，在這個問題上，我與大多數反對我的人之間的分歧，或許比他們自己認為的要小。如果一個人覺得自己的民族具有正確運用自由的美德，卻出於天性，卑躬屈膝，寧可聽從某個人一時衝動的指揮，也不遵循自己親自參與制定的法律，這是什麼樣的人？我認為這種人並不存在。專制者自己也不否認自由是美好的，只不過他們想獨自享用罷了。於是，他們斷言，除了自己以外，其他所有人都沒有資格享有自由。由此看來，人們並非是在「如何看待自由」這個問題上產生分歧，而是在對人的尊重程度上態度迥異。所以嚴格說來，表現出對專制政府的愛好，等於公開對自己的國家表示輕蔑，這兩者完全是同一回事。想要讓我轉變態度，恐怕尚需時日。

我可以毫不誇張地說，我此刻發表的這本書是一項非常浩大的研究成果。有的章節雖短，卻也花了我一年多的工夫來研究。

我本來可以把注釋放在每頁下面，但數量太多。我還是喜歡將其中的一小部分放在卷末，並注明正文中出處的頁碼[31]。裡面不乏史例和證據，如果哪位讀者覺得本書有必要增補更多史料，我這裡還有許多可以提供。

31　編注：作者原注釋依然附於書末，與書中一般注釋分開，讀者若有需要可自行參閱。

第一編

第一章

大革命爆發時，人們對它各種不合邏輯的評論

沒有什麼比法國大革命史更能夠提醒哲學家和政治家們要謙虛的了，因為從來沒有比它更偉大、影響更深遠、準備得更充分，但也更無法預料的事件。

儘管腓特烈大帝[32]智慧過人，他也沒能預料到這場革命；他接觸到了，卻毫無所覺。更有甚者，他早已依照大革命的精神行事。他是大革命的先行者，可以說他已經是大革命的原因，但大革命迫近時，他並沒有認出它來。與歷史上無數的革命不同，法國大革命具有獨特的新面貌，因而在它最終爆發前並未被人們察覺。

在國外，大革命成為舉世矚目的對象。它使各國人民心中有了一個隱隱約約的預

32 腓特烈大帝（Friedrich II von Preußen, der Große,1712-1786）：即腓特烈二世，為普魯士國王，史稱腓特烈大帝。在他統治時期，普魯士軍力大規模發展，領土大舉擴張，亦支持文化藝術發展，是歐洲「開明專制」君主的代表人物。

感——新時代即將來臨，將帶來變化與改革的朦朧希望，但誰也想像不出大革命會是什麼樣子。各國君主和大臣連這種模糊的預感都沒有，而人民卻為之激動不已。起初，君主與大臣只把大革命視為任何民族體質都極易染上的周期性疾病，這類疾病除了為鄰國的政治開闢新的領域，不會造成其他後果。即使他們偶爾說出了有關大革命的真理，那也是無意的。

一七九一年，德意志各國的主要君主聚集在皮爾尼茲，宣稱法國君主制面臨的威脅是歐洲一切舊制度共同的威脅，它們與法國同處危難之中。但是事實上，他們根本沒把這些話當真。當時的機密文件透露，在他們看來，這些只是能夠掩飾自己的意圖、或在眾人面前美化其意圖的巧妙藉口。

在他們看來，法國大革命是一次轉瞬即逝的區域性事件，他們唯一要做的就是從中獲利。出於這種想法，他們擬訂計畫、做各種準備、締結祕密聯盟。一看到獵物走近就互相爭奪，彼此分裂，然後又恢復親密。他們幾乎做好了一切準備，唯獨沒有料到即將發生的事情。

英國人因為對自己的歷史有所了解，加上長期的政治自由，使他們更有見識，也更有經驗，他們隔著一層厚厚的帷幕看見了步步臨近的偉大革命。但他們看不清它的形式，也沒有看出法國大革命將對世界及英國產生的影響。大革命即將爆發的時候，正在法國遊歷的亞瑟・楊格[33]認為這場革命一觸即發，但對它的意義卻一無所知，甚至尋思著大革命最終是否會更加鞏固特權。他說：「對於貴族來說，如果這場革命為貴族帶來更多的優勢，那我認為它只起了揚惡抑善的作用。」

艾德蒙・柏克[34]自大革命爆發起，就對大革命懷有敵意，但某些時刻他對大革命也沒有定見。他起先認為，法國將因為大革命變得衰弱，近乎滅亡。他說：「可以確信，法國很長一段時間作戰能力將持續減弱，甚至可能永遠失去作戰能力。接下來的一代人會重複一句古話：我們曾聽說，以前的高盧人以善戰著稱。」

從近處並不一定就比從遠處更能準確地看清事實。在法國，大革命爆發前夕，人們對革命的目的沒有任何確切的概念。在眾多的陳情書中，我只看到兩份文件中流露出民眾的某種恐懼，他們害怕王權或政府會繼續統治一切。全國三級會議表現軟弱，且為期很短，令人擔憂。人們擔心在全國三級會議上會被暴力相向，貴族尤其嚇得惶惶不可終日。好幾份陳情

33 亞瑟・楊格（Arthur Young ,1741-1820）：英國農業經濟學家、貨幣數量論的擁護者。一九六七年起，考察英國、法國等地的農村，根據當地的農業狀況寫出了一系列的遊記。

34 艾德蒙・柏克（Edmund Burke ,1729-1797）：英國輝格黨政治家、下議院議員，維護議會政治，主張對北美殖民地實行自由和解的政策，反對法國大革命，為輝格黨中的保守主義主要人物。

書中寫道：「御前侍衛隊必須保證，即使發生騷亂或暴動，也絕不向人民開槍。」只要三級會議能順利召開，所有弊端都會被輕而易舉地清除。改革的工程浩大，但並不困難。

然而，法國大革命按照自己的進程發展著：隨著魔鬼的頭部露出，它那奇特而可怕的面孔也清晰可辨。大革命先是摧毀了政治機構，然後廢除了民事機構；先是改革了法律，然後對風俗、習慣乃至語言都進行了革新；它摧毀了政府結構，之後又動搖了社會基礎，彷彿最終要向上帝開戰。很快地，這場大革命就蔓延到國外，帶著前所未聞的手段、新戰術、致命的準則，就像小威廉．皮特[35]所謂的「武裝輿論」，以一種前所未聞的巨大力量摧毀各帝國的壁壘、打碎所有王冠、蹂躪所有民族。奇怪的是，這些民族竟然也加入了它的行列！

隨著這一切爆發，人們對革命的看法也產生了變化。它起初只被歐洲各國君主和政治家視為各民族生活中的一個普通事件，繼而成了一件新鮮事。它是如此新穎，甚至與以前世界上所發生過的一切截然相反；但又是如此普遍、恐怖、令人費解，以至於一看到它，人類的精神彷彿失常了。在某些人看來，這個似乎什麼都難以助長或壓倒其威力、聞所未聞的巨大力量，人們既阻擋不住、它也不會自動停止其巨大力量，最終將會把人類社會推向徹

35 小威廉．皮特（William Pitt the Younger, 1759-1806）：英國首相、政治家，在改善英國國債與稅制方面有很大的貢獻；而其大力推動的禁止販賣奴隸政策，則於過世後一年通過。

底的滅亡。

有些人把大革命看作魔鬼顯靈。自一七九七年起，德・邁斯特[36]就說：「法國大革命具有魔鬼的性格。」另一些人則在大革命身上看到了樂善好施的上帝，說它不只是要改變法國的面貌，還要改變世界，它要以某種方式創造一種新人類。在那時的若干作家身上，都可以發現這種彷彿薩爾維[37]見到蠻族時那樣神祕的恐懼感。柏克繼續闡述他的觀點，他驚呼道：「失去了舊政府，或者更確切地說已經處於無政府狀態的法國，與其說它會成為人類的災難與恐怖，不如說它幾乎成了別人侮辱與憐憫的對象。但是，從這已被謀殺的君主制的墳墓中，卻走出一個龐大的怪物，比那些擊敗並控制人類想像的怪物還可怕。這個醜陋的怪物不懼危險、不因愧疚而止步，直奔目的地。它蔑視一切既有的道德行為準則和常規的手段，誰要是不能理解它的存在，它就擊倒誰。」

法國大革命真有當時人所說的那麼非比尋常嗎？真的像他們認為的那麼離奇、那麼具有煽動性和革新力嗎？這場奇特而可怕的革命，其真正意義何在？真正的特點是什麼？它

36 德・邁斯特（Le comte Joseph de Maistre ,1753-1821）：法國貴族，新保守主義代表人物。法國大革命後，他挺身而出，為階級社會與君主制辯護。

37 編注：薩維爾（Salvianus, 390-484）：法國歷史學者，著有《論上帝的統治》。

的深遠影響有哪些？確切地說，它摧毀了什麼、又創造了什麼？

研究和闡述這些問題的時機似乎已經到來，我們今天似乎正處在這個確切的瞬間，可以在最佳距離觀察這個偉大事件，並做出判斷。如果離大革命的時代太遠，就只能稍稍感受那些令革命者目眩的種種激情；而我們離大革命還很近，可以深入進引導大革命前進的精神中，實際理解大革命的精神。這點再過不久就很難做到了，因為所有偉大的革命成功之時，引發革命的原因也會隨之消失。於是，偉大的革命因其自身的成功，反而變得難以理解。

第二章

大革命的最終與根本目的，並非一般人認為的「摧毀宗教政權」、「削弱政治權力」

法國大革命初期的行動之一是攻擊教會。所有源自大革命的種種激情中，最先點燃且最後熄滅的，便是反宗教的狂熱。當人們迫不得已忍受奴役以獲取安寧時，對自由的熱情便再不存在，但他們卻一刻也沒有停止對宗教權威的反抗。拿破崙能阻止法國大革命的自由天性，卻怎麼也無法抑制其反基督教傾向。甚至到了今天，我們還能看到有些人，以為不敬上帝，便能彌補他們在官員面前卑躬屈膝的罪過（就算官員的權力極小）。他們拋棄了大革命學說中更自由、崇高、更引以自豪的事物，仍以自己忠於大革命的精神為榮，只因他們現在不信上帝。

然而到了今天，人們不難明白，反宗教只是這場偉大革命的一個插曲；是大革命眾多面貌中一個顯著而短暫的特徵；是先於大革命，為大革命做準備的那些思想、激情、特殊事件的產物，而不是源於大革命本身。

將十八世紀的哲學視為大革命的主要起因之一是有道理的，因為十八世紀哲學確實具有深刻的反宗教性。但是必須特別注意，它包含了兩種截然不同且不可分割的部分。

第一部分包含了與社會地位和民法、政治法的準則相關的所有新觀點，例如相信人生而平等，而種姓、階級、職業的一切特權是不平等的起源，需加以廢除。人民享有主權、社會權力至上，統一規章制度……所有這些學說不僅是法國大革命的起因，也可以說是大革命的本質。它們是大革命的種種成果當中，較為重要、持久且確切的。

十八世紀哲學家的第二部分信條是對宗教的某種狂怒情緒。他們攻擊教士、教階制度、授職、教義，而且為了更徹底地推翻教會，他們還想摧毀天主教的基礎。但是，由於這部分的哲學產生於這場大革命試圖消滅的各種現象中，因而它將隨著這些現象的消亡逐漸消失，最終湮沒在大革命的勝利之中。

為了使大家完全理解我的想法，我再做些補充(只補充一點，因為我還要在別的章節中論述此一重大問題)：天主教之所以激起十八世紀哲學家的強烈敵意，並非因為它是一種宗教教義，而是因為它是一種政治制度；並非因為教士們企圖掌管來世的事務，而是因為他們是這個世界的有產階級、領主、什一稅[38]徵收者、管理者；並非因為教會不能在即將創建的新社會中占據一席之地，而是因為在必將被粉碎的舊社會中，它占據了最享有特權、最有勢力的地位。

請注意，隨著時間過去，此一事實變得顯而易見且日益明確：隨著大革命政治使命的加強，其反宗教的使命便消亡了。隨著大革命所攻擊的所有舊制度被進一步摧毀；隨著大革命最為憎恨的種種力量、權勢、階級被徹底的消滅；隨著舊制度所激發的仇恨（作為其失敗的最後標誌）逐漸減退；隨著教士和本應與之一同垮台的一切事物日益分離，人們逐漸發現教會的威信在眾人的思想中復興，並且更加鞏固。

不要以為這種情形只有在法國才有，自法國大革命以後，歐洲的基督教教會幾乎都重新振興了。

如果認為民主社會必然與宗教為敵，那就大錯特錯了。在基督教乃至天主教中，並沒有什麼是與民主社會精神完全背道而馳的，甚至有不少東西對民主社會大有助益。此外，歷史經驗證明，宗教本能最具生命力的根基始終深植人們心中。那些已經消亡的宗教在人們心

38 什一稅：在歐洲封建社會時代指的是教會向成年教徒徵收的宗教稅，源於舊約聖經時代，其希伯來文原意是「十分之一」。西元七七九年法國查理大帝訂立法律，徵收什一稅，西歐各國在十世紀中葉時相繼效法。

中都擁有各自的墓碑，但那些傾向於順應人們的思想和感情的各種制度，最後卻把人類的精神永久地推向了不信宗教，這真是件怪事。

前述關於宗教權力的這些議論，我會在論及社會權力時再度重申。

那些還維持著社會階級之別，且對人們施加種種限制的所有制度和習俗，都被大革命一舉推翻。人們因此以為，大革命的成果在於推翻的不僅是某個社會秩序，而是一切社會秩序；摧毀的不僅是某個政府，而且要摧毀社會權力本身。人們會因此斷定，大革命的本質是無政府主義。然而我敢說，這只看到了表面。

大革命爆發後不到一年，米拉波[39]私下致函給國王：「請您將新狀況與舊制度比較一下，您就會感到安慰且心中充滿希望。顯然，國民議會的部分法律，而且是最重要的那一部分，對君主制政府是有利的。取消高等法院和三級會議，取消教士、特權階級和貴族集團，這些難道都無足輕重嗎？只組成單一的公民階級，這個想法會使黎塞留[40]感到高興，因為從

39 米拉波（Honoré Gabriel Riqueti, comte de Mirabeau,1749-1791）：法國作家、政治記者暨外交官，法國大革命時期著名的政治家和演說家。在法國大革命初期的國民議會中，他是溫和派的重要人物之一，主張君主立憲。

40 黎塞留（Armand Jean du Plessis de Richelieu,1585-1642）：路易十三的宰相、天主教的樞機。他在法國政治

表面上看來，這有利於行使權力。專制政府的幾任統治者為維護王權所做的一切，都還不及大革命這一年所做的多。」這就是有能力領導大革命的人對這場大革命的理解。

由於法國大革命的目的不只是改革舊政府，還要廢除行之有年的社會結構，因此，必須向所有既有的權力進攻，摧毀所有公認的權勢、破除傳統、改革風俗和習慣，並在某種程度上，清除人類腦海中所有使人變得唯命是從的思想。法國大革命的無政府主義特質正是由此而來。

但是，如果撇開這些殘渣碎片，你就會發現一個強大的中央政權。它將過去散布在眾多次要權力、等級、階級、職業、家庭、個人之中，亦即是散落在整個社會中的所有權威和勢力都吸引到它身邊，並與之融為一體。自羅馬帝國滅亡後，世界上從未出現過類似的政權。大革命創造出了此一新政權，或者更確切地說，這個新政權是從大革命製造的廢墟中自動產生的。大革命建立起來的政府更為脆弱，這的確是事實，但它比自己推翻的任何政府都要強大得多。基於某個原因，它既脆弱又強大。對此我將另行議論。

透過已被摧毀大半的舊制度的塵埃，米拉波隱約看見了這個簡單、整齊、宏偉的結

決策中具有主導性的影響力。在他當政期間，為鞏固中央集權，他鎮壓農民起義、到處收買御用文人。法國專制制度在此時得到完全鞏固，也為路易十四時代的興盛打下了基礎。

構。它雖然龐大，但在那時民眾還沒有看見它。然而隨著時間的推移，它逐漸呈現在眾人眼前；今日，它尤其受各國君主們關注。他們讚賞且羨慕地打量著它，其中既包含革命者，也包含那些對革命漠不關心或充滿敵意的人。他們都試圖在各自的領地取消賦稅豁免權，廢除特權；他們將各個階級的人聚在一起，使不同社會地位的人趨於平等；他們用官員代替貴族，用統一的法規取代地方特權，用統一的政府代替五花八門的權力機構。他們竭盡所能致力於革命事業，當遇到困難時，他們偶爾會借用大革命的手段和口號；在必要時，他們甚至鼓動窮人反抗富人、平民反抗貴族、農民反抗領主。大革命在他們眼中既是瘟神，卻也是良師益友。

第三章

法國大革命如何以宗教革命的形式展開政治革命，其原因何在

所有國內的革命或政治革命都有一個祖國，並局限於此範圍內；但法國大革命卻沒有自己的疆域。此外，大革命最終將所有古老的界線從地圖上抹去。不管法律、傳統、性格和語言如何，大革命都使人們更加接近或彼此分裂。有時，它竟能使敵人變成同胞，使兄弟變成陌生人。或者更確切地說，大革命在個人的國籍之上建立起一個眾人共同的精神家園，各民族的人都能成為它的公民。

翻遍所有史冊，也找不到一場與之具有相同特點的政治革命，只有在某些宗教革命中才能看到類似的情況。因此，如果我們想用類比的方法來解釋問題，就必須將法國大革命與宗教革命進行比較。

席勒[41]在其《三十年戰爭史》（*Geschichte des dreißigjährigen Kriegs*）中指出，十六世紀偉大的宗教改革，使得那些彼此互不了解的民眾突然間變得親密起來，並透過新的共同情感，將他們緊密聯繫在一起。我們確實看到在法國人自己打起來的時候，英國人前來相助；波羅的海最遠處的人深入到德國內陸，來保護那些在此之前他們從未聽說過的德國人。所有對外戰爭都帶有內戰的特性；而在所有內戰中，都有外國人的身影。每個民族都忘卻了舊利益，轉向新利益；原則性問題取代了領土問題，所有的外交規則都混在一起，錯綜複雜，令那個時代的政治家們大為震驚，也十分傷腦筋。一七八九年後的歐洲正是如此。

因此，法國大革命是一場以宗教革命的方式進行，並在某些方面具有宗教革命特點的政治革命。讓我們看看它在哪些方面具有這樣的特點：它不僅和宗教革命一樣傳播甚遠，而且也同樣透過語言和宣傳向遠處擴散。這是一場政治革命，激發的熱情卻是布道式的。人們向國外宣傳這場革命的熱烈程度，不亞於他們在國內實現這場革命的時候。請想想這是何等新穎的景象！法國大革命向世界展示了無數新事物，而這又是其中最新穎的。但我們不該就此止步，應當繼續深入探討，了解大革命和宗教革命在結果上的相似性，是否與隱藏在其

41　席勒（Johann Christoph Friedrich von Schiller,1759-1805）：德國著名詩人、哲學家、歷史學家和劇作家，德國啟蒙文學的代表人物之一。被公認為德國文學史上地位僅次於歌德的偉大作家。

起因當中的某種相似性有關。

宗教的一般特徵是重視人本身，而不注重一個國家的法律、習俗和傳統對人的共同本性施加什麼特殊成分。它的主要目的是掌管人與上帝之間的聯繫、人與人之間的一般權利和義務，而不考慮社會形態。它所強調的道德規範與國家或時代關聯不大，而與父子、主僕和親眷之類相關。由此看來，宗教根植於人性之中，因此可以被所有人接受，放諸四海皆準。因此，宗教革命很少像政治革命一樣局限在某一地域或某一民族，而是擁有廣大舞台。如果我們對這個問題進行進一步的研究，我們就會發現，宗教越是具有我剛剛指出的這種抽象性和普遍性，它就越能廣泛傳播，即便各地的法律、氣候和民族有所不同。

古希臘羅馬的異教都或多或少地與每個民族的政治體制或社會情形有關，並在其教義中保存著某種民族的、且常常是某個城市的面貌。它們通常都局限於一國的疆域內，很少傳至國外。它們有時會引發偏執和宗教迫害，但布道的熱忱在異教中幾不可見。在基督教出現之前，西方從未發生大規模的宗教革命。基督教輕易地突破了曾經為異教徒所設的種種障礙，很快地征服了大多數人。有人說，基督教的勝利，在某種程度上要歸功於它比其他任何宗教都更善於擺脫民族、政府形式、社會形態、時代和種族的框架，我認為這種說法對這個神聖的宗教不算不敬。

法國大革命針對的是我們這個世界，宗教革命針對的則是另一個世界，但二者採取的手段是完全相同的。

大革命以一種抽象的方式看待公民，超脫一切具體的社會條件，這和宗教一樣，宗教也不考慮國家和時代，而從普遍性的角度來看待人本身。大革命不僅研究法國公民的特殊權利，還研究人在政治上的一般權利和義務。

在社會和政府方面，法國大革命始終在追尋更具普遍性的、也可以說更自然的東西。因而它能為所有人所理解，同時被無數國家所仿效。

法國大革命的目的似乎不僅是要在法國進行改革，而是要使人類獲得新生，因而它所喚起的強烈激情是之前任何一場革命所不及的。它激發了傳道的熱忱，因而得以廣泛傳播。因此，它具有了宗教革命的特質，使當代的人為之震驚。或者更確切地說，大革命成了一種新宗教。以宗教而言，它是不完美的，這是事實。它既無上帝，也無禮拜或來世，但它卻像伊斯蘭教一樣，使全世界都布滿了它的士兵、使徒和受難者。

此外，我們也不應該認為大革命採取的手段都是前所未有的，而它創造的所有觀念都是聞所未聞的。歷史上所有的時代，甚至在中世紀，都曾出現過一些鼓動者。他們為了改變風俗，都曾援用人類社會的普遍法則，試圖用人類的自然權利對抗國家政體。但是，所有這些嘗試都以失敗告終；照亮十八世紀歐洲的火炬，早在十五世紀時就被不費吹灰之力地熄滅了。想要使這種論據引發革命，必須要在人們的地位、習慣、風俗方面已經發生變化後，才能為這些學說的深入人心做好精神準備。

當人與人之間千差萬別時，將某個法則應用於全部的人，對人們來說是不可理解的；但在其他時候，只要遠遠地向人們展示一下某一法則朦朧的輪廓，人們就能發現它，並趨之若鶩。

法國大革命最不尋常之處，並不在於大革命使用了各種手段，並創造出各種思想。其最大的獨特性在於：大革命的這些手段最終被無數民族所採用，且這些準則輕易地被無數民族所接受。

第四章

為何幾乎全歐洲都有相同的制度，這些制度又是如何日趨衰敗

那些推翻了羅馬帝國，最終建立起近代國家的民族，其種族、國家和語言等各方面都不盡相同，只有在「野蠻」這點上頗為一致。他們在羅馬帝國的土地上定居，在一片混亂中長期互相爭鬥，而當他們最終確立了各自的地位之後，卻發現自己已被自己造成的廢墟分隔開來，文明幾乎毀壞殆盡、公共秩序蕩然無存、人際關係變得複雜棘手，龐大的歐洲社會分化為無數個截然不同、互相敵對、各自為政的小社會。

然而，在這個不和諧的群體中，突然出現了統一的法律。這些法律並未模仿羅馬法，甚至與之截然相反，以至於人們曾利用羅馬法對它們加以改造、刪整。它們的面貌煥然一新，與人類曾建立的所有法律完全不同；它們前後呼應，構成了一個整體，各部分結構縝密，現代法典的條文都無法與之媲美。這些深奧的法律卻運用於一個半開化的社會。

此種法律如何形成、推廣並且最終在歐洲普及呢？我們的目的並非要找出箇中原因。

可以肯定的是，早在中世紀，此一法律就已或多或少在歐洲各地出現；而且在很多國家，它淩駕於所有其他法律之上。

我有幸研究了法國、英國和德國的中世紀政治制度。隨著研究逐漸深入，我發現這些法律制度之間存在著驚人的相似之處。我十分驚訝，這些性格迥異、互不往來的民族，卻有如此相似的法律。這些法律會因為地點的不同，而不斷、甚至是無止境地產生變化，但它們的本質都是一樣的。當我在古老的日爾曼法律中發現某種政治制度、規章、權利時，我事先就已知道，如果仔細研究下去，也會在法國和英國找到與其內容完全對應的東西，而我果然也找到了。只要研究這三個民族中的其中一個，就有助於我更好地理解另外兩個。

這三個國家的政府都依循同樣的準則行事，議會由同樣的部分組成，擁有同樣的權力；社會以同樣的方式畫分，呈現出同樣的階級制度。貴族在其中占據相同的地位，擁有相同特權、相同面貌、相同天性，這些人之間並無差異，在各處都是一個樣子。

各城市的制度都是一樣的，也以同樣的方式管理農村。農民的處境大同小異，土地也被人們同樣地出售、占據及耕種，農民承擔同樣的義務。從波蘭的邊界到愛爾蘭海，領主莊園、領主法庭、封地、徵收年貢的土地、兵役、階段權力、行會，一切都彼此相似，有時甚至連名稱都一樣。而更值得注意的是，所有類似的制度，都源於相同的精神。

我認為可以提出如下觀點，即便今日文明正努力地開闢道路，似乎打破了所有壁壘，國際交流也有了長遠的進步，但在十四世紀，歐洲各國的社會、政治、行政、司法、經濟甚至文學作品，都比我們今天更相似。

我的主題並非古老的歐洲政體是如何逐漸衰弱並遭到破壞的。我只是想指出，十八世紀的時候，它已經衰敗到半毀滅狀態了。一般來說，這種衰敗在歐洲大陸東部不如西部明顯，但其跡象處處可見。

中世紀各種制度的凋蔽衰敗，在文件中皆可找到長期的記載。我們可以看到，當時每個領地都有名為「地籍簿」的登記本，上面記錄了每個世紀的封地、徵收年貢的土地範圍、應該繳納的佃租、應服的兵役及地方使用權。我看過十四世紀的地籍簿，它們簡潔明晰、井井有條、分類得當，堪稱典範。而離我們的年代越近時，儘管文明普遍進步了，地籍簿卻反而變得含糊、雜亂無章、記載不全且條理不明。彷彿社會更加文明時，政治社會就會陷入野蠻之中。

與法國相比，德國的古老政體保留了更多的原始特徵。然而即使在此處，它所創立的制度也已有部分被摧毀了。我們判斷時間的破壞力，不是看時間經過多久，而是看那個時代殘存的事物處於何種狀態。

十三、十四世紀的自治市制度，曾使德國的一些大城市成為富裕且開化的小國。這些機構到十八世紀依然存在，但只剩下空架子。它們的規章制度似乎仍在執行，市政官員的頭衛還是一樣，職務內容似乎也沒有改變，但是積極性、活力、公民的責任感、驍勇善戰以及取之不竭的美德，都已消失。這些古老的市政機構本質上已然崩潰，但外表卻依舊如故。

殘存至今的所有中世紀權力機構都有同一種弊病，皆是衰敗不堪，萎靡不振。更有甚者，所有那些本不屬於中世紀制度的東西，一旦混雜其中，並染上中世紀機構鮮明的痕跡，很快也會失去活力。貴族階級與之接觸後，便也染上了衰老虛弱症。政治自由的成就在整個中世紀碩果纍纍，然而，在任何一處，只要還保留著中世紀以來的特性，就再無成果。無論何處，只要省議會原封不動地保留了古老架構，它們就會阻礙而不是推動文明進步；它們看起來格格不入，難以融入當代的新精神，因此民心背離，轉向了君主。

這些機構並未因其歷史悠久而受人尊敬，相反地，它們的威信日益降低；當它們越加衰落，危害似乎減低時，反而會激起更大的仇恨，這真是一件奇怪的事情。一位與舊制度同時代並擁護舊制度的德國作家說道：「現存的舊事物似乎使每個人都受到傷害，有時還顯得面目可憎。奇怪的是，人們現在對一切舊的東西都嗤之以鼻，這樣新潮的看法竟然也出現在家庭中，並擾亂了家庭秩序。現在就連主婦們也不願意忍受那些舊家具了。」

然而，同一時期的德國和法國一樣，社會處於極度活躍狀態，日益繁盛。但是請特別注意這一點，因為它至關緊要：所有活著、行動著、創造著的事物都出自新的源頭，而此一源頭豈止是新的，簡直就是對立的。此一源頭就是王權，但與中世紀的王權並無絲毫共同之處，它具備了不同的特性、占據了不同的地位，帶有另一種精神，激發了另一些情感。此時的國家行政機構向四面八方擴張，延伸至地方權力空出後留下的廢墟；此時的官員等級制度逐漸取代了貴族統治，所有這些新的權力機構依法辦事，而其所遵循的那些準則是中世紀的人聞所未聞或者拒絕接受的。其實，它們與某種社會狀態相關，而中世紀的人對這種社會狀態甚至毫無所知。

在英國，乍看之下，歐洲的古老制度似乎仍然在那裡運作著，但實際情形與德國完全相同。如果我們願意忘卻古老的名稱，拋開過去的社會形態，我們將會發現，十七世紀以來，階級制度基本上已經被廢除了。各階級互相滲透，貴族階級消失了，原本屬於貴族的政權已經開放，財富變成了通向權力的階石，法律面前人人平等，賦稅均等，言論自由，法庭審理公開化，所有這些新原則在中世紀社會中都不存在。然而這些新原則以巧妙的方式逐漸滲入古老制度，賦予了舊制度新的活力，使之免於解體；在保留了古老形式的同時，也使之充滿了新鮮的活力。十七世紀時的英國已經完全是個現代國家了，只有內在還彷彿用防腐香料保存著中世紀的某些碎片。

為了方便大家理解後面章節所講述的內容，我們必須稍微理解法國之外的狀況。我敢說，無論是誰，如果他只研究或考察法國，就永遠無法真正理解法國大革命。

第五章

法國大革命的確切使命為何

以上的論述只有一個目的，就是要釐清我一開始就提出，並想找到解決辦法的問題：大革命真正的目的是什麼？它本身的特點到底是什麼？為什麼恰好就這樣發生了？它完成了什麼？

大革命並非像人們認為的那樣，是為了摧毀宗教信仰的威權而爆發的。拋開種種表象，從本質上來說，它是一場社會和政治革命。它並不想讓政治上的混亂永久延續下去，最終成為常態，也不想使無政府主義有條不紊地進行下去；它不像那些反對者所說的，是為了增強當局的威信和權力；它也不像另一些人所想的那樣，要改變我們的文明的個性、阻止文明進步。甚至也不是要從本質上改變西方社會賴以生存的任何基本法則。

如果我們在談論大革命時，撇開那些曾發生於不同時期與國家，曾經改變了大革命面貌的偶然事件不談，而只考慮大革命本身，我們便會清楚地看到，這場革命的結果只是摧毀了曾經在數世紀裡統治大部分歐洲民族、常被人們稱為「封建制度」的政治制度，而用一個以社會地位的平等為基礎的、更簡單的社會政治秩序取而代之。

這就是為何要進行一場大革命的原因。因為古老的制度幾乎與所有的歐洲宗教、政治、法律融為一體，難以分割。此外，這些制度還牽涉到與之密不可分的諸多思想、情感、習慣、風俗，需要有一場動亂來摧毀它，並從社會的這個身體中，摘除與之器官相連的部分。這使大革命比實際上人們所知的更加偉大：它似乎將一切毀滅殆盡，因為它所摧毀的東西與一切相關，並且一切事物皆以某種方式與之相連。

儘管大革命是一場徹徹底底的革命，然而它並不像人們普遍認為的那麼創新。關於這點，我將會在後文中證明。有關大革命的真實情況是，大革命徹底摧毀了或正在摧毀著（因為它仍在持續）舊社會中那些源自貴族制度和封建制度的東西，以及與之相關的一切，還有那些即便只帶有最細微的貴族制度和封建制度痕跡的東西。大革命只將那些與舊制度格格不入、或者即使沒有舊制度也能存活的東西保留了下來。

大革命最可惜的就是它是一個偶然事件。它出其不意，僅僅是一項長期以來的工作，並以一種突如其來的猛烈方式了斷十代人為之獻身的事業。即便它不曾發生，這個依然矗立的古老社會也會倒塌，只是這裡早些、那裡晚些；只是會一塊一塊地剝落，而不會像這樣轟然倒下。大革命以一種痙攣般的痛苦努力，一舉完成那些需要依賴自身努力、長時間才能完成的成就，撇去過度期，大刀闊斧、毫無顧慮。這便是大革命的功業。

令人驚訝的是，在今日看來極為清楚明白的事情，就算在當初在那些最具遠見的人眼中，仍然錯綜複雜、模糊不清。柏克對法國人說：「你們若要糾正政府的弊病，何必創造新的東西？為何不依循古老的習俗來做？為何不僅限於恢復自己古老的特權？如果你們無法恢復已經消失的祖先體制，那麼為何不把目光轉向我們英國這邊？在英國，你們將會找回古老歐洲的共同法則。」他並未看清眼前正在發生的事情。革命的目的正是要廢除這「古老歐洲的共同法則」。他並未發覺這正是關鍵所在，而非其他。

為何各處都在醞釀具有威脅性的政治革命，但它只在法國，而非別處爆發？為何它在法國所具備的某些特點，在別處無跡可尋、或只能部分呈現？第二個問題無疑值得一提，而研究這個問題將是以下幾章的任務。

第二篇

第一章

為何法國人民對階級特權的憎惡遠勝其他各國

有件事乍看之下會讓人吃驚：大革命的宗旨原本是要消滅中世紀遺留下來的制度，但它並沒有在中世紀制度保留得最全面、人民對這些嚴厲制度的束縛感最深刻時爆發，而是在人民幾乎感覺不到其束縛的時刻爆發了。因而，在中世紀制度桎梏最輕微的地方，這種桎梏在那裡反而最令人無法忍受。

十八世紀末，德國境內幾乎沒有一個地方徹底廢除農奴制，大多數地區的人民還跟中世紀一樣，被束縛在貴族領地上。腓特烈大帝和瑪麗亞・特蕾莎[42]軍隊裡的士兵幾乎都是道地的農奴。

一七八八年，德意志大部分邦國規定農民不得離開領主莊園。倘若離開，無論去哪裡

42　瑪麗亞・特蕾莎（Maria Theresia,1717-1780）：奧地利女大公，在位期間實行「不開明的溫和專制」，奠定了奧地利成為現代國家的基礎，是哈布斯堡王朝最傑出的女政治家。

他都會受到追捕，並被強行押回莊園。農民受天主教法庭約束，私生活受到監督，縱酒和偷懶都會被處罰。他們的社會地位無法提升，也不能改變職業，未經主人同意甚至不能結婚。他們一生中大部分的時間都奉獻給了主人，為其效勞。他們的青春時光是在莊園中做僕役度過的。為領主服勞役是天經地義的事，某些邦國的役期甚至達到每周三天。領主的房屋要重建或維修、將領地的產品運往市場，這些都是農民的工作。此外，農民還負責為主人傳遞信件。農奴雖然可以成為土地所有者，但他的所有權始終是不完全的；他只能在主人的監督下，以某種方式耕種自己的土地，不能隨意轉讓和抵押土地。有時候，領主強迫他出售自己的產品；有時候，領主又不許他販賣。對農民來說，耕作始終是一種強制性的勞動。他的遺產甚至也不能全部由其子女繼承，其中的一部分通常會被領主扣下來。

我並沒有去查閱古老的法律條文，我是碰巧看到的。在大革命初爆發之際，由偉大的腓特烈擬定、而其繼位者頒布的法典中，記載著這些規定【見書末作者原注❶】。

但類似的情況在法國早已不存在，農民來去自由，買賣不受限制，能隨意處理自己的財產，也能以任何方式耕作。只有東部一、兩個被征服的省分還能見到農奴制的痕跡，在其他所有地方，農奴制早已絕跡。而且，廢除農奴制已經是遙遠到記不起確切日期的事。這方面的研究也證明，諾曼第早在十三世紀就廢除了農奴制。

但在法國，還發生了另一場旨在改善人民地位的革命：農民不僅不再是奴隸，而且成為土地所有者。這個事實今天尚未有人明確地加以說明，但就像你們將要看到的，它帶來了許多的影響，請允許我在此稍停片刻，加以論述。

長期以來，人們都認為地產的畫分始於大革命，而且只能是大革命的產物。但各種證據證明，事實並非如此。

至少在大革命的二十年之前，就有一些農業協會抱怨土地被過度分割。大約在同一時期，杜爾哥[43]也說道：「原來只夠養活一家人的土地，在瓜分遺產時被過度地分給五、六個孩子，這些孩子以及他們的家庭從此便再也不可能僅靠土地維生。」幾年後，內克爾[44]也說法國遍地都是農村小地主。

在一份大革命前幾年寫給某位總督的祕密報告中，我讀到：「遺產正以一種平等卻令人擔憂的方式被再次瓜分，每個人都想得到一份，各處的土地都被無止境地分割、再分割、沒完沒了。」你一定會以為這些文字是現代人所寫的吧？我不辭勞苦地查閱資料，希望

43 杜爾哥（Anne-Robert-Jacques Turgot, Baron de Laune,1727-1781）：法國古典經濟學家，重農派主要代表之一，曾任路易十六的財政總監。著有《關於財富的形成和分配的考察》（*Réflexions sur la formation et la distribution des richesses*）。

44 內克爾（Jacques Necker,1732-1804）：法國銀行家，路易十六的財政總監。

在某種程度上還原舊制度的土地清冊，也達到了部份目的。一七九〇年的法令確定了土地稅，根據這項法令，各教區必須編造一份該區現存的土地清單。這些清單大部分已經遺失，不過我仍找到了不少村莊的。當我將這些清單與我們今天的名冊做比較時，我發現，在這些村子裡，地主的數量是現今數量的二分之一，很多時候甚至是三分之二。這個數目顯然很可觀，你不妨想想，自那以後，法國總人口增加了四分之一多一點呢。

那時的農民對土地的熱愛和現在一樣，所有農民占有土地的激情都被點燃了。當代一位出色的觀察家說：「土地總是被以超越其價值的價格出售，因為所有居民都熱衷於成為地主。在法國，下層階級的所有積蓄，不論是投放給個人還是國債，都用在了購買土地上。」亞瑟．楊格第一次來法國旅行時，發現了許多新鮮事，讓他印象最深的莫過於農民大量分割土地的現象。他斷言，法國有一半的土地掌握在農民手中。他常說：「我當時絕對沒有想到會有這種情況。」確實如此，這種局面除了在法國或其近鄰區域，在世界上任何其他地方都不會有的。

英國歷史上也曾出現擁有地產的農民，但數量相較之下少了許多。德國則無論什麼時代，到處都能看到一些完全擁有土地所有權的自由農民。日爾曼的古老習俗中，就有關於農民土地管理的特殊且奇怪的法律。但是農民能擁有土地始終是例外，小地主的數量也極少。

十八世紀末，德國某些地區的農民成為土地所有者，且幾乎跟法國農民一樣自由。這些地區大多位於萊茵河流域，這也是法國大革命最早傳播到的地區，那裡的革命激情最為強烈。而德國那些長期不被革命激情滲透的地區，就是還沒有發生類似變化的地方。這點值得注意。

因此，認為法國土地的畫分始於大革命，這是一種普遍的謬誤，土地的畫分遠遠早於大革命。大革命確實賣掉了教士的全部土地和貴族的大部分土地，但是，如果你查閱一下當時土地拍賣的紀錄——就像我有時不厭其煩地做的那樣——你就會發現，這些土地大部分是被那些已經擁有土地的人買下的。因此，即便土地被轉賣，土地所有者的數量也不像人們想像的那樣增加了許多。按照內克爾的說法——他總是誇大其詞，不過這回很中肯——法國當時早已遍地都是地主。

大革命的結果不是畫分土地，而是暫時性地解放土地。其實，這些小地主經營他們的土地時都深感痛苦，承受了許多他們無法擺脫的勞役。勞役的負擔無疑是沉重的，但是，真正使農民覺得無法忍受的，卻似乎是其負擔減輕的環境：這些農民已經擺脫了領主的管轄，而此時歐洲沒有一處像法國這樣。這是另一場革命，跟那場使農民成為土地所有者的革命一樣偉大。

舊制度雖然離我們還很近——因為我們每天都能遇到在舊制度法律下出生的人——但它似乎已經消失在蒙昧時代。那場將我們與舊制度徹底隔開的革命讓人覺得像是過了好幾世紀，它使得未被摧毀的一切變得難以理解。因此，今日很少能有人確切地回答這個簡單的問題：一七八九年以前，農村是怎樣治理的？的確，不好好地研究那個時代的行政檔案，就不可能精確而詳盡地回答這個問題。

我常聽人說：雖然長期以來貴族已不再參與治理國家，但自始至終都未放棄農村的管理權；領主統治著農民。這種觀點顯然是錯誤的。

十八世紀時，教區的所有事務都是由官員主持的，他們不再是領地的代理人，也不再由領主選定；他們之中有一些由該省總督任命，另一些則由農民自己選出。他們負責攤派捐稅、修繕教堂、建造學校、召集和主持教區大會。他們監管公社財產，規定其用途，以集體的名義起訴、辯護。領主不僅不再負責管理一切地方小事，也不負責監督。就像我在下一章要指出的那樣，教區所有官員都隸屬中央政府管轄，或受其監督。此外，幾乎再也看不到領主作為國王在教區的代表，或作為國王與居民之間的仲介人。領主也不再負責執行國家普通法律、徵兵、收稅、頒布君王的命令、分發救濟品等事務。所有這些義務和權利都屬於他人。領主其實只是居民中的一個，只不過享有免稅權和一些特權，而這些特權造成他被孤立，與所有人隔絕開來。他與別人不同的是地位，而非其權力。總督們在寫給屬下的信中，特意提醒他們，領主只不過是第一居民。

如果你走出教區，赴行政大區考察，你會再次見到這樣的情景。在各處，貴族不再代表全體掌管事務，僅僅作為個人參與。這種情況只為法國獨有。在其他地方，還保留著古老封建社會的特徵：擁有土地與統治居民的權力仍然合而為一。

英國是由那些主要的土地所有者管理和統治的；在德意志的某些地區，比如普魯士和奧地利，君主們徹底擺脫了貴族對國家一般事務的監控，但他們仍為貴族保留了大部分的農村管理權。即使在某些地方，君主甚至能控制領主，但他們也沒有取代領主的位置。

說真的，除了司法權以外，法國貴族長久以來已不再涉足國家的管理了。貴族中的大人物有權擁有法官，讓法官以他們的名義裁決某些訴訟，並且不時在領地範圍內制訂治安條例。但是王權逐漸削弱了領主的司法權，對其加以限制，並使之歸屬於王權。結果是，那些還在行使司法權的領主因此把它看作一項收入來源，而非一種權力。

貴族享有的所有特權都是如此。政治的部分消失了，只有金錢那部分留了下來，有時還越來越大。此刻，我只想談談尚未失效、還完好地保留著封建權利之名的那部分特權，因為它們與人民關係最為密切。

如今很難說明這些封建權利在一七八九年時還包括哪些內容，因為它們的數量龐大、類別繁多，而且有些已經消失或轉化。因此，指稱封建權利的那些詞語，對當時的人來說已經很雜亂，對我們來說就更晦澀難懂了。不過，當查閱十八世紀法律專家的著作，並耐心研究地方習俗時，就會發現，現存的所有封建權利可以歸納為幾個主要的類別。其他的確實也還存在，只是化為孤立的個別現象而已。

為領主服徭役差不多有一半已經消失；大部分道路通行費都降低了，或已取消，只在少數省分仍可見到好幾種道路通行費；所有省分的領主都徵收集市稅和市場稅。眾所周知，全法國的領主都享有狩獵的專屬特權。一般情況下，只有他們擁有鴿棚和鴿子。幾乎各地的領主都要求農民到他們的磨坊磨麵、用他們的壓榨機榨葡萄。一項普遍而極其昂貴的稅是土地轉移稅和變賣稅，也就是說，人們在領主轄區內，每次出售或購買土地都得繳稅給領主。最後，在整個法國的領土上，土地都被課以重稅，如現金租稅、地租以及現金或實物雜稅。這些稅由地主向領主繳納，地主無權贖回。觀察所有這些花樣，會發現一個共同特點：所有這些權力都或多或少與土地或其衍生品有關，且全都損害土地耕種者的利益。

我們知道，教會領主也享有同樣的好處。教會與封建制度在起源、目的和性質上都完全不同，但它最終卻與封建制度緊密結合在一起。儘管教會從未完全與這個不相關的實體融合，卻滲透其中，停留在那裡，像是被鑲嵌在裡面似的。

因此，主教、議事司鐸、修道院院長因其教職的不同，而分別擁有采邑或徵收年貢的封地。修道院也有領地，其所在的村莊通常就是它的領地。在法國唯一還有農奴的地區，修道院還擁有農奴。該處仍有徭役，仍徵收集市和市場稅，有自己的烤爐、磨坊、壓榨機、公牛，村民繳稅後方可使用。法國和在整個基督教世界相同，教士還有權徵收什一稅。

不過，在這裡，對我來說最重要的是，我注意到當時整個歐洲都能見到幾乎完全一樣的封建捐稅，而且，它們在歐洲的大部分地方比在法國繁重得多。我只舉領地徭役為例，在法國，徭役極少見且溫和，在德國則依然普遍且殘酷。

還有幾種源於封建制度的捐稅，如什一稅、不得轉讓的地租、永久性租稅、土地轉移稅和變賣稅，它們曾激起我們祖先最強烈的憤慨，被認為不僅有違公正，而且與文明背道而馳。在十八世紀有些誇張的語言裡，這些統統被稱作「土地奴役」，所有這些現象在當時的英國都以某種程度存在，有好幾種甚至今天還能見到。儘管如此，英國的農業仍然是世界上最完善、最富庶的，英國人民也幾乎未感覺到它們的存在。

那麼，為什麼同樣的封建權力在法國人民的心中卻激起如此強烈的仇恨，以至於仇恨的對象消失了，仇恨還繼續存在，而且似乎無法平息了呢？產生這種現象的原因，一方面是法國農民已成為土地所有者，另一方面是他們已完全擺脫了領主的統治。可能還有其他原因，但我認為這兩點是最主要的。

如果農民沒有土地，對封建制度強加在土地所有者身上的多種負擔便無從感知。什一稅與佃農有何關係？佃農從租種的產品中提交自己應繳的稅就是了。地租與一個沒有土地財產的人有何關係？經營中的種種剝削與一個替別人經營的人又有何關係？

另外，如果法國農民仍歸領主統治，封建權力對他們來說就不會顯得那麼難以忍受。

因為他們會發現，這不過是國家體制自然的結果。

當貴族不但擁有特權，還擁有政權時；當貴族既統治又管理時，他們的特權可能會更大，卻不易被察覺。在封建時代，貴族在人們心目中的形象，就像今天政府在我們心目中的形象。為了取得貴族給予的種種保障，就得忍受貴族強加的所有負擔。貴族享有令人厭惡的特權、徵收昂貴的捐稅，但他們確保公共秩序、主持公道、執行法律、救濟弱者、處理公共事務。隨著貴族不再負責這些事情，貴族特權的分量便顯得更加沉重，他們本身的存在最終也變得令人無法理解。

請你們想像一下十八世紀的法國農民，或者你們熟悉的農民，因為法國農民始終是一個樣子，地位變了，但性格未變。以下就是我從文件上看到的農民形象：他熱愛土地，將全部積蓄用於購買土地，無論多貴都要買。為了得到土地，首先他得繳稅，不過不是給政府，而是給鄰近的地主。這些人跟他一樣不參與公共事務，差不多跟他一樣無權無勢。最終，他有了一塊土地，他把他的心和種子一起埋進了土裡。在這廣闊的世界裡，這一小塊地是屬於他的，他心中充滿自豪感和獨立感。可是鄰近的那些地主突然跳了出來，把他從他的地裡拉走，要他去別處幹活，還不給工資；他想捍衛他的種子不受這些人的糟蹋，可是他們不讓他這樣做。他們在小河的渡口等他，要他付通行稅；在市場上，他又碰上這些人，要他購買在此販賣農產品的權利。當他回到家，打算把他一手掊育的、剩下的麥子留給自己食用，但他不得不把麥子送到這些人的磨坊裡磨成麵粉，再放進他們的烤爐裡做成麵包。他那一小塊地的收成，有一部分繳給這些人當租金，而且這些租金既不受時效約束，也不能抵消。

無論他做什麼、到哪裡去，都會碰到這些討厭的鄰居。他們干擾他的幸福、妨礙他的工作、吞食他的產品。而當他好不容易擺脫了這些人，另一些身穿黑袍的人又出現了，搶走了他的絕大部分收成。想想這位農民的處境，他的需求、他的性格、他的情感，如果能夠的話，也請你計算一下，這位農民心中累積了多少仇恨與嫉妒啊。

封建制度已不再是一種政治制度，但它仍然是所有民事制度中最繁雜的一種。封建制度的範圍縮小了，激起的仇恨卻更強烈。確實可以這麼說：摧毀一部分中世紀制度，剩下的那部分就會令人憎惡百倍。

第二章

中央集權是舊制度下的一種體制，而非人們所說的是大革命和第一帝國的產物

很久以前，當法國還有政治議會的時候，我曾聽一位演說家如此談論中央集權：「這是法國大革命的輝煌戰果，令全歐洲羨慕不已。」我希望中央集權是輝煌的戰果，我也同意歐洲因此羨慕我們的這種說法，但我堅持這並非大革命的成就。

事實上恰好相反，這是舊制度的產物。我還要補充說明，這是舊制度之下唯一沒有被大革命摧毀而倖存下來的政治制度，因為只有這部分適應了大革命所創建的新社會。如果你耐著性子認真讀完本章，也許會發現我的論點有極其充分的論證。

請允許我先將三級會議省[45]放在一旁，以後再談。所謂三級會議省，就是自治省，或者更確切地說，是表面上部分自治的省。這些地處王國偏遠地區的三級會議各省，人口幾乎

45　三級會議省：即直到舊制度末期都還保有三級會議的省分。

只占法國總人口的四分之一，而且其中只有兩個省的自由權是真正有效的。我以後還會再談論三級會議省，並指出中央政權以何種野蠻的方式強迫這些省分服從共同規則。

在這裡，我想著重於當時的行政語言稱作「財政區省[46]」的地方，儘管這裡的選舉比其他任何地方都少。這些財政區從四周包圍了巴黎，它們結為一體，構成法蘭西共同體的心臟，也是最重要的部分。

當你第一次審視法國舊行政制度時，你首先會發現，規章制度和權力機構五花八門，職權紛繁複雜。法國遍地都是行政機構及官員，這些官員彼此間並無從屬關係，因為他們是依據各自購買的某個職位參與政府管理的，而且其職位是不可剝奪的。他們的權限十分混亂且非常接近，因而在同類事務的圈子裡總是推推攘攘，衝突頻仍。

一些法庭間接分享了立法權，它們有權制訂行政規章制度，並在其管轄範圍內強制執行。有時，對於政府的行政機構，法庭持抵抗態度，毫不留情地指責政府的種種措施，並向政府官員發號施令。一些普通法官則在他們居住的城市和鄉鎮制訂治安法令。

城市的管理機構五花八門，行政官員的職稱也各不相同，或者權力來源不同：這個城市是市長，那個城市是行政官，其他城市則是行會理事。有些行政官員是國王選定的；有些

46 財政區省：不同於三級會議省，擁有隸屬於國王的財政管理權和財政機關。

是舊領主或擁有采邑的貴族選定的；有的則是由當地公民選出的，任期一年；有的是花錢買來的，擁有永久統治其公民的權利。

這些是舊政權的殘餘物，但在這當中，逐漸建立起一種相對新穎的、或已被改造的東西，我會在後文加以論述。

王權的中央，靠近王位的地方，形成了一個擁有某種特殊權力的行政機構，所有權力都以新的方式聚集於此，這就是樞密院。

樞密院起源於古代，但是，它的大部分職能是新近產生的。它身兼兩職，既是最高法院(因為它有權撤銷所有普通法院的判決)，又是高級行政法庭(因為所有特別司法權都源於此)。作為行政法庭，樞密院根據國王的意志擁有立法權，能討論並提出大部分的法律、規定稅額、分派捐稅。作為最高行政法庭，它必須制定對政府官員具有指導作用的總規章。它自己就可以決定一切重大事務，監督下屬職權。一切最終都由它過問，各部門都聽它的指令。然而，樞密院並沒有真正的權力，國王一人決斷，樞密院似乎只是負責宣布國王的決定。它似乎有司法權，但其實只是由一些獻策者組成的顧問機構，最高法院在一封諫書中就是這麼說的。

樞密院的成員不是大領主，而是由出身平凡或低微的人、前總督和其他有實際經驗的人，所有成員均可撤換。

一般來說，樞密院的行動是祕密的，無聲無息。它始終踏實做事，不圖虛名。如此一來，它自己沒有任何光輝，或者更確切地說，它消失在身旁王權的光輝中。它的權力如此之大，無所不管，同時卻又如此沒沒無聞，幾乎不為歷史所注意。

國家的整個行政管理皆由一個機構主持，同樣地，內部事務的管理幾乎全部都交給了一位官員，即監察總長。

如果打開舊制度年鑑，你會看到每個省都有自己的特別大臣。但是，如果你研究一下卷宗裡的行政管理，立刻就會發現，各省大臣很少有機會發揮作用。國家日常事務都是由監察總長把持，漸漸地，他將所有與錢財相關的事務、也就是差不多所有公共管理都納入自己的職權範圍。他的角色不斷變化，時而是財政大臣，時而是內政大臣；今天是公共工程大臣，明天又是商務大臣。

中央政府在巴黎只有一位官員，這是真的。同樣地，在各省也只有一位官員。十八世紀還能看到一些大領主兼有省長頭銜，他們是封建王權的舊代表，常常是世襲的。人們仍授予他們榮譽，但他們不再擁有任何權力，而是由總督掌握了全部的統治實權。

總督出身平凡，和外省沒有任何關係，他年輕，有自己的成功之路。他並不是靠選舉、出身或買官職而獲得權力，而是政府從行政法院的下級成員中選出的，其職位隨時可以撤銷。他雖然已從行政法院分離出來，但仍然代表行政法院。正因如此，按照那時的行政語言，他被稱為「委派專員」。他手中幾乎掌握著行政法院全部的權力，從初審起，就開始行使所有權力。像行政法院一樣，他也身兼兩職：既是行政官又是法官。總督和所有大臣通信，他是政府所有意志在外省的唯一代理人。

比他低一級並且由他任命的，是設置在各行政大區、可任意撤換的官員——總督代理。總督通常是新封貴族，總督代理則始終由平民擔任。不過，在他管轄的小區域內，他代表的是整個政府，就像總督在財政區省那樣。他隸屬於總督，就像總督隸屬於大臣。

據達爾讓松伯爵[47]在他的《回憶錄》中所言，約翰．羅[48]有天對他說：「我永遠都無法相信我擔任財政總監時所見的事情。要知道，王國是由三十個總督統治的，你們沒有最高法院、沒有三級會議、沒有省長，各省的禍福貧富，全繫於這三十位外省的行政法院審查官。」

這些官員擁有很大的權力，但在舊貴族的殘餘面前卻黯然失色，彷彿消失在他們的餘輝中。所以，那時代的人們幾乎不會注意總督，儘管總督的手已經伸向了四面八方，無所不

47 達爾讓松（1722-1787）：法國政治家、外交家。
48 約翰．羅（John Law,1671-1729）：蘇格蘭金融家，曾任財政總監。攝政時期創辦私人銀行，最終控制法國海外貿易。後因投機和濫發貨幣導致破產逃亡。

管。在社會上，貴族比總督擁有更多的優勢，無論是地位、財富還是受人敬重的程度，儘管這種敬重是因舊制度而有的。在政府中，貴族繞著國王轉，形成宮廷。他們指揮艦隊、率軍作戰。總而言之，貴族的所做所為不僅是那時代最受人矚目的，也常常令後人捨不得移開目光。你要是提議任命某個大領主為總督，便是對他的侮辱，即使是最窮的貴族也常常不屑當個總督。在貴族眼裡，總督是僭權者的代表，是有產者和農民推薦到政府任職的一批新人，總之，是一些無關緊要的小角色。然而，正如約翰．羅所說的和我們將要看到的那樣，正是這些人統治著法國。

我們先從捐稅權開始吧，因為可以說它包含了其他所有權力。

我們知道，捐稅中有一部分是包稅，就這些稅的執行來說，是由樞密院與金融公司洽談，商定契約的各項條款，並確定徵收方式。所有其他捐稅，如舊制度下的軍役稅人頭稅以及二十分之一稅，均直接由中央政府官員確定和徵收，或在他們無所不能的監督下進行。

關於軍役稅和眾多與其相關的附加稅，其總額及在各省的攤派額，都是由樞密院每年通過的祕密決議來確定的。軍役稅就這樣逐年增長，但人們事前卻聽不到任何風聲。

由於軍役稅是一項古老的捐稅，因而過去，課稅基數與徵稅都是委託地方官員辦理。這些官員或多或少獨立於政府之外，因為他們皆憑藉其出身或選舉上任，或者買官。他們通常是領主、教區收稅人、法國財務官、財政區省內的稅收官。這些重要人物在十八世紀時仍舊存在，但有些人已徹底不管軍役稅了，其他人也只是將它放在極次要的位置。在此方面，整個權力都被總督和他的那些地方官員所掌握。而事實上，在教區間攤派軍役稅，指揮、監督收稅人、准予緩徵或免徵，這些都在總督的管轄之下。

另一些捐稅，如人頭稅，由於近期才出現，所以政府在徵收此稅時不再受舊制度的束縛。政府獨自行事，不受統治者的任何干預。每項納稅的總金額都由監察總長、總督和樞密院來確定。

我們現在從錢的問題轉到人的問題吧。

我們有時會感到驚訝：大革命及隨後年代的法國人，竟能如此溫順地忍受徵兵的桎梏。但是不要忘了，法國人在很早之前就已經完全屈從於這種制度了。徵兵制的前身是自衛軍隊，儘管所需兵員量小一些，但它的負擔更重。有時，人們讓農村青年抽籤，以這種方式招募一些士兵組成自衛軍隊。士兵的服役期為六年。

由於自衛軍隊是一種比較現代的制度，舊政權不願管理，全部事項都由中央政府的官員負責。樞密院確定總兵額及各省員額，總督規定各教區徵兵人數，總督代理則主持抽籤，判定免除兵役的案例，挑選哪些自衛軍隊成員可以駐守家中，將那些應該開拔的隊員交與軍事機構。要求免徵只能求助於總督和樞密院。

也可以說，在各三級會議省之外，所有公共工程，甚至那些用途最特殊的公共工程，也都是由中央政府的官員來決定並擔任總指揮。

另外還有一些獨立的地方當局，如領主、財政局、路政官，他們可以協助這部分的公共管理。但是，稍微查閱一下當時的行政管理檔案，我們就會發現，這些舊機構在各處幾乎都很少發揮作用，甚至全無作為。

所有大路，甚至城市間的通道，都是依靠總稅收來開闢和維護的。樞密院制訂規畫、裁定招標人。總督指揮工程師的工作，總督代理召集施工的勞役。只有村間小路的管理由地方舊政權負責，而這些小路自那時以來一直無法通行。

中央政府在公共工程方面的重要代理機構是公路與橋樑工程局，跟我們今天完全一樣。儘管時代不同，這一切卻非常相似。公路與橋樑工程局包含一個顧問處和一所學校，督察員每年必須跑遍整個法國；工程師住在現場，並遵照總督的指令負責指揮那裡的所有工程。舊制度下的機構有許多被搬到新社會來，其數量比人們想像的多得多，轉移過程中即便還保留著原來的形式，通常也會改變名稱。但是，公路與橋樑工程局既保留了名稱，又保留了形式，這種情況十分罕見。

中央政府在其代理人的協助下，獨自負責維持各省治安。騎警隊分成小隊，遍布整個王國，在各省都受總督指揮。多虧這些騎警隊士兵（必要時也動用軍隊），總督能在發生任何意外危險時出現，扣留流浪漢、制止乞丐、平息因糧價上漲而不斷爆發的動亂。

被統治者再也不必像從前那樣響應政府的號召、幫助政府完成上述任務，除非是在城市裡。城裡通常都有保安隊，保安隊的士兵由總督挑選，軍官也由總督任命。

司法機構保留著制訂治安條例的權力，並經常動用此權力，但這些條例只適用於部分地區，而且常常只在單一地區實行。樞密院隨時都能取消這些條例，當事關下級法院時，它也時常這麼做。樞密院本身也每天都在制定適用於整個王國的一般性條例，其涉及的方面或是與法院制定的規章不同，或是內容相同但與法院制定的方式不同。這些條例，如那時人所說的，樞密院判決書數量龐大，並隨著大革命的臨近而不斷增加。大革命前四十年間，社會經濟或政治組織方面，幾乎沒有未經樞密院的判決修改的。

在舊社會，領主的權力很大，但他的責任也很大，他必須賑濟其領地內的窮人。我們在一七九五年的普魯士法典中，找到了歐洲此一古老法規最後的痕跡。其中提到：「領主務必讓窮苦農民接受教育。領主應盡可能為其附庸中沒有土地的人提供生活來源。如果他們當中有人陷入貧困，領主有義務救助他們。」

類似的法律在法國早就不存在了。領主的舊權力已被剝奪，同時便也擺脫了舊義務。沒有任何地方政權、議會、省或教區協會取代領主的位置。法律不再規定任何人有照顧農村窮人的義務，中央政府果斷地攬下了獨自救濟窮人的責任。

每年，樞密院都會根據總稅收情況向各省撥付資金，由總督作為救濟金分配給各教區。貧窮的農民必須向總督申請救濟。饑荒時期，總督則派人向民眾發放小麥或米。樞密院每年都會做出判決，下令在它指定的某些地點建立慈善作坊，最窮苦的農民可以在那裡工作，賺取微薄的工資。但是，從那麼遙遠的地方決定的救濟事業，可以想見往往是盲目的，或出於心血來潮，幫助也總是很有限。

中央政府並不只是賑濟生活貧苦的農民，還教他們賺錢的方法、幫助他們致富，必要時還強迫他們致富。為此，中央政府透過總督和總督代理，不時發送一些有關農藝的小書，還創辦農業協會，籌備獎金，花費巨額照顧苗圃，將所產苗種分給農民。中央政府要是能減輕農民的負擔，比如將種種捐稅間的不平等縮小，效果會好很多。但顯然，中央政府從未想到這一點。

有時，樞密院想強迫個人發家致富，不管他們本人是否希望如此。強迫手工業者使用某些方法、生產某些產品的法令數不勝數。由於總督的數量不足以監督人們執行所有規定，於是出現了工業總督。為了監控各地執行法規的情況，他們的足跡遍布各省。

樞密院還做過一些判決，禁止在它宣布不適合的土地上種植某些作物。有的判決還下令拔掉已種下的葡萄，因為在它看來那是一片劣質的土壤。由此可見，政府的角色已經從統治者變為監護人了。

第三章

為何今日的「行政監督」是舊制度的一種

在法國，城市自由在封建制度瓦解後仍然存在。當領主已不再治理鄉村時，城市依然保留著自治權。十七世紀末還能見到這種自治城市，它們繼續組成一些小型民主共和國，行政官由全體人民自由選舉，也對全體人民負責。在那裡，城市生活是公共的、活躍的，城市仍然為自己的權利感到驕傲，並十分珍視自己的獨立。

選舉制直到一六九二年才首次普遍廢除。於是，城市的各種職務都被拍賣。也就是說，國王在各城市向某些居民出售永久統治他人的權利。這等於把人民福利和城市自由一起犧牲掉了。如果只涉及法院，拍賣官職常常會有不錯的效果，因為司法健全的首要條件就是法官完全獨立；但如果涉及的是嚴格意義上的國家行政，拍賣官職必然是極其有害的，因為政府部門需要的是富責任感、服從的態度和熱忱。舊制度很了解這一點，它小心翼翼，絕不將強加於城市的制度用於自身，絕不拍賣總督和總督代理的職位。

應該受到歷史嘲諷的是，這場偉大的革命在無任何政治目的的情況下完成了。路易十一限制城市自由，是因為這樣的民主特性使他感到恐懼；路易十四摧毀城市自由，但並非出於恐懼，事實證明，他要把城市自由出售給那些有能力贖回的城市。實際上，他是想拿城市自由做交易，而非廢除它們。即使他真的廢除了城市自由，可以說那也是他沒有想到的，純粹是一個不得已的生財辦法。

奇怪的是，這套把戲一成不變，居然持續玩了八十年。在此期間，政府七次向所有城市出售選舉城市官員的權利，當城市嘗到甜頭時，政府又將這種權利收回，以便再次出售。此做法的動機始終未變，人們對此常常直言不諱。

一七二二年敕令的前言說道：「財政拮据，迫使我們去尋找最可靠的辦法來緩解經濟危機。」這辦法的確很可靠，但對於承受這突如其來的捐稅的人來說，卻是毀滅性的。一七六四年，一位總督致函監察總長：「歷代為贖買城市官職而付出的金額是如此龐大，令我震驚。這筆財政經費若用於有益的工程，會對城市有利。但事實卻是，城市只感受到這些官職享有的種種特權帶來的沉重負擔。」在舊制度所展現的面貌中，沒有什麼特徵比這更可恥的了。

今天似乎很難準確地說出十八世紀城市管理的情況，因為正如剛才所說，不管城市政權的起源如何不斷變化，每個城市依然保留著某些舊制度的遺跡，同時又有自己的習俗。也許法國沒有兩座完全相同的城市，但這種差異性是虛幻的，事實並非如此。

一七六四年，政府著手制訂一項有關城市治理的普遍法規，要求各省總督上繳每個城市處理事務的方式備忘錄。我找到了這次調查的部分檔案，讀過之後，我確信幾乎在各處，城市事務都是以同樣的方法進行管理的，差異只是表面。顯而易見的是，各處的本質都是相同的。

城市政府常常被委託給兩個會議，所有大城市、以及大部分小城市都是如此。

第一個會議由城市官員組成，人數可多可少，視城市規模而定。這是市鎮、即那時所稱的城市政府的行政機構。在國王確立選舉制或城市能夠贖買官職的時代，其成員行使臨時權利，並且是經選舉產生的。如果國王收回官職、重新出售時，他們付得起酬金的話，他們的職位就可看作是終身的，不過這種情況並不常見，因為這種商品隨著城市政權漸漸歸屬於中央政權而逐漸貶值。無論何種情況，城市官員都不領薪水，但他們始終免稅，並享有特權。他們之間沒有等級之別，集體管理，也沒有看過一個行政官單獨指揮和負責市政管理的情況。市長是城市政府的主席，但不是城市的行政官。

第二個會議為全民大會，在還實行選舉制的地方，它選舉城市政府，在各處繼續參與主要事務。

十五世紀時，全民大會通常由全體人民組成。據一份調查備忘錄說，這種習俗符合我們祖先的特性。那時，城市官員是由全體人民選出，官員有時要徵詢人民的意見，並向人民彙報。十七世紀末時，有時還能見到這種情景。

十八世紀時，全民大會已不再由全體人民組成，而是實行代議制。但是值得注意的是，全民大會不再經民眾選舉，也不再聽取民眾的意見。各處的全民大會都由顯貴組成，其中有些人因享有某種特殊權利而出現在此，其他人則是行會或協會派來的，每個人都在這裡履行某個特殊的小團體賦予自己的強制委託權。

隨著時間的推移，享有特權的顯貴在全民大會中所占的比例提高了，工業行會的代表減少了，甚至不再出現，只能見到各團體代表。也就是說，全民大會只包含有產者，而幾乎不再接納手工業者。人民並不像想像中那樣輕易地就被自由虛幻的外表迷惑，各處的人民都不再關心市鎮的事務了，而像個局外人一樣地生活在自己家中。行政官員不時嘗試著想要喚醒人們心中那個曾在中世紀創造無數奇蹟的城市愛國主義，卻是徒勞無功，根本沒有人聽得進去，重大的城市利益似乎再也不能打動他們。在那些人們認為應該保留自由選舉假象的地方，就算希望民眾去投票，民眾也會堅持棄權，歷史上這種場面屢見不鮮。

幾乎所有曾經摧毀自由的君主，起初都試圖保持形式上的自由，從奧古斯都（Imperator Caesar Divi F. Augustus）至今都是如此。他們自以為這樣就能把唯有專制才能提供的種種便利，與公眾認同的道德力量結合起來。這樣嘗試過的人幾乎全都失敗了。他們很快就發現，要在現實已完全改變的地方長期維持這些騙人的假象是不可能的。

因此在十八世紀，所有城市的市政府都蛻化變質為小寡頭政治。幾個家族以一己之見管理城市的全部事務，他們遠離公眾的視線，且不對公眾負責，全法國的行政制度都染上了這種弊病。所有總督都指出了這個弊端，但他們想到的唯一解決辦法就是將地方權力逐漸收歸於中央政府。

然而，想要做得比以前好很難。除了得不時推出旨在改善所有城市行政管理的各種法令外【作者原注❷】，還得針對每個城市制定特別法規，但這些法規常常被樞密院的條例推翻。這些未被收入法典的條例是根據各總督的建議制定的，事前既未進行調查，有時連城市居民自己也未料想到。

有個城市曾遭樞密院某項類似判決打擊，該地的居民說：「該措施令本市各階層的人震驚，他們從未料到會有這樣的措施。」

如果總督的報告沒有經過樞密院的裁決，所有城市便不能設立入城關卡，不能徵收捐稅，不能抵押、出售、訴訟，不能租借、管理城市財產，不能使用其收入的盈餘。城市中所有工程都必須按計畫和樞密院批准的預算執行。總督或總督代理必須親臨工程招標現場，通常由國家工程師或建築師擔任工程指揮。以上這些情形足以讓那些認為在法國看到的一切都是前所未聞的人驚訝不已。

但是，中央政府對城市管理的干涉遠超過以上幾點，它已經深入城市管理的各層面，經常公然逾越法定的權力。

在一份大約寫於十八世紀中葉的監察總長致各省總督的通報裡，我讀到這樣一段話：「你們要特別注意城市會議上發生的一切。你們應就此寫一份最精確的報告，彙整會議的所有決議，連同你們的意見一起迅速寄給我。」

我們從總督和總督代理的通信中其實也能看到，政府掌控著城市一切大小事務。凡事都得徵詢總督的意見，他對每件事都要明確表態，他處理所有事情，連節慶也要管。在某些情況下，他必須主持公眾的喜慶活動、由他下令點燃節日的燈火、用彩燈裝飾房屋。我從文獻上看到一位總督對民團成員處以二十里弗爾[49]的罰款，因為他們在人們唱《讚美詩》時缺席。因此，城市官員很明智地低調處事。

他們當中的某些官員寫信給總督說：「閣下，我們恭請您給予我們仁慈和保護。我們將遵從閣下的一切旨令，不負您的寵愛。」另一些人還堂而皇之地自稱是本城重臣，他們寫道：「閣下，我們從未違背過您的意志。」

就是這樣，有產階級準備掌握統治權，人民則爭取自由。

城市緊密地依附於中央政府，這樣應該至少確保城市不會有財政困難了吧？沒這回

49　里弗爾（Livre）：法國古代貨幣單位名稱之一，最早出現於查理曼大帝時代。

事。曾有人提出，如果沒有中央集權，城市很快就會滅亡。這點我不敢說，但可以肯定的是，十八世紀實行了中央集權，城市照樣滅亡了。那個時代的行政史充斥著混亂的市政。

如果我們離開城市前往鄉村，我們會遇到以其他形式出現的其他權力，但同樣依附於中央【作者原注❸】。

許多跡象顯示，中世紀的時候，每座村莊的居民(不含領主)都曾組成共同體。領主讓此共同體為自己服務，監督並統治它。這些共同體共享某些財產，並擁有財產權。共同體可以選舉自己的領袖，以民主的方式自治。

這種古老的教區制度同樣存在於所有經歷過舊制度的國家，和所有帶有此種民族法律遺跡的地區。英國到處都能見到這種制度的痕跡，它在六十年前的德國還頗為盛行，讀讀偉大的腓特烈法典你就會相信這一點。甚至在十八世紀的法國，也還存在零星幾處。

我記得，當我第一次在總督轄區的檔案中查閱舊制度下某個教區的情況時，我驚訝地發現，在這極為貧困、嚴重受奴役的共同體中，看到了美國鄉村公社的許多特點。我曾錯誤地認為這些應該是新大陸獨有的特點，並震驚不已。無論是此地的鄉村共同體還是美國的鄉村公社，二者都沒有常設代議制，沒有嚴格意義的市政府；二者都是由官員治理，官員在共同體全體居民的領導下各自獨立行事；二者都不時舉行全體會議，全體居民聚集在一起，選舉行政官員並處理重大事務。總之，二者很相似，只不過一個仍存在，一個已滅亡。

此二者命運如此迥異，卻有著相同起源。中世紀鄉村教區一下子被帶到遠離舊制度的地方，並且完全自治，這時，它就變成了新英格蘭的鎮區；而當它脫離領主、繼而被國家強而有力的手緊緊掌控時，它在法國就變成了我緊接著要描述的樣子。

十八世紀，教區官員的數量和職稱因省而異。從古老的文獻中我們可以看到，如果當地生氣蓬勃，官員的數量就增多；而當地生活若是停滯，官員的數量也隨之減少。此時，大部分教區裡的官員可概分為兩類：一類被稱為收稅人，另一類通常被稱為理事。一般情況下，這些市政官員仍由選舉產生，或被認為是由選舉產生的，但他們在各處都變成了國家的工具，而不是共同體的代表。收稅人在總督的直接命令下徵收軍役稅；理事平時由總督代理領導，代表總督代理參加與治安或政府有關的一切活動。當事關自衛軍隊、政府工程、普通法律的貫徹時，他便是總督代理的首席代表。

領主則如同我們前面所說的那樣，依然不過問政府的這些細瑣之事，甚至不再對其進行監督，也不加以協助。隨著他的力量大大削弱，他沒有必要再操這些心了。如果今天你邀請領主參與這些活動，反而會損害他的自尊心。他不再統治眾人，但是他仍在教區享有種種特權，因而教區無法建立一個有效的行政機構來取代他。一個如此與眾不同、如此獨立、享有特權的特殊人物，卻在教區內不擇手段地破壞或削弱帝國的力量。

擁有財富和知識的居民，幾乎都因為領主的干涉而陸續逃往城市（這一點稍後我會加以證明）。教區內除領主之外，只剩下一群粗魯無知、沒有能力領導公共事務的農民。杜爾哥說得對：「所謂教區，就是一片將茅屋以及與茅屋一樣毫無生氣的居民聚集在一起的地方。」

十八世紀的行政公文中充滿了針對教區收稅人和理事的怨言，都說他們無能、呆板、愚昧。大臣、總督、總督代理、甚至貴族，都對此抱怨不已，但是沒有人探究其原因。

直至大革命前，法國鄉村教區在其行政管理中，還保留著人們在中世紀看到的部分民主。無論是選舉市政官員，還是討論公共事務，村裡的鐘聲都會響起，將農民召集到教堂門廊前。窮人和富人都有權出席，大家聚集在一起，但並沒有嚴格意義上的磋商，也沒有投票表決，只是每個人都能表達自己的看法。為此，還特地請來一位公證人，製作證書，收集各式各樣的證言並將其寫進會議紀錄。

當我們將這些空洞的自由外表，和其實質上的無能為力做一對比，我們就能由小見大地看出，最專制的政府如何與某些最民主的形式互相勾結，以至於給人套上枷鎖還能裝出若無其事的可笑樣子。教區的這種民主大會可以盡情表達意見，但是它跟城市政府一樣，無權按自己的意願行事。別人打開它的嘴，它才能講話。就像當時人們說的那樣，在總督心情好的時候立字為據，才能召開全體大會。即使全體意見一致，沒有樞密院的許可，大會也不能自立規章，不能出售、購買、出租，也不能申訴。若要修繕被大風吹毀的教堂屋頂，或重建本堂神父住所的牆，都必須獲得樞密院的裁決許可。無論是距巴黎最遠的鄉村教區還是最近的教區，都必須服從這個規章。我還看到一些教區向樞密院申請花費二十五里弗爾經費的權利。

居民的確有權透過普選選舉自己的行政官員，但經常會出現這樣的情況：總督替這個共同體指定一個候選人，而這位候選人向來都是以全數通過當選。在其他情況下，總督經常干涉自發舉行的選舉，親自任命收稅人和理事，無限期中止一切新選舉。這種例子不勝枚舉。

你也絕對想像不出還有誰的命運比這些共同體官員更悲慘的了。中央政府最下層的代理人，即總督代理，逼他們唯命是從。他常常對他們處以罰金，有時還將他們丟進監獄，因為在別處那些使公民免受專制之害的種種保障制度，在這裡已不復存在。一七五〇年，一位總督說：「我把共同體中幾個愛發牢騷的要員關進了監獄，我讓這些共同體為騎警隊騎兵支付巡邏費。用這種辦法輕而易舉地制服了所有共同體。」教區職位因而不被人們視為榮譽，反而是種負擔，人們常找種種藉口試圖擺脫它們。

然而，教區舊政府的這些最後殘骸，對當時的農民來說還是彌足珍貴的。甚至在今天，所有公共自由中，農民唯一較能理解的也就是教區自由；真正使農民感興趣的公共事務也只有一種，還是教區自由。農民心甘情願地讓一個專政者主宰掌控整個國家的治理，卻因為不能在自己的村政中發表意見而奮起反抗：因為即使最空洞的形式也還是有分量的。

我剛才所敘述的城市和教區的情形，對於所有既獨立存在又具有集體特性的團體，應該差不多都是適用的。

在舊制度下，就像今天一樣，法國的城市、鄉鎮、大小村莊、濟貧院、工廠、修道院、學院，無一能在自己的特別事務中擁有獨立意志，無一能按自己的意願處置自己的財產。那時就像今天一樣，政府將全體法國人置於其監控之下。如果說「蠻橫」這個詞在那時還沒有被造出來，至少那時它已實質存在了。

第四章

行政法院和官員保障制是舊制度的產物

在歐洲，沒有哪個國家的普通法庭比法國的普通法庭更獨立於政府，但也沒有哪個國家像法國這樣經常動用特別法庭。這兩方面結合得如此緊密，遠超出人們的想像。國王對法官幾乎毫無辦法，既不能將他撤職，也不能將他調離，甚至連提拔他的權力都沒有。總之，國王既不能以名利誘惑法官，也不能以恐嚇威迫法官，他很快就感到這種獨立性對他造成不便。這種特有的局面，使他避免將那些與自己的權威和利益相關的案件交予法官處理，並在普通法庭之外又創立了一種更加獨立、為其專用的法庭。它的外表在臣民看來很像個法院，且實際上又不會讓國王害怕。

在其他地區，比如德國的某些地方，就不需要如此謹小慎微，而且也沒有行政法院此一說法。國王在那裡能妥善控制法官，所以不需要專員。

如果你願意細讀君主制最後時期國王頒布的敕令和聲明，以及同一時期樞密院的各種判決，你就會發現，一般情況下，政府頒布一項措施後總不忘注明：該措施可能引起的爭議和由此導致的訴訟，只能提交總督和樞密院處理。常見的行文格式是這樣的：「國王陛下還下令，凡是因執行此判決及其附屬條令而可能引起的爭議，除了向樞密院上訴，均需提交總督，由總督審理。一般法庭和法官不得受理。」

在還沒有特別法庭時，樞密院透過提審，從普通法官手裡取走那些涉及政府、且將依據舊法律或舊慣例處理的案件，不斷加以干預，並親自審理。樞密院的登記冊裡盡是這類提審命令。漸漸地，就法律程序提出抗辯成為普遍現象，事實變成了理論。於是，在案件審理者的心中（而非在法律上）確立了一個原則，類似國家準則：凡是與公共利益有關，或因解釋政府法令而引起的訴訟，均不在普通法庭管轄範圍，普通法庭的作用只在於宣判涉及個人利益的案件。在這個問題上，我們所做的只是找出那個行文格式，確認其觀念屬於舊制度。

從那時起，因徵稅引起的大部分訴訟就都歸總督和樞密院管。同樣地，凡是與載運及公共車輛的管理、與大路路政和河流航運等相關的事務也歸總督和樞密院管。一般來說，所有牽涉到政府的訴訟案只能由行政法院來了結。

總督想方設法要使此一特別司法權限不斷擴大，他們提醒監察總長，對樞密院施加壓力。值得一提的，是一位行政官員為獲得提審而說出的理由，他說：「普通法官應服從既定的法規，他們必須鎮壓違法行為，但樞密院永遠可以出於某個實用目的違反這些法規。」

根據這個原則，經常可以看到總督或樞密院將那些與政府關係不明顯、或者甚至顯然與之無關的案件拿來審理。一位貴族與鄰居發生爭執而提起訴訟，他對法官的判決不滿意，於是要求樞密院提審此案。總督被詢及此案時回答：「雖然這只涉及個人權利，歸普通法院管轄，但是只要國王陛下願意，他在任何時候都有權審理各種案件，不需要有任何理由。」

以某種暴力行為擾亂秩序的平民，經提審後通常都被移交總督或騎警隊隊長。這類提審案的主因大部分是因糧價過高而爆發的動亂。總督於是找來一定數量的大學畢業生，親自挑選成員，組成一個類似臨時法庭的機構，審理刑事案件。我找到了一些以這種方式做出的判決，其中有些人被判處苦役甚至死刑。十七世紀末，由總督審理的刑事訴訟案則更多。

近代法學家肯定地告訴我們，自大革命以來，我們在行政法方面有了很大的進步：「從前，司法權和行政權是混淆的。大革命以後，人們將它們分開，並讓它們各就其位。」想要公正地評價我們在這裡所談到的進步，千萬別忘記：一方面，舊制度下的司法權不斷向其權力的自然範圍外延伸；另一方面，它從未徹底履行其職權。對於這兩方面，誰要是只看到其中之一，對事物的看法就會是不全面的、錯誤的。法院時而獲准制定政府規章，這顯然超過了法院所轄範圍；時而又被禁止審理真正的訴訟案，這等於被排除於自身權限之外。我們確實已將司法權逐出了行政領域——是舊制度讓它錯誤地走進了這個領域；但同時，正如大家所見的，政府又不斷地介入司法權的領域，而我們則放任一切發生。其實權力的混亂在司法領域和在行政領域一樣危險，甚至更加危險，因為法院干預政府只對案件有害，但政府干預法院則使人墮落，使他們同時成為革命者和受奴役者。

近六十年來，法國制定了九部或十部永久性憲法，其中有一部明文規定，普通法庭未經事先批准，不得起訴任何政府官員。該條款是非常妙的發明，以至於人們在摧毀這部憲法的時候，還不忘把它從廢墟中拯救出來，並一直悉心保管，使它免遭歷次革命的摧殘。行政部門主管仍然習慣將此條款視為一七八九年大革命的偉大成果之一。在這個問題上他們也搞錯了，因為舊君主制下的政府和我們今天的政府一樣，也十分注意避免其政府官員處境尷尬，像普通公民那樣在法庭上認罪。兩個時代唯一實質性的區別在於：大革命以前，政府只能以不合法的專制手段庇護政府官員，而大革命以來，政府能合法地讓他們犯罪。

每當舊制度的法庭想起訴中央政府的某位代表時，樞密院通常會下判決：被告免受普通法官審理，並將被告移交給樞密院指定的專員審理。正如那時一位行政法院顧問所寫的，一位像這樣被起訴的行政部門主管會使普通法官產生偏見，王權的名譽會因此受到損害。這類提審案發生的頻率並不低，每天都有，涉及的不只是要員，也有無足輕重的小官。只要與政府有絲毫關係，就可以除了政府以外無所懼怕。

公路與橋樑工程局一個負責指揮徭役的監工，被遭他虐待的農民控訴。樞密院提審此案，總工程師私下寫信給總督，談及此事時說：「該監工確實應受到指責，但不能因此而任此案正常進行。對於公路與橋樑工程局來說，最重要的是讓普通法院既不聽取也不受理對監工的訴狀。此例一開，公眾會因為對這些官員的仇恨而不斷起訴，工程將受到影響。」

在另一個案例中，總督以書面形式向監察總長彙報，說一個政府承包人拿了鄰居地裡的物資，占為己用。他說：「我無法向您詳細描述，如果任政府承包人聽憑普通法庭審判，對政府的利益將會帶來多大的損害，普通法庭的審理原則與政府向來都不一致。」

這幾行字寫於一個世紀以前，寫這些話的政府官員跟我們卻像是同時代的人。

第五章

中央集權如何被引進、進而取代舊制度，卻又未摧毀舊制度

現在，我們來彙整一下前三章所講的內容：王國中央只有一個行政實體，全國的行政管理制度都由它來制定。幾乎全部的國內事務都只由一個大臣統領，各省一切具體事務也都由一個代理人掌管。沒有附屬行政機構，只有事先獲准方可行動的部門。特別法庭審理與政府有關的所有案件，並庇護所有政府官員。這些不就是我們所熟悉的中央集權制嗎？和今日相比，其形式不是很明顯，步驟也不太規範化，其存在更不穩定，但這是同一種東西。自那時起，人們對其主體沒有添增什麼、也沒有去掉什麼。只需摧毀在它周圍建立起來的一切，它就會恢復原狀【作者原注❹】。

上述的這些制度，其中大部分在大革命後曾被無數國家仿效，但就當時來說，是法國特有的，我們馬上就會看到它們對法國大革命及其後果產生了多大的影響。但是，這些新制度怎麼可能是在法國封建社會的廢墟中建立起來的呢？這是一項偉業，需要的是耐心、機

智和漫長的時間，不是光憑武力和權力就能完成的。大革命爆發之際，人們幾乎未破壞法國這座古老行政大廈的一磚一瓦。可以說，人們是在它的基礎上建起另一座大廈的。

沒有任何跡象能夠證明，大革命前的政府是遵循某個事先已思考成熟的計畫，來執行這項艱鉅的工程，它只是憑本能行事。此本能促使政府獨攬國家的所有事務，雖然有名目繁多的政府官員，但政府主宰一切的事實卻始終如一。政府保留舊政權機構的古老名稱和顯要地位，但漸漸削弱其權力。它沒有把舊機構逐出原先的領域，但使其邊緣化。它利用某人的惰性、又利用某人的自私，從而坐穩了自己的位置。它利用舊機構的一切流弊，從未嘗試予以糾正，只是試圖取而代之。最終它如願以償，僅以一個名為「總督」(新制度誕生時，人們甚至沒聽過這個詞)的代理人，就取代了差不多所有的舊機構。

在這番偉大的事業中，只有司法權令政府感到棘手，不過政府最終還是抓住了實質的司法權，只把權力的影子留給對手。它並未將最高法院逐出行政領域，而是逐漸擴大自己在其中的勢力，最終幾乎完全占有了這個領域。在某些短暫的特殊情況下，如饑荒時期，民眾的激情為法官的雄心提供了支援，中央政府便讓最高法院暫時履行審判權，讓它發出一點聲音——這個聲音經常在歷史上產生迴響。但很快地，中央政府就悄悄地重新占領此領域，暗中重新控制所有人和所有案件。

倘若仔細留意最高法院和王權的鬥爭，就會發現雙方的交戰幾乎總是集中於政策方面，而不是在行政管理方面。爭論的起因通常是某個新稅法。換句話說，雙方爭奪的不是行政權，而是立法權。但事實上，最高法院和王權幾乎都不應擁有此權力。

隨著大革命臨近，形勢也越來越嚴峻；隨著民眾的激情沸騰起來，最高法院也更加頻繁地介入政策領域。而同時，由於中央政府及其官員變得更有經驗也更精明，最高法院對嚴格意義上的行政管理也進行得越來越少。它一天比一天更像個保民官，而不像行政官。

此外，時代不斷為中央政府開闢新的活動範圍，法院則因缺乏靈活性而跟不上政府的腳步，因為有些新案件沒有前例可循，與法院的慣例大相逕庭。社會的進步使得無時無刻都有新的需求產生，每一個新需求對中央政府來說都是一種新的權力來源，因為唯有中央政府能滿足這些需求。法院的行政範圍始終是固定的，而中央政府的行政範圍則是活動的，並隨著文明的發展而不斷擴延。

大革命臨近，令所有法國人興奮不已，在他們腦海中激發出無數新思想，但唯有中央政府能使這些新思想成為現實。大革命在推翻中央政府之前，一直在協助其發展，它便也和其他事物一樣日益臻於完善。當我們仔細閱讀中央政府的檔案時，這點尤其令我們驚訝。一七八〇年的監察總長和總督，與一七四〇年的監察總長和總督完全不同，政府已被改造。政府官員雖然還是老樣子，但已受到另一種精神的激勵。隨著政府涉獵的範圍更廣，它也變得更加規範化與開明。最終，它控制了一切，卻也變得溫和起來。壓迫減少了，引導增多了。

大革命最初的行動摧毀了君主制這個龐大的體制，但它在一八〇〇年時又復辟了。人們常說，在那時代及後來取勝的，是一七八九年制定的行政管理的種種原則，其實正好相反。舊制度的那些原則，當時全都被重新恢復並被保留下來。

如果有人問我，這部分舊制度是如何全盤被搬進新社會並融入其中的？我會回答，中央集權之所以沒有在大革命中喪生，這是因為它本身就是這場革命的開端和守護神。我還要補充一點：一個人在心中摧毀了貴族政治以後，便會情不自禁地奔向中央集權。這時候，拉住他不讓他跑，比把他猛推向前要費力得多。在他的身上，所有力量都自然而然地趨向統一，需要費盡全力才能使這些力量分散開來。

因此，民主革命雖然消滅了舊制度下的無數體制，卻因此鞏固了中央集權。中央集權在這個大革命所造就的社會中，不費吹灰之力便找到了自己的位置，人們自然便將中央集權視為大革命的功績之一。

第六章

舊制度下的行政風尚[50]

讀過舊制度下的總督與其上司和下屬的通信，你一定會感到奇怪：制度的相似竟使得那個時代的行政官員與我們現在的行政官員毫無差別。他們彷彿站在大革命的兩端，但仍然手牽著手。被統治者的情況好像也是如此。立法權從未在人們的精神上產生如此明顯的影響。

大臣開始想要親自過目所有事務、並親自在巴黎處理一切問題。隨著時代的發展和行政管理臻於完善，這種願望日益強烈。十八世紀末，偏遠省要建立一個慈善作坊，需徵得監察總長的同意，由他親自監督工廠的開支、制定規章、選定位址。創辦慈善收容所也一樣，需向監察總長呈交所有被收容流浪者的姓名，告知流浪者進出收容所的確切時間。一七三三

50　行政風尚：指的是在行政活動中，由於不斷重複而逐漸形成、並演變為一種需要的行為方式。它也是行政傳統在行政行為上的具體體現。行政風尚包括穩定的行政行為和行政行為的作風。

年，達爾讓松先生曾寫道：「交給大臣們的具體事務多得數不勝數。沒有他們，什麼事也辦不了，所有事情只能由他們來做。如果他們的能力不如他們的權力那樣大，就只能派一些代理人全權處理，這些人則成了真正擁有實權的人。」

監察總長不僅要求總督提交相關事務的報告，還要求他提供相關人員的詳細資料。總督則向總督代理們了解情況，並一字不差地向監察總長複述總督代理們所提供的訊息，說得像是他親自了解一樣。

為了要從巴黎指揮一切並無所不知，必須發明上千種監控辦法。書面檔案堆積如山，加上行政程序又十分繁瑣，我發現沒有一個教區能在一年內獲准重建鐘樓，或修繕本堂神父住所，申請通常要兩、三年才會被受理。

樞密院在一七七三年三月二十九日的一份判決中承認：「繁瑣的行政手續導致事情無限期地拖延，引發埋怨也是合情合理的。」但它又補充道：「然而，這些手續又是必不可少的。」

我原以為對統計的愛好是今日的政府官員特有的，但我錯了。舊制度末期，人們經常把一些印好的小表格寄給總督，總督只需請總督代理和教區理事填寫就行了。監察總長要求下屬呈交有關土地特性、土地耕種、產品種類與產量、牲畜數量、工業以及居民風俗的報告。與我們今天的區長和市長在同樣情況下提供的資料相比，以這種方式獲取的資料同樣詳盡但不準確。總督代理對其屬民的性格評語一般都不太好。他們經常持這樣的觀點：「農民生性懶惰，要不是為了生計，他們才不勞動呢。」這種經濟學說在行政部門中頗為盛行。

兩個時代的行政語言並沒有什麼特別的不同之處。兩者的文筆都很平淡，就像流水帳，含糊而柔弱，每位撰述者的個性都難以辨認，淹沒在普遍的平庸之中。讀省長的文字跟讀總督的文字感覺沒什麼不同。

這種情況延續到十八世紀末，當狄德羅（Denis Diderot）和盧梭的特殊語言廣為流傳，並與通俗語言相融合時，充斥於這兩位作家書中的多愁善感才感染了行政官員，甚至影響到財政部門。通常內容都很枯燥的行政文書，因而有時變得溫和，或者說溫柔。一位總督代理向巴黎的總督抱怨，說自己「在履行職責時，經常感到有個善感的人承受著某種使人心碎的痛苦的折磨」。

那時的政府也像今天一樣，向各教區發放慈善救濟金，條件是居民自己也應捐少數款項。如果居民捐款總數還可以，監察總長便會在分攤表的頁邊寫上：「好，滿意。」但是，如果捐款總數可觀，他便會寫道：「好，滿意並感動。」

行政官員幾乎都是有產者，他們已自成一個階級，此階級有其獨特的精神、傳統、道德、榮譽感和自尊心。這是新社會的貴族階級，它已經形成並充滿活力，只等大革命為他們騰出位置。

政府對所有想脫離政府而掌管國家事務的人，即貴族或有產者，懷有強烈的仇恨，這已經成為法國行政管理的一大特點。任何一個不想靠政府幫助成立的獨立團體，哪怕是最小型的，都使政府畏懼；最小的自由結社，無論它的宗旨是什麼，都令政府厭惡。政府只讓自己憑興致創立並親自領導的團體存在，就連大型產業的公司也不能令它滿意。總之，它不願公民以任何方式干涉、審查政府的事務，它寧願貧乏，也不要競爭。但是，總得讓法國人感受一點自由的快樂，不再為自己受奴役而痛苦，於是政府允許大家自由討論各式各樣有關宗教、哲學、道德乃至政治的一般性抽象理論。只要人們對政府最底層的小官不加批評指責，政府就不怎麼反對人們攻訐其種種基本原則。那個時代的社會就是建立在這些原則之上的。

十八世紀，報紙刊登的四行詩多於論戰性文章，但政府對這股小勢力早已眼紅。它對書籍很寬容，對報紙則向來極其尖刻。由於不能強制性地予以取締，它便試圖讓報刊為政府服務。我找到一份致王國各總督的通告，日期是一七六一年。通告中宣布，國王（即路易十五）決定從今以後《法蘭西報》（*Gazette de France*）將由政府監督編排：「國王陛下有意使該報變得饒有趣味，並確保它比所有其他報刊更有優勢。」大臣還補充道：「為此，煩請你們寄給我一份簡報，通報你們財政區內所發生的可能會引起公眾好奇的一切事情，尤其是與物理學、博物學相關的奇聞趣事。」通告中還附有一份簡介，說新報紙不僅出版周期縮短了，且內容更為豐富，訂閱費也便宜了許多。

總督拿到這些文件後，便寫信給總督代理，請他們執行命令。總督代理先是回答，他們什麼都不知道，接著大臣發來第二封信，嚴厲指責外省無能，「國王陛下命我告知你們，他希望你們嚴肅對待此事，向你們的官員下達最確切的命令。」總督代理於是開始行動。其中一位報告有個走私鹽犯被絞死了，死時表現得非常勇敢；另一位報告該區有個婦女一胎生了三個女孩；第三位報告他們那兒突然下了一場暴雨，但確實沒有造成任何損失；還有一位總督代理說他細心觀察，但沒有發現任何一件值得注意的事，不過他仍訂了一份這麼實用的報紙，準備請上流社會所有有教養的人都去訂閱。然而這番努力看來效果不甚理想，因為我們從大臣的另一封信中讀到：「國王親自過問有關改進報紙品質的種種具體措施，希望此報獲得應有的地位和名聲。但是，他看到他的命令未被確實貫徹，因而極為不滿。」

由此可見，歷史是一座畫廊，那裡原作很少，複製品卻很多。

此外還必須承認，法國中央政府從未仿效歐洲南部那些政府的做法，後者控制一切好像僅僅是為了毀滅一切。法國中央政府對自己的使命的理解通常很到位，並且總是表現出超常的積極性。不過，此積極性經常是沒有成效、甚至是有害的。因為有時，它想去做力所不及的、或者誰也無法控制的事。

對於那些最為必要的改革，法國政府很少著手進行，或不久便放棄了，但這些改革需要持續的毅力才能成功。不過，政府一直不斷地更改規章或法律，沒有什麼能在它所處的範圍內得到片刻的安寧。新規則層出不窮，速度如此之快，以至官員們由於身處被領導的位置，常常弄不清該如何照做。一些市政官員向監察總長抱怨立法太不穩定：「就拿財政規章來說，其變化如此之快，以至於一位終身職的市政官員除了研究新發布的規章，根本沒有時間做其他事，甚至被迫忽略原本份內的工作。」

就算法律沒有更改，執行法律的方式也每天都在變化。如果不是從舊政府留下的機密文件中看到那時的情況，你絕對無法想像法律何以如此遭人蔑視，甚至遭執行者蔑視。因為那時既沒有政治議會，也沒有報紙，大臣及各管理機構隨心所欲、變化無常、專橫跋扈，且無人能夠制止。

樞密院的判決中，有不少援引的法條是新制定的、已經宣布但未被執行。事實上，所有法令、國王宣言、正式登記的詔書，在執行上沒有一個不曾受影響。我們從監察總長和總督的信中看到，政府不斷允許人們違反其命令，破例行事。它不常破壞法律，但每天都會根據特殊情況並為了使事情得以順利，而讓法律朝各種方向微微傾斜。

一個國家的工程招標者要求免繳某項入市稅，總督就此問題寫信給大臣：「確實，如果一字不差地援引我剛才列舉的敕令和判決，那麼在王國裡，任何人都不能不繳這些捐稅。不過，諳熟法律的人都知道，儘管在所有提及稅制的敕令、宣言和判決裡都能找到這些硬性的條文和相應的罰則，卻從未因此妨礙特殊情況的發生。」舊制度原形畢露：規章嚴厲，但執行無力。這便是它的特點。

如果想要藉由那時代的法律彙編來了解政府，無論是誰，都必定會陷入最荒謬的錯誤中。我找到國王於一七五七年頒布的一份宣言，稱凡是編寫或印刷反對宗教或現行制度的書籍者，都將被判處死刑。出售這類書籍的書店、販賣這類書籍的商人，均應受到同樣的處罰。難道我們又回到了聖多明尼克時代？不，這正是伏爾泰（Voltaire）稱霸的時代。

對於法國人無視法律的現象，人們經常抱怨：唉，他們什麼時候才能養成尊重法律的習慣呢？可以說，在舊制度下，法律在人們腦海應占有的位置是空的。每個央求者都希望大家為了他的利益而無視既定法規，態度又是如此堅決強硬，就像要求人們遵守法律那樣。事實也正是如此，只有人們想拒絕他的要求時，才會用法律來反駁他。人民對當局仍絕對服從，但只是出於習慣，而非出於意願。他們一旦激動起來，一點點情緒都會促使他們立即採取暴力行為，而鎮壓他們的也幾乎總是暴力和專制，而不是法律。

在法國，中央政權在十八世紀時，還不具備此後我們所看到的這種健全而充滿活力的政體，然而，由於它已經摧毀了所有中間權力機構，它與個人之間只剩下一片廣闊的自由空間，因此在每個人看來，中央政權顯然已成為社會機器的唯一原動力，是公共生活必不可少的唯一代理人。

沒有什麼比那些誹謗政府的人所寫的著作更能證明這點了。當大革命發生前那些長期不滿的意識開始作用時，出現了各式各樣有關社會和政府的新體系的構思。這些改革家提出的目標不同，但手段始終一樣。他們都想借用中央政權之手來摧毀一切，並按照他們自己設計的新方案再重建一切。在他們看來，唯有中央政權能夠完成這個使命。根據他們的觀點，國家的權力應像其權利一樣是沒有限制的，最重要的是要讓它認識到，必須合理地使用其權力。老米拉波[51]是維護貴族權力的狂熱分子，他毫不客氣地稱總督是僭越者，並宣稱如果把選定法官的權力全部交給政府，過不了多久，所有法庭都會變成特派員集團。米拉波本人則只相信中央政府，認為唯有中央政府的行動才能實現他的種種夢想。

這些想法不僅停留在書本中，而是闖入所有人的腦海裡，與風俗結合在一起，進入人們的習慣中，並從各處滲透到日常生活實踐中。

沒有人會認為在國家未介入的情況下，個人能做好一件重要的事。農民通常都對國家的規定抱持強烈反感，但連他們也認為如果農業得不到改善，政府應負主要責任，因為政府沒有提供農民足夠的指導和資助。一位農民寫信給總督，語帶憤怒，已經能聞到大革命的

51　老米拉波（Victor de Riquetti, marquis de Mirabeau,1715-1789）：法國政治經濟學家，重農學派經濟思想的先驅。他是法國大革命家米拉波伯爵（Honoré Gabriel Riqueti, comte de Mirabeau）的父親，人稱老米拉波。

火藥味了：「政府為什麼不任命一些巡視員，讓他們每年去各省巡視一次，查看農業耕作情況，教農民改用最先進的耕作方法，告訴他們管理牲畜的正確方法，比如用什麼飼料、怎樣飼養、怎樣出售以及賣到哪裡？這些巡視員的報酬不能太低，地種得最好的農民也應該要得到獲頒十字勳章。」

巡視員和十字勳章！這種方法是薩福克郡[52]的農夫絕對想不到的！

大多數人都認為，唯有政府能確保公共秩序，因為人民只怕騎警隊，有產階級也只信任騎警隊。無論是對人民還是有產階級來說，騎警隊騎兵不僅是秩序最主要的捍衛者，甚至就是秩序本身。吉耶納省議會說：「眾所周知，騎警隊騎兵的出現能遏制所有抱持敵意的人。」因此，人人都希望自家門口有一支騎警隊。總督轄區的檔案裡盡是這類訴求，似乎誰都沒有想到，保護者很可能就是主人假扮的。

最令那些流亡到英國的貴族感到吃驚的是，英國沒有這種自衛隊。這讓他們驚訝不已，有時也讓他們因此極為蔑視英國人。其中有個人，品行甚佳，但他所受的教育使他對此毫無心理準備，他寫道：「這是千真萬確的！英國人被偷後竟然感到慶幸，說至少他們國家沒有騎警隊。這些人對擾亂社會安寧的一切十分惱火，可是看到煽動分子回到社會中卻感

52 薩福克郡（Suffolk）：英格蘭東部的一個郡。

到欣慰，認為法律條文比所有論述都有力。」他還補充說：「並非所有人都有這種錯誤的思想，有些智者的觀點就完全相反。久而久之，智慧必占上風。」

英國人的怪脾氣可能與他們的自由有某種關係，但這位流亡貴族並不這麼認為，他寧願用更科學的理由來解釋此一現象。他說：「在一個因氣候潮濕、流通的空氣缺乏活力，而使人的性格蒙上一層陰暗色調的國家，人民自然特別傾心於嚴肅的事物。所以，英國人民出於天性喜歡探討治國之道，法國人民則完全不是如此。」

政府就這樣取代了上帝，每個人有特殊需求時，就理所當然的祈求政府的保護。所以才會有那麼多以公共利益為藉口的訴狀，其實謀求的都只是些無足輕重的個人私利。裝訴狀的那些檔案箱，也許是唯一一個讓舊制度所有階級都混雜在一起的地方。這些訴狀讀起來令人感傷：農民要求賠償他們的牲畜或房屋的損失；富裕的有產階級請求幫助他們更妥善地利用土地；實業家請求總督給予一些特權，以避免不利於己的競爭。最常見的是一些製造商向總督訴說他們的生意蕭條，請他從監察總長那兒申請一點救濟金或貸款。有一個基金管理機構好像就是以此為此目的設立的。

貴族有時也成了重要的懇求者，他們乞求的語氣十分傲慢，幾乎只能從這點來辨認出他們的身分。對他們之中的許多人來說，二十分之一稅是造成他們依賴性的主因。他們應繳納的這部分稅額是由樞密院根據總督的報告每年重新制定的，因此他們經常直接寫信給總督要求延期和免除稅務。我看過許多這類請求書，寫信的貴族幾乎都有封號，並且經常是大領主，據他們說是因為收入不足或生意不景氣而提筆。一般情況下，貴族向來只稱呼總督為「先生」，但我發現在這種情況下，他們也會像有產階級一樣稱他為「閣下」。有時，窮困和傲慢在這些請求書裡以一種可笑的方式結合在一起。一個貴族寫信給總督說：「您善良的心絕不會同意讓我這樣身分高貴的一家之主，像一個平民那樣被一分不少地課以二十分之一稅。」

十八世紀經常發生饑荒，每到這時，各財政區的居民都求助於總督，似乎只有從他那兒才能得到糧食。的確，每個人都把自己所遭受的全部苦難歸咎於政府。最無法避免的災難都是政府所致，甚至季節氣候異常也是政府的錯。

當我們看到中央集權在本世紀初不費吹灰之力就得以在法國恢復，我們絲毫不必感到訝異。一七八九年的人們推翻了中央集權這座大廈，但是其根基還留在推翻此大廈的革命者心中。正因為有這個根基，它才得以突然重建起來，並且比以往任何時候都更為堅固。

第七章

法國何以成為全歐洲唯一的、首都對他省有最大程度的掌控權，且為全國精華之所在

相較於帝國其他地方，巴黎在政治上占有絕對的優勢。這並非由於其地理位置，或一直以來的宏偉、富庶，而是因為政府的性質。

倫敦人口眾多，相當於一個王國，但它至今未對大不列顛的命運產生至高無上的影響；也沒有一個美國公民會認為紐約人民能決定美國的命運。而且，甚至在紐約州內，也沒有人會認為紐約市的個體意志能獨自指揮所有事務，即便紐約現今居民的人數與大革命爆發時的巴黎相等。

和王國的其他地方相較，宗教戰爭時期，巴黎的人口跟一七八九年時差不多，但那時它不能決定任何事情。投石黨運動[53]期間，巴黎還只是法國最大的城市，但到了一七八九

53　投石黨運動（Fronde）：一六四八年至一六五三年，緊接著西法戰爭爆發的法國內戰。源於樞機主教馬薩

年，巴黎已然就是法國本身。

早在一七四〇年，孟德斯鳩就在給一位朋友的信中寫道：「法國只有巴黎和遙遠的外省，因為巴黎還沒來得及將這些外省吞噬。」一七五〇年，喜愛幻想但又很敏銳的米拉波侯爵曾談到巴黎，他說：「首都是必要的，但如果頭腦變得過大，身體就會中風，那麼一切都完了。如果讓外省處於直接依附的地位，幾乎將其居民視作二等臣民；如果不留給外省任何獲得敬重的途徑和能施展抱負的職業，將所有有才華的人都吸引到首都，那麼情況又將如何？」米拉波將這種使外省不再有顯貴、商人、以及才智之士的狀況稱為「地下革命」。

細心讀過前面幾章的讀者已經知道為何會產生此一現象，為了不濫用讀者的耐心，這裡不再重複。

這場革命未能避開政府的耳目，但它只是以最具體的形式使政府受到威脅，那就是巴黎的壯大。政府看到首都日益擴大，擔心難以治理如此巨大的城市，尤其在十七、十八世紀時，法國國王曾頒布大量禁止在巴黎發展的敕令。這些君主漸漸將法國全部公共生活集中於

林(Jules Cardinal Mazarin)攝政時的不當政策引起的不滿，最後巴黎高等法院聯合全國法院，要求馬薩林進行改革、大幅減稅、整肅腐敗及擴大法院職權。其後巴黎爆發市民武裝暴動，由於叛軍廣泛使用投石器(Fronde)作為武器，故名之。

巴黎城內或巴黎郊區，卻希望巴黎不再擴張。他們嚴格禁止蓋新房子，或只能以最花錢的方式在那些被指定的、不太吸引人的地點蓋。這些敕令中的每一條都證明，儘管之前已有敕令，但巴黎始終沒有停止發展。路易十四在其統治的鼎盛時期，曾六次試圖讓巴黎就此止步，但都沒有成功。巴黎無視其條條敕令，不斷擴張，而它的優勢比城市面積增長得更快。但是，確保巴黎具有這種優勢的，並非發生在巴黎城內，而是發生在城外的事件。

同時人們看到，各地的地方自主權都漸漸消失，各地再也看不到獨立生活的跡象。各省的特徵逐漸模糊，昔日公共生活的最後痕跡也消失了。然而，國家並沒有陷入萎靡不振，運動無處不在，只不過主使者都集中在巴黎。這方面有無數例子，在此僅舉一例。

在向大臣提交的有關出版狀況的報告中，我發現十六世紀到十七世紀初，外省有許多印刷廠，但如今這些城市再也沒有印刷工，或者印刷工不再有事可做。不過，不用懷疑，十八世紀末出版的各類著作比起十六世紀要多上許多，但思想運動只產生於中央。巴黎終於吞噬了外省。

法國大革命爆發的時候，這第一場革命已經全部完成。

三級會議後不久，攻克巴士底監獄的前幾天，著名旅行家亞瑟．楊格離開巴黎。他在巴黎看到的那些景象與他在外省的見聞形成強烈對比，震撼了他。在巴黎，一切都在沸騰，無時無刻都有抨擊政府的小冊子問世，每周高達九十二冊。他說：「即使是在倫敦，我都從未見過如此壯觀的出版運動。」但他覺得巴黎之外的各處都死氣沉沉，悄無聲息。人們很少發行小冊子，有些地方就連報紙也沒有。不過，外省群情激昂，一觸即發，卻遲遲不採取行動。人們有時聚在一起，也只是為了打聽巴黎的消息。亞瑟・楊格在每座城市都問當地居民打算怎麼做。他說：「答案到處都一樣：我們只是一個外省城市，得看巴黎的人怎麼做。」他又補充：「這些人在知道巴黎人是怎麼想的之前，甚至不敢表達自己的見解。」

制憲議會輕鬆地一舉廢除了法國所有舊省分（這些舊省分有的甚至比君主制還古老呢），並將王國有條理地畫分為八十三塊，就像分割新大陸的處女地一樣。沒有什麼比這更讓歐洲其他國家感到驚奇甚至恐怖的了，歐洲人完全沒有料到會出現這番景象。柏克說：「看到人們用如此野蠻的方法分割自己的祖國，這還是第一次。」人們雖然像是在把活的軀體切成碎塊，但其實切的只是屍體罷了。

就在巴黎終於從外部獲得至高無上的權力的同時，我們看到它在內部也完成了另一個同樣值得歷史關注的轉變。巴黎不再只是一個貿易、商業、消費和娛樂的城市，它已成為中型工廠和製造業的城市。這賦予了巴黎一種新的、更令人驚異的特點。

事情可以追溯到很久以前，巴黎自中世紀起，不僅是王國裡最大的城市，似乎也是其手工業最發達的城市。到了近代，這點變得更加明顯。隨著一切行政事務都被吸引到巴黎來，工業也都聚集過來了。巴黎越來越成為鑑賞的典範和評判者，成為權力和藝術的唯一中心，同時也是全國性活動的主要起源地。法國的工業生活也更集中在巴黎。

儘管舊制度的統計資料通常不值得信賴，但我毫無疑問地認為，法國大革命前的六十年間，巴黎的工人人數增加了不只兩倍。而在同一時期，巴黎總人口幾乎只增加了三分之一。

除了上述的普遍原因外，還有一些非常特殊的原因將工人從法國各處吸引到巴黎來。他們漸漸聚集在幾個區內，這些區域最終住的幾乎全是工人。而巴黎當時的財政立法對工業施加的障礙，要比法國其他任何地方都少，巴黎也是最容易擺脫行會師父壓迫的地方。某些郊區，如聖安托萬區和唐普勒區，在這方面尤其享有很大的特權。路易十六進一步擴大了聖安托萬區的特權，在那裡千方百計地聚集大量的工人，這位不幸的國王在一份敕令中說道：「我們要給予聖安托萬區的工人一種保護，使他們擺脫既損害他們利益、也損害貿易自由的種種束縛。」

大革命前夕，巴黎的工廠、製造業、高爐的增加速度驚人，政府對此終於開始警覺。工業的發展使政府充滿了毫無根據的恐懼。我們找到了一七八二年樞密院的一份判決，裡面寫道：「國王擔心製造業迅速增加，大量消耗木材，會損及巴黎的木材供應，於是禁止在該城方圓十五里內建造此類工廠。」至於這種人口聚集可能導致的真正危險，當時並沒有人察覺。

就這樣，巴黎成為王國的主人，而那應該成為巴黎主人的軍隊已經在聚集了。

今天的人們幾乎一致地認為，中央集權和巴黎擁有的絕對權力，是四十年來法國政府走向滅亡的主要原因。我不用多解釋就將讓你們了解，舊君主制突然間被摧毀，很大程度上也應當歸因於此，這也是孕育了所有其他革命的這場大革命的主要起因之一。

第八章

在法國，所有人都變得極其相似

仔細察看舊制度下的法國，便會發現兩種截然不同的景致。

在舊制度下生活的所有人，特別是那些唯一引人注目的、占據著社會中上階級地位的人，彼此之間幾乎一模一樣。然而，在這個單調的群體中又有數不勝數的小壁壘，將這群人分割成許多更小的團體。每道圍牆裡的人似乎都形成了一個特殊的社會，只顧自身利益，不參與集體生活。想到這種幾乎無止境的分割，我終於明白了。由於法國公民比世界上任何一個國家的公民都缺乏在危急時一致行動、相互扶持的意識，一場大革命才得以瞬間使這樣的社會徹底變革。我在思考，被這場大變革所推翻的壁壘是什麼？然後我立即看見了一個冷漠的群體，其密集程度和均質性是世界上任何一個群體都無法比擬的。

我曾說過，整個王國外省的特殊性幾乎早已消失，這使得所有法國人彼此毫無區別。儘管依然存在各種差異，國家的統一已經明顯可見，立法的一致性更彰顯了國家的統一。隨著十八世紀的進展，敕令、國王文告、樞密院判決的數量增加，它們在帝國的所有地方以同樣的方式實施同樣的規章制度。立法在各處應該是普遍的、一致的並且人人平等的，持有這種想法的人，不全都是統治者，也有被統治者。此想法在大革命爆發前三十年間的改革計畫中都有所體現。而兩個世紀以前，這種思想的原素（假使我們可以這樣說的話）還沒有成形。

不僅所有外省彼此越來越相似，各省之內不同階級的人，或者至少是非平民階級的人，也變得越來越相似，即便他們的社會地位各不相同。

沒有什麼比閱讀一七八九年不同階級呈交的陳情書更能了解這一點了。我們發現起草人的利益各不相同，但在其他所有方面則毫無差別。

如果研究一下初期三級會議的過程，你會看到完全不同的景象：有產階級和貴族之間有較多的共同利益、更多的共同事務。他們彼此之間的仇恨沒那麼深，但他們似乎仍然屬於兩個不同的族群。時間維持這兩種人的種種特權，並且在很多方面使這些特權加劇了；但它也產生了奇妙的作用，使這兩種人在其他方面變得無甚差別。

幾個世紀以來，法國貴族一直不斷地在變窮。一位貴族在一七五五年悲傷地寫道：「儘管有種種特權，貴族仍日益衰敗和消亡，第三階級占有了財富。」保護貴族財產的法律始終沒有變，貴族的經濟地位似乎也沒有變化。然而，隨著貴族權力的喪失，他們在各處都陷入貧困之中。

據說，人類的制度如同人本身，除了我們所知履行生存職責的器官外，還存在著一種看不見的中心力量，此乃生命的本源。器官跟往常一樣運動，但卻是枉然，當賦予生命的火焰最終熄滅時，一切便同時隨之枯萎和死亡。

法國貴族還享有種種替代繼承權，柏克甚至注意到，替代權在他那個時代的法國比在英國更普遍，更有強制性，如長子繼承權、永久性地租，以及人們所說的一切用益權。貴族已經免除了支付戰爭費用的繁重義務，但保留了他們的賦稅豁免權，並加強了此一特權。也就是說，他們雖然失去了職務，但還有津貼。此外，他們還享有其父輩從未得到過的許多金錢方面的利益。然而，由於缺乏管理經驗和理念，他們變得越來越窮。

我們先前提過的大規模分割地產，其中部分原因應當歸於貴族日益貧窮。貴族將土地一塊一塊出售給農民，只把領主的定期租金留給自己，如此維持的是貴族的門面，而不是實質效用。法國許多省分，如杜爾哥談到的利穆贊省，盡是貧窮的小貴族，他們幾乎都不再擁有土地，僅靠領主權和地租維持生活。

一位總督早在本世紀初就寫道：「在這個財政區，貴族家庭的數量竟增至幾千個，但其中年金有兩萬里弗爾的家庭不到十五個。」我在一七五〇年一位弗朗什－孔泰的總督給其繼任者的一段介紹中讀到：「此地的貴族相當和善，但很窮，他們既驕傲又貧困。和過去相比，他們已經很謙遜了。維持貴族的貧困狀態，迫使他們支援我們、服務我們，這個策略並不壞。」他又補充道：「他們組成一個團體，只接納能證明家中四代宗親為貴族的人。該團體並未獲得正式許可，只是被容許存在而已。它每年只召開一次會議，總督會蒞臨大會。這些貴族一起吃晚飯、做彌撒，然後一些人騎著劣馬，另一些人徒步，各自回家。你會發現這種集會很可笑。」

貴族日益貧困的情形不僅在法國，在歐洲大陸的各地方或多或少都能看到。這些地方跟法國一樣，封建制度已經消亡，但還沒有被某種新的貴族制所取代。萊茵河流域的德意志民族中，這種沒落尤其明顯且惹人注目。只有在英國情況完全不同。在那裡，那些沿襲至今的古老貴族世家不僅保住了他們的財產，而且財富還大大地增加了。他們不僅是最富有的人，也是最有權力的人。他們身旁湧出的新貴族，頂多只能像他們一樣富有，而無法超越他們。

在法國，貴族失去的所有財產似乎都被有產階級繼承了，有人曾說有產階級是靠貴族的資產壯大起來的。然而沒有任何法律能抵擋有產階級破產，也沒有任何法律幫助他們致富，但他們卻不斷地變得更富有。在很多情況下，他們變得跟貴族一樣富有，甚至超越貴族。而且，他們的財產種類經常相同：儘管他們平時住在城裡，卻也擁有田地，有時甚至還獲得領地。

教育與生活方式已經使這兩種人具有許多相似之處，比如有產階級跟貴族一樣具備知識。需要注意的是，他們的知識來源相同，兩者由同一光線照亮。無論是有產階級還是貴族，都會接受理論及文學的教育。巴黎越發成為法蘭西唯一的導師，賦予所有人同樣的思維和一致的舉止。

在十八世紀末，貴族與有產階級的行為舉止或許還有所不同，因為行為舉止這種表層的風俗需要很長的時間統整，沒有什麼比這個過程更緩慢的了。但是，實際上，所有地位高於一般人民的人都彼此相似，他們具有同樣的思想、同樣的習慣、興趣相同、沉迷於同樣的娛樂活動、讀同一類書、說著同樣的語言。只有擁有的權利不同而已。

我不知道這種現象在其他國家是否也達到了如此嚴重的程度，反正英國不是這樣。雖然在英國，不同階級因共同利益而牢牢地繫在一起，但他們的精神和風俗還是不同的。因為政治自由具有一種神奇的力量，能在所有公民之間建立必要的聯繫和相互依賴關係，卻不會因此使他們變成一模一樣的人。而長期專制帶來的必然結果，永遠是使人與人之間變得毫無差異，並且連自己的命運都漠不關心。

第九章

這些如此相似的人們彼此的距離為何比以往更加遙遠，小團體林立且彼此漠不關心

我們現在來研究一下這幅畫的另一面，看看這些如此相似的法國人怎麼會比其他國家的人更加互相孤立。這種情況或許在其他國家都不存在，甚至在法國也是前所未見的。

歐洲建立封建制度的那個時代，很顯然地，我們後來稱作「貴族」的這群人並沒有立即形成一個等級制度，但究其根源都是由各邦國的達官顯要組成的，因而最初只是一個掌權階級。我並不想在這裡討論這個問題，我只想指出，從中世紀起，貴族已成為一個等級制度，也就是說出身成為貴族有別於他人的標誌。

掌權階級是能統治國家的公民團體，貴族將掌權的這個特徵保留了下來，只有出身能決定誰將成為該團體的首領。凡是非貴族出身的人，都被排除在這個特殊而封閉的階級之外，他們在國家中只能占據無論高低皆永遠從屬於貴族的社會地位。

歐洲大陸所有已建立封建制度的地方，帶來的結果都是等級制度。只有在英國，貴族

又變成了最初的掌權階級。

有一件事使英國在所有現代國家中顯得極與眾不同，也唯有這件事能使我們理解英國的法律、精神和歷史的種種特殊性，然而，它並未引起哲學家和政治家太多的關注，英國人也因為習慣了而對此視而不見，這始終讓我感到詫異。人們對該事實經常視而不明、含糊其詞，我覺得人們對它從來沒有形成一個全面而清晰的理解。一七三九年，孟德斯鳩遊歷英國，他寫道：「我來到了一個與歐洲其他地方截然不同的國家。」但是他沒有再往下說。

英國與歐洲其他國家迥異之處並不是它的國會、它的自由、它的輿論公開、它的陪審制度，而是某個更為特殊、更為有效的東西。英國是唯一真正摧毀，而非改造社會等級制度的國家。在英國，貴族與有產階級處理同樣的事務、選擇同樣的職業，而更有意義的是彼此通婚。領主的女兒可以嫁給一個有產階級，而不會感到有失體面。

如果你想知道等級制度以及它在一個民族身上產生的思想、習慣、界線這些東西，在英國是否已徹底消亡，就請你觀察一下英國的婚配狀況。只有從這個角度，你才能發現你未曾看到的重要特徵。即使是在今天，在擁有六十年民主歷史的法國，你也常常找不到這種特徵。儘管古老的世家和新的家族在所有方面似乎已不分你我，但他們還是會竭盡全力避免聯姻。

人們經常會發現，英國貴族比其他國家的貴族更謹慎、更靈活，也更開放。需要注意的是，假如我們按照別的地方保留至今、「貴族」一詞的古老定義來理解的話，英國很早就沒有嚴格意義上的貴族了。

這場革命被時代的黑暗所湮沒，但還是留下了一個活生生的證據，就是慣用語。數世紀以來，法文「gentilhomme」（貴族）這個詞的意思在英國已完全不同，「roturier」（有產階級，平民）則已不復存在。莫里哀[54]（Molière）於一六六四年寫的《偽君子》（*Tartuffe, ou l'Imposteur*）中有一句詩，要直譯成英文已經不可能了：

Et, tel que l'on le voit，il est bon gentilhomme.（正如大家看到的，他是個高尚的貴族。）

如果想把語言學再次應用到歷史學中，就請你穿越時間和空間，來關注英文單詞「gentleman」（紳士）一詞的命運。該詞是從法語「gentilhomme」（貴族）演變而來的。在英國，該詞的意義隨著各階級的彼此接近和融合而變得廣泛，每過一世紀，該詞所指稱的社會階層就更低一些。它最終跟隨英國人到了美國。而在美國，人們用它來泛指所有公民。這

54　莫里哀（Molière,1622-1673）：法國喜劇作家、演員、法國芭蕾舞喜劇創始人。被認為是西方文學中最偉大的喜劇作家之一。

個詞彙的歷史甚至就是民主政治的歷史。

在法國，「gentilhomme」一詞始終僅限於其原始意義，大革命後幾乎無人使用，但詞義從未改變。該詞原封不動地被保留下來，用來指稱具有該等級地位者，那是因為法國的貴族階級被保留下來，而且跟過去一樣與所有其他社會階級隔離開來。

但是我的觀點更進一步，我認為，和這個詞產生的時候相比，貴族與其他社會階級離得更遠了。並且在我們之間，出現了一種與英國完全相反的運動。

即便有產階級和貴族變得更相似，他們彼此卻越來越疏離。不但沒有任一方可以減輕另一方的程度，反而常常使之加劇。

在中世紀，封建制度還保留著統治權的時期，經營領主土地的所有人（按封建制度的語言，他們被嚴格地稱為「附庸」，且很多不是貴族），經常與領主合夥管理領地，這甚至是轉移領地的首要條件。他們不僅要跟隨領主上戰場，而且按照特許權，他們每年必須在領主的法庭中待上一段時間，幫助領主審理案件和治理居民。領主法庭是舊政府的重要機構，歐洲所有古老的法律裡都有，如今在德國許多地方還能見到一些清晰可辨的遺跡。法學專家艾德姆·德·弗雷曼維爾（Edme de Freminville）在法國大革命前三十年時，曾想到要寫一部有關封建法律和地籍簿革新的巨著，他告訴我們，他在領地數目編號裡看到，「附庸每十五天必須去領主法庭一次，所有附庸到齊後，便和領主或領主的普通法官一起審理居民的刑事案件和糾紛。」他還說：「有時在一個領地裡，有八十、一百五十，甚至兩百個這類附庸，其中大多數是平民。」我在此引用這段話，不是作為證據，因為這方面的證據數不勝數；而是作為一個例子讓你們了解，在最初的很長一段時間裡，鄉村階級是如何與貴族接近，每天如何與貴族一起處理同樣事務。領主法庭為農村小地主所做的事情，省三級會議以及後來的全國三級會議都為城市的有產階級做了。

當我們研究十四世紀全國三級會議，特別是同一時期的省三級會議留下來的那些資料時，無不為第三階級在這些會議中所占的地位以及其所行使的權力感到震驚。

作為個人，十四世紀的有產階級，其地位或許不如十八世紀的高。但是整體來看，有產階級在當時的政治社會中卻更有保障、有更高的地位。他們參政的權力是無可爭議的，在政治議會中所能起的作用也非同小可，經常能有決定性作用。其他階級總是感到必須重視他們的意見。

不過，特別讓人深刻印象的是，那時貴族和第三階級經常合作，共同管理事務，或採取一致的抵抗行動。這不僅在十四世紀的三級會議中能看到（由於天災人禍，那時有好幾次三級會議都具有一種非正規的革命性質），在同一時期，按正規步驟進行的特別三級會議中也能看到。這也是我們在奧文尼省看到的情況：三個階級共同制訂重要政策，並由從三個階級中選出的特派員監督執行。同一時期的香檳省也能看到這樣的情景。

十四世紀初，發生了一場人人皆知的運動，許多城市裡的貴族和有產階級聯合起來捍衛國民自由，保護各省特權免受王權的侵害【作者原注❺】。那時，我們的歷史上有好幾次類似的事件，就像是從英國歷史中截取出來的一樣【作者原注❻】。這樣的情景在此後的數世紀裡再也沒有出現過。

實際上，隨著領地統治權的瓦解，三級會議變得越來越少或甚至不再召開。普遍的自由最終消亡，導致地方自由的滅亡，有產階級與貴族在公共生活中從此再也沒有任何聯繫。他們也不再覺得需要彼此接近、和睦共處；他們漸漸各行其事，也變得更加陌生。十八世紀時，這場革命完成了：這兩種人偶爾才能在私生活中相遇。這兩個階級不僅只是競爭對手，他們更成了敵人。

法國比較明顯的特點似乎是，當貴族作為一個階級喪失其政治權力時，作為個人卻獲得了許多以前不曾擁有過的特權，或擴大了原已享有的特權的範圍。彷彿百足之蟲，死而不僵。貴族階級的統治權越來越少，但是卻越來越享有充當主人的第一僕人的專有權。一個有產階級在路易十四時期，比在路易十六時期更容易成為官員。這在普魯士是一種普遍現象，但在法國幾乎是史無前例。這些特權中的每一項，一旦獲得了便世襲相傳，不可分離。貴族階級越是不再成為權力階級，其作為一個社會階級就似乎越是穩固。

就拿所有這些特權中最令人厭惡的捐稅豁免權來說吧：顯而易見地，從十五世紀到法國大革命時期，捐稅豁免權一直在增長，它隨著國家開支的迅速增長而增長。查理七世統治時期，軍役稅只有一百二十萬里弗爾，免繳軍役稅因而是個很小的特權；而路易十六統治時期，軍役稅達八千萬里弗爾，免稅特權就非常大了。當軍役稅是平民唯一需繳的稅時，貴族的豁免權還不太引人注目。但是，當這類捐稅以無數名目和無數形式倍增，另外四種捐稅也變成軍役稅；當中世紀從不曾聽說的一些捐稅，如用於公共工程或公共事業的皇家徭役、自衛軍隊等等都添加到軍役稅及其附加稅中，而且徵稅也不平等，在這種情況下，貴族的豁免權就顯得無限大了【作者原注❼】。這種不平等表面上看起來很明顯，但實際上卻並非如此。因為貴族本人雖免稅，卻得替佃戶繳稅。但在這方面，人們看到的不平等比起人們感受到的更為有害。

路易十四統治末期不堪財政重負，於是制定了兩項普遍稅，即人頭稅和二十分之一稅。但是，由於捐稅豁免權本身是一種特別體面的特權，以至於即便要觸犯它也得奉若神明，在共同繳稅之處，徵稅時也有所區別。對某些人來說，繳稅是可恥的、嚴厲的；對其他人來說，則是溫和而體面的。

儘管整個歐洲大陸都存在著捐稅不平等的現象，但沒有哪個國家像法國這樣，不平等變得如此明顯，並且經常讓人感受到。在德國大部分的地區，大多數捐稅是間接稅。就直接稅來說，貴族的特權常常只是承擔某項共同稅時份額小一些。還有一些捐稅只向貴族徵收，用來維持無償服兵役的地位，而那時人們已不再強制要求無償服兵役了。

然而，在這些將人分類、為階級畫上標記的措施中，捐稅不平等危害最大，最容易使人們從不平等走向孤立，並且可以說，會使不平等和孤立二者都無可救藥。它的後果是：當有產階級和貴族不再被迫繳納同樣的捐稅時，課稅基數和稅額的差異每年都會在他們中間重新畫出一道清晰精確的階級界線；每年，享有特權的每個人都會感到一種迫切的、現實的需要，就是不讓自己與大眾混淆，於是做更多努力以便遠離他們。

幾乎沒有一項公共事務不是產生於捐稅或導致捐稅，自從這兩個階級不再被迫平等地納稅起，他們幾乎再也沒有必要一起商議事情，也再沒有理由感到有什麼共同的需要和情感。人們不必費心思將他們分開，因為他們一起行動的機遇和渴望已被剝奪了。

柏克在他為法國舊制度勾勒的那幅美化圖象中，出於對法國貴族制度的厚愛，讚揚有產階級善於透過謀取終身官職躋身貴族階級，他覺得這與英國開放的貴族制度有某些相似之處。路易十一確實增加了封爵的人數，因為這是貶抑貴族的一種手段；路易十一的後繼者無限制地大量授爵則是為了掙錢。我們從內克爾那裡得知，在他生活的那個時代，可以授爵的終身官職數量高達四千個，這種情況在歐洲任何地方都看不到。柏克試圖在法國和英國之間建立某種相似性，結果只是錯上加錯。

英國中產階級不但沒有對貴族發動戰爭，反而與貴族緊密結合，這絕不是因為英國貴族具開放性，而是因為就像人們說的那樣，英國貴族定位模糊，與其他階級之間沒有界線；也不是因為人們能夠躋身貴族階級，而是因為即使身在其中也毫無感覺。因此所有與貴族階級靠近的人都能成為其中的一員，參與其管理，並從貴族的權勢中獲得某些榮耀或利益。

但是，將法國貴族與其他階級分開的那道障礙，雖然很容易跨越，卻始終是不變且明顯的，貴族階級之外的人總是能從一些既可憎又鮮亮的特徵中辨認出來。這些人一旦越過這道障礙，便因為享有某些特權而與原階級的人分開了，但這些特權對原階級的人來說，既難以忍受又可恥。

授爵制度非但沒有減少平民對貴族的仇恨，反而使其大大加劇。此仇恨使得從前與新貴族地位平等的人對新貴族的嫉妒變得更為強烈。這就是為什麼第三階級在其陳情書中，對新封貴族的惱怒要比對世襲貴族的大，他們沒有要求將那道可能使平民變為貴族的門打開，反而不斷要求縮小此門。

法國歷史上沒有一個時代像在一七八九年那樣，輕而易舉便可獲得貴族身分，但是，有產階級和貴族也從未像在一七八九年那樣彼此疏離。貴族不能容忍其選民團中有任何帶有有產階級氣味的東西，有產階級也同樣想將那些貌似貴族的人驅逐出去。在某些省分，新封貴族遭到世襲貴族排斥，因為他們不太像貴族；另一方面，他們卻又被有產階級排斥，因為他們的貴族氣息太重。著名科學家拉瓦節[55]的處境就是這樣。

撇開貴族階級，我們現在來看看有產階級。然而我們看到的竟然是一幅相同的景象，有產階級和人民彼此分裂，幾乎就像貴族和有產階級分裂一樣。

舊制度下，幾乎全數有產階級都住在城市。導致此一後果的主要原因有兩個，即貴族特權和軍役稅。在領地居住的領主通常對農民都很和藹可親，但對其有產的鄰人卻極為無禮。隨著領主政治權力的減弱（這是根本原因），這種蠻橫無禮也在不斷增長。一方面，由於不再掌握統治權，他再也無需遷就這些人來幫他完成使命；另一方面，正如人們常看到的那樣，領主喜歡不厭其煩地用自己那些名存實亡的權力來自我安慰。所以就連他不居住在領地的事實，不但不會讓有產階級感到如釋重負，反而會使有產階級感到很不自在。在外地主制對此毫無用處，因為由代理人行使的某些特權只會使人更無法忍受。

但我不確定軍役稅和所有納入軍役稅的捐稅，是否也是導致上述後果的重要原因。

我想我可以用簡短的幾句話，來說明軍役稅及其附加稅給農村帶來的負擔，為何比給城市帶來的負擔要沉重得多，但這對讀者來說或許沒有什麼意義。因此，我只說這點：聚集在城裡的有產階級能找到無數辦法來減輕軍役稅的壓力，而且常常能全額免繳軍役稅，但

55 拉瓦節（Antoine-Laurent de Lavoisier ,1743-1794）：法國著名化學家，近代化學的奠基人之一。

他們留在領地的話，誰也不可能獨自找到這些辦法的。他們以這種方式逃避了繳交軍役稅的義務，這甚至比必須要繳軍役稅這件事更使他們害怕。這是有道理的，因為在舊制度下，甚至我覺得在任何一種制度下，沒有什麼比教區軍役稅收稅人的處境更糟的了(關於這一點，我以後還會說明)。但在鄉村，除了貴族，任何人都無法逃避這項捐稅。於是，富裕的有產階級寧可出租其產業，並隱居到鄰近的城市，也不願受此制約。杜爾哥曾說：「軍役稅的徵收，使得所有農村平民幾乎都變成了城市有產者。」此觀點與我所查到的那些機密文件的內容相符。順帶一提，這也是為什麼法國比歐洲大部分國家擁有更多的城市，尤其是小城市的原因之一。

隱居在城牆內的富裕有產階級很快就不再眷戀田地，也不再有鄉村情結，對留在農村的勞力工作和事務變得完全陌生了。他們的生活可說只剩下一個目的：在城市裡當一名政府官員。

如果認為現今所有法國人，尤其是中產階級，對官職的迷戀產生於大革命，那就大錯特錯，早在幾百年前就是如此。此後的數世紀裡，由於人們不斷賦予其無數新的養料，此激情也在不斷高漲。

舊制度下的官職並不總是與現在的一樣，但我覺得那時的職位更多，小職位的數量多得幾乎數不清。光是一六九三到一七〇九年間就設立了四萬多個職位，條件最差的有產階級也幾乎可以謀得一職。我算過，一七五〇年在一個中等規模的外省城市，有一百零九人擔任法官，一百二十六人負責執行一審的判決，他們都是城內人。有產階級擔任這些職務的熱情真的是無與倫比。一旦誰覺得自己擁有一筆小錢，就會立即用來購買職位，而不是拿這筆錢去做生意。這微不足道的野心對法國農業和商業發展帶來的危害，比行會師父和軍役稅本身帶來的危害更大。當職位出現短缺，求職者就開始發揮想像力，不久就發明出一些新的職位。

有位朗貝爾維爾先生發表了一篇論文，證明為某一行業設立一些監察員完全符合公共利益，並自薦來擔任此一職務。我們之中誰不知道這位朗貝爾維爾？一個有點文化且生活寬裕的人，如果一輩子沒有當過政府官員，便會覺得自己白來了這世上一趟。一位與他同時代的人說：「每個人根據自己的情況，都想成為國王底下的一個小官員。」

關於這個問題，我在此所講的那個時代與現在這個時代最大的差別在於，那時政府出售職位，如今政府授與職位。我們再也不用花錢買職位，我們做得更好，我們把自己獻了出去。

有產階級因居住地和生活方式的不同，而和農民疏遠了，但這種現象更常是由於利害關係所致。人們對貴族在捐稅上享有的特權表示不滿，這是合情合理的。但是有產階級的特權該怎麼說呢？能使有產階級全免或免去部分公共捐稅的職位有數千種，這人免去自衛軍隊的捐稅，那人免去勞役稅，另一人免去軍役稅……當時有人在一篇文章裡寫道：除了貴族和教士，哪個教區裡沒有幾位居民不是憑藉職務或委任而享有某種捐稅豁免權？政府時常會廢止部分留給有產階級的職位，原因之一就是免繳軍役稅的人太多，導致國家收入減少。我相信，有產階級中的免稅者人數不比貴族中的免稅者人數少，而且往往還更多。

這些可惡的特權使那些得不到任何特權的人嫉妒萬分，卻使擁有特權的人不可一世。在整個十八世紀，沒有什麼比城市有產階級對郊區農民的敵視，以及郊區對城市的嫉恨這兩者更為明顯的了。杜爾哥說：「每座城市都只關注自身的特殊利益，為達此目的，它隨時準備獻出本區的農村和村莊。」杜爾哥還曾對總督代理說：「你們得經常去制止那些具有篡奪性和侵犯性的傾向，而城市對其所在地區的農村和村莊便具有此一傾向。」

對有產階級來說，與他們共同生活在城市裡的人們也十分陌生，幾乎成了敵人。他們參與制定的地方捐稅大部分都變質了，轉嫁給下層階級獨自負擔。而杜爾哥又在其著作的另一段落寫道：「城市有產階級找到了制訂入市稅的好辦法，可以不對自己造成負擔。」我不止一次證實過杜爾哥的這段話。

不過，在所有有產階級的行為中，特別明顯的一點是，他們生怕自己與一般人民混淆，並強烈渴望擺脫人民的控制，為此可以不擇手段。某城市的有產階級在給監察總長的一份訴狀裡寫道：「如果國王同意市長的職位可以重新選舉的話，最好是要求選民只從最重要的顯貴、甚至初級法院中推選。」

從法國國王的政策中，我們可以看到城市人民的政治權利是如何一項項被剝奪的。從路易十一到路易十五，他們的一切立法都顯示出這種思維。城市有產階級經常參與立法，有時還提供建議。

一七六四年市政改革期間，一位總督就是否應保留手工業者和其他平民百姓的選舉權，徵詢小城市市政官員們的意見。官員們回答說：「人民確實從未濫用此一權利，如果把選舉自己領導者的權利留給他們，這會是很愉快的。不過，為了維持良好秩序和公共安定，最好還是由顯貴會議來決定人選。」至於總督代理，他彙報已在市政府召集了「本城最優秀的六名公民」，這六名優秀公民一致認為，最好把選舉委託給組成顯貴會議的各團體代表，而不是像市政官員建議的只交給顯貴會議。總督代理比這些有產階級更支持民眾自由，他轉達了有產階級的看法，並補充說：「對於手工業者來說，繳納捐稅卻不能監督這筆錢的使用，這確實說不過去；而徵收捐稅的人因為享有捐稅特權，在這個問題上最沒有發言權。」

不過讓我們完成這幅圖象吧。現在我們把人民放在一邊，來單獨考察一下有產階級，就像我們之前不考慮有產階級，單獨考察貴族階級一樣。我們發現這小部分人不僅遠離其他國民，還分化成無數小團體。法國人民就如同基質，隨著現代化學的發展，人們能更精確地觀察它們，並從中發現一些新的可分離粒子。我在一個小城市的顯貴團體中就發現了至少三十六個不同團體。這些團體規模已經很小，卻還在不斷地細微分化。它們每天都在清除內部可能含有的雜質，精簡為更單純的元素。有些團體經過這樣的清洗後，只剩下三或四名成員，他們的個性反倒更強烈，更愛爭吵。所有這些團體都因某些小特權而彼此分裂，就連最不正當的特權也被他們視為尊貴的象徵。各團體之間永無休止地爭奪優先權，總督和法官被他們吵得暈頭轉向。「最終決定先把聖水獻給初級法院，然後再獻給城市團體。最高法院雖仍猶豫不決，但國王已將此案提交樞密院，並且做出了決定。是時候了，該事件使全城的人群情激昂。」如果人們在顯貴會議上讓某個團體的氣勢超過另一個，後者從此就不再出席大會了，它寧願放棄公共事務，也不願看到自己的尊嚴受到貶低。拉弗萊舍城的假髮師行會，決定用這種方式表達「賦予麵包師優先權」對他們帶來的痛苦。某城的部分顯貴拒絕履行自己的職務，總督說：「因為顯貴會議接納了幾個手工業者，有產階級覺得跟這些人為伍有失體面。」另一個省的總督說：「如果將助理法官的職位授與一位公證人，就會引起其他顯貴的反感，因為公證人在這裡不是貴族出身、不是來自名門，並且都當過書記。」前面談到的六位優秀公民，隨意就下決定說人民不應享有政治權利。可是，當涉及哪些人將成為顯貴、如何確定誰享有優先權時，他們就會困惑不已。在這個問題上，他們只是謙虛地表示疑惑，他們說生怕「給自己的某些同胞帶來太大的痛苦」。

法國人天生的虛榮心在這些小團體出於自尊的不斷摩擦中強化了，並且變得更加敏感，但公民的自豪感卻被忘得一乾二淨。我剛才談到的那些行會，大部分在十六世紀就已存在，但其成員處理完聯合會的事務後，都會與其他居民聚在一起，共同關心城市的普遍利益。十八世紀的時候，他們則變為閉關自守，因為城市生活的各項活動越來越少，而且都由代理人執行。因而，這些小團體中的每個人都只為自己活著、只管自己的事、也只關心與自己有關的事。

較早時代並沒有「個人主義」的說法，這是我們為使用需要而自己創造出來的詞。在他們那個時代，沒有哪個個人不隸屬於某個團體，而且可以自認是獨立的個體。構成法國社會的無數小團體每個都只想到自己，這是一種集體個人主義——如果我可以這樣說的話。它為我們熟悉的真正的個人主義做好了精神準備。

更奇怪的是，這些老死不相往來的人就像一個模子刻出來的似的，只要把他們的位置調換一下，就再也認不出誰是誰了。此外，你試探一下他們的想法就會發現，使如此相似的人產生隔閡的那些小障礙，在他們自己看來，既違背公共利益又不合常理。而且，他們在理論上崇仰統一。他們當中的每個人都珍視自己的特殊地位，把其他人當作是因其社會地位而搞特殊化。但是，如果誰都不享受特權、並且誰都不超出共同水準，他們還是願意融入同一個群體的。

第十章

為何幾乎所有使舊制度滅亡的弊病，皆由缺乏政治自由和隔離各階級而起

我已描述了所有危害舊制度、並使舊制度滅亡的弊病中最致命的一種。現在我還要追溯這個既危險又奇怪的弊病之源，指出其它由此產生的弊病。

如果從中世紀開始，英國人就跟我們一樣完全沒有政治自由和隨之而來的地方自由，那麼，構成英國權力階級的各階級很可能就會互相分離，就像在法國和歐洲其他地方已發生的那樣，而且所有階級都可能與人民分離。但是，自由迫使他們始終彼此來往，使他們在需要時能彼此商量、統一意見。

有趣的是，英國貴族受野心的驅使，因此在他們需要的時候總是能與下屬和睦相處，並假裝把對方看作與自己同等的人。我曾談到的亞瑟．楊格，他的書是現存有關舊法國的著作中，最有教育意義的著作之一。據他說，有一天他來到鄉下的利昂古爾公爵家，表示想向附近幾個最精明、最富有的莊稼人請教一下。公爵命其管家把他們找來了。亞瑟．楊格對此

評論道：「在英國的領主家裡，可以請三、四個莊稼人來與領主全家一起吃飯，並且跟上流社會的貴婦人坐在一起。此情景我在英國見到不下百次，但在法國，從加來到巴約納，哪裡也看不到這樣的情景。」

的確，英國貴族天生就比法國貴族高傲，也不像法國貴族那樣，能與所有比自己地位低下的人打成一片。但是，英國貴族因社會地位窘迫而不得不放下架子。為了維持統治，他們決定什麼都做。在英國，幾個世紀以來，除了為維護窮人的利益而先後推出一些納稅不平等法規外，再也見不到其他捐稅不平等的情況。

請你想想，不同的政治原則會將相鄰的兩個民族引向何方【作者原注❽】！十八世紀，在英國享有捐稅特權的是窮人，在法國則是富人。在英國，貴族階級把最繁重的公共捐稅留給了自己，以獲得統治權；在法國，貴族階級則將免稅權保留到最後，以作為失去統治權的補償。

十四世紀的時候有句格言：未經納稅人同意不得徵稅。此格言在法國似乎跟在英國一樣，被穩固地保留下來。人們常常會提起它，違反此格言似乎就是實行暴政，遵守此格言相當於服從法律。正如我所說，那個時代法國的政治體制和英國有許多相似之處，但後來，隨著時間的推移，兩個民族的命運漸行漸遠，變得越來越不同。它們就像兩條線，從相鄰點出發，但傾斜角度有點不同，隨著兩條線不斷延伸，彼此就離得越來越遠。

國王約翰被俘和查理六世瘋癲必然帶來的長期混亂[56]，使國民疲憊不堪。從那時起的國王利用這樣的時機，在沒有國民參與的情況下制定了一項普遍稅。而貴族只要自己能例外、享有免稅權，就卑鄙地放任國王向第三階級徵稅。我敢說，那一天便幾乎播下了全部弊病和禍害的種子，最終使舊制度痛苦不堪並突然滅亡。我很讚賞科米納[57]非凡的洞察力，他說：「查理七世終於可以無需各階級同意就任意分派軍役稅，這使他自己和後繼者都背上了沉重的負擔，更在王國的身上開了一道傷口，鮮血長流。」

請看看這創口是如何隨著時間的流逝而不斷擴大，請密切注視事態的發展。

福爾勃奈[58]在他那部學術價值很高的著作《法國財政研究》極為中肯地說，在中世紀，國王一般都是靠領地的收入生活。他還說：「由於特殊需求是由特殊捐稅提供的，教士、貴族和人民也應當負擔。」

56 編注：指英法百年戰爭中被俘虜的約翰二世與敗仗的查理六世。約翰二世被俘後，其子查理五世為了支付贖金，趁亂拉攏小貴族強化稅收，導致其過世後爆發各種人民不滿內政的混亂。其子查理六世又因為精神疾病，使貴族間為了爭權而混戰，加上百姓的抗稅暴動，法國有陣子國力衰頹。

57 科米納（Philippe de Commines,1446-1511）：文藝復興時期歐洲歷史學家。他所著的法國君主時代的編年史以《回憶錄》為名出版。

58 福爾勃奈（François Véron Duverger de Forbonnais,1722-1800）：十八世紀法國經濟學家。

十四世紀，由三個階級投票通過的普遍稅，大部分確實都具有此一特點。那時制定的所有捐稅幾乎都是間接稅，即所有消費者，不論是誰都得繳納。有時，捐稅是直接稅，這時它針對的不是財產，而是收入。貴族、教士和有產階級需在一年之內上繳他們全部收入的十分之一給國王。我在這裡所說的經三級會議投票通過的捐稅，也包括同一時期各省三級會議制定的各地區的捐稅。

從那時起，以軍役稅為名的直接稅的確未對貴族造成任何負擔。貴族因有無償服兵役的義務而免繳軍役稅。但是，軍役稅作為普遍稅在當時範圍有限，多用於領地，而不是王國。

國王第一次利用自己的威望徵收捐稅時，他知道首先得選一項看起來不至於直接損害貴族利益的稅，因為那時貴族是與王室敵對的危險階級，他們絕不會容忍損害自己利益的新事物存在。因此，國王選了一項貴族免繳的捐稅，即軍役稅。於是，在已經存在的所有不平等中，又增加了一項更為普遍的不平等，使得其他所有不平等現象變得更嚴重，並持續維持了這樣的不平等。從此，隨著國庫的需求、因中央政權權限的增長而增長，軍役稅也擴大了範圍並更多樣化，很快就增加到十倍，所有新的捐稅都變成了軍役稅。

每年，捐稅的不平等都會使各階級分裂，使人們彼此孤立，其深刻程度是前所未有的。當捐稅最終損害的不是最有能力的納稅人的利益，而是讓最沒有能力應付的人陷入困境，就必然會出現富人免稅、窮人賦稅過重的可怕結果。

事實證明，馬薩林[59]缺錢時曾打算向巴黎的豪門徵收一項新捐稅，但遭到當事人的反抗，於是就把他需要的五百萬里弗爾加在普遍徵收的軍役稅上。馬薩林原本打算向最富有的公民課稅，最終卻對最貧窮的公民造成了負擔，國庫倒是一分錢也沒少收。

捐稅攤派如此不公正，其收益亦有限，但君王的需求是無止盡的。然而他們既不願召開三級會議徵收御用金，也不願意煽動人民要求召開此類大會。這使他們發展出了一種不可思議且有害的、取之不盡的理財本領，君主政體的最後三個世紀裡，國庫的收入及管理尤其顯示出此一特徵。

必須仔細研究舊制度的財政和行政史，才能明白一個本應溫和，既不公開也不受控制的政府，一旦時代賦予其權力，並使它擺脫對革命、亦即人民最後保障的恐懼後，其對金錢的需求會迫使它採取何等粗暴而可恥的手段。

瀏覽歷史記載時，經常能看到王家財產被出售，隨即又作為不可出售物而被收回。契約遭到破壞、已取得的權利不被承認，國家債權人的權利每逢危機便遭到損害，國家信用

59　馬薩林（Jules Cardinal Mazarin,1602-1661）：法國外交家、政治家，路易十四的宰相（一六四三至一六六一）及樞機。他為路易十四的霸業打下初步的基礎。

也不斷遭到破壞。一些終身賜予的特權經常被收回。你要是對那些因愚蠢的虛榮而造成的痛苦都懷有惻隱之心，就一定會對這些不幸的受封貴族的命運深表同情。在整個十七和十八世紀，新封貴族被迫購買那些空洞的榮譽或不公正的特權，而他們早已為此花了無數的錢。路易十四就曾這樣取消已有九十二年歷史的所有貴族頭銜，其中大部分還是他親自封的。而只有提供一筆新的資金才能保住這些頭銜，因為按照敕令所言，所有這些頭銜都是偶然得到的。八十年後，路易十五也沒忘了仿效此例。

自衛軍隊隊員不得找人代替，據說是怕國家提高徵募新兵的價格。

一些城市、共同體、收容院不得不違背自己的諾言，以便借錢給國王。教區不能興辦有益地區的工程，因為怕這樣會分散他們的資金，以致不能如數繳納軍役稅。

據說監察總長奧里和公路與橋樑工程局局長特律代納，曾計畫以各區居民提供的修路費來代替公路徭役。這兩位能幹的行政官放棄此計畫的原因頗發人深省，據說他們是怕資金籌齊後，國庫會把這筆錢挪為己用。這樣納稅人反而得同時承擔兩項捐稅：新稅和徭役。我敢說，如果有一個人像偉大的國王路易十四，像在其最輝煌時期支配公共財產那樣處理自己的財產的話，他是逃不過司法判決的。

如果你發現中世紀的某個舊機構，靠重演其弊端而維持下來，且始終與時代精神格格不入，或者遇到某個有害的新機構，就請深入研究其病源。你會發現，某項臨時財政措施，最後變成了一個制度；為了清償一天的債務，會創建一些能持續幾個世紀的新機構。

很久以前有一種捐稅，叫封地獲取稅，是針對那些擁有貴族財產的平民制定的。這項捐稅在土地之間造成的分裂，跟在人與人之間造成的分裂是一樣的，前者又因後者而不斷加劇。我不確定封地獲取稅是否比其他捐稅更加劇了平民與貴族的分裂，因為它阻止了平民與貴族混同，而擁有地產是最好、最快使人們變得彼此相似的方法。貴族和他的鄰居平民之間的鴻溝，就這樣不時地被反覆刻畫。相反地，英國十七世紀起就廢除了世襲領地和以平民身分占有土地的區別特徵，以最快的速度促進了這兩個階級的團結一致。

十四世紀的時候，封建制度下的封地獲取稅很輕，並且隔很久才徵收一次。但在十八世紀，封建制度已近乎滅亡，此稅每隔二十年就徵收一次，數額相當於一個平民全年的收入，且父死子繼。圖爾農業協會曾於一七六一年說道：「這項捐稅大大危害了農業的發展。在國王臣民應繳納的所有稅中，沒有一項在農村的稅讓人如此憤怒。」另一位則說：「這筆錢起初是一輩子才徵收一次，後來漸漸變成一項極其殘酷的捐稅。」貴族自己也想廢除這項捐稅，因為這會降低平民購買他們的土地的意願。但由於國庫拮据，它仍被保留下來，且數額不斷增長。

人們把工業行會招致的各式弊病都歸咎於中世紀。但種種跡象顯示，起初，行會師父和行會管事會只是為了使同行成員間彼此有所聯繫，並在每個行業內部建立一個小小的自由管理機構。其任務是既要協助工人，也要對他們加以控制。

只是到了十六世紀初，在文藝復興時期，人們才第一次想到把勞動權視為一種國王能夠出售的特權。此時，所有職業行會都變成了一個個封閉的小貴族階級，並最終建立起妨礙技術進步的壟斷集團。對此，我們的祖先曾十分憤慨。亨利三世雖不是此一弊端的始作俑者，卻使此一弊端氾濫成災，直到路易十六才將之根除。可以說，在這段期間內，行會管事會制度的弊病時時刻刻都在增多，並擴散開來，即使是當社會進步使這些弊病變得越發無法忍受、公眾輿論不斷揭發其內容的時候，弊病也不曾減少。每年都有一些新職業不再是自由職業，每年舊職業的特權都在增長。路易十四統治最輝煌的時期，此一弊端也達到了巔峰，因為此時對金錢的需求空前的大，而不求助於國民的決心也空前的堅定。

勒特羅納（Letronne）曾於一七七五年時說道：「國家建立工業集團的目的只是想從中獲得財源，有時靠販賣專利證，有時靠設置一些新官職，再強迫工業集團重新購買這些新官職。一六七三年的敕令竟然強迫所有工業集團用現金購買批准證書，而且還強迫所有尚未加入集團的手工業者加入該組織。亨利三世制定這些原則的後果暴露無遺。這筆齷齪的交易賺了三十萬里弗爾。」

由此我們看到人們是如何把城市的整個結構打亂的。並非出於政治目的，而是想替國庫弄點錢。

對金錢的需求，加上不願求助於三級會議，於是有了賣官鬻爵的現象。此現象漸漸變得十分奇怪，堪稱世上絕無僅有。這種為了理財而生的捐官制，讓第三階級的虛榮心得以在三百年間始終保持旺盛，他們唯一的心願就是獲取官職。於是，對職位懷抱的普遍激情深入國民的內心深處，此激情成為革命和奴役的共同泉源。

隨著財政越來越拮据，誕生了一些新的職位。作為報酬，這些新職位都享有捐稅豁免權或特權。設立新職位的原因是國庫缺乏資金，而不是出於行政需要，因此，新增的許多官職都是完全無用或有害的。

早在一六六四年，柯爾貝爾[60]做了一項調查，發現人們投入捐官這個不正當產業的錢高達近五億里弗爾。據說黎塞留廢除了十萬個職位，但這些職位很快又以其他名目重新出現。為了一點錢，人們就放棄對自己的官員的領導權、監督權和強制權。一個龐大的行政機構就這樣建立起來了，它是如此複雜、運行不順、毫無作用，以至於只能讓它以某種方式空轉，並在它之外設立一個簡單但更好用的管理工具。人們可以借此管理工具，把那些官員假裝在做的事情實實在在地辦好。

60 柯爾貝爾（Jean-Baptiste Colbert,1619-1683）：法國政治家。長期擔任財政大臣和海軍國務大臣，是路易十四時代法國最著名的人物之一。

可以斷定的是，如果允許大家對這些討厭的機構提出異議，沒有一個能存在超過二十年。如果徵求三級會議代表的意見，或者當人們偶爾聚集在一起時聽取他們的怨言，這些機構一個也建立不起來，或者根本不可能增加。數世紀以來，只召開了幾次的全國三級會議，不斷向這些機構提出抗議，這些會議曾多次指出，國王竊取權力任意徵收捐稅，是所有弊病的根源。或者，如果引用十五世紀那生動有力的語言來表達，國王竊取的是「在未經三個階級同意和商議的情況下，利用人民的財產致富的權利」。

三級會議代表不只關注他們自己的權利，還強烈要求人們尊重各省與城市的權利，並且經常都能達成目的。每次會議上，都有一些發自內心抗議捐稅不平等的呼聲。他們多次要求廢除行會管事會制度；他們抨擊賣官鬻爵制，語氣一個世紀比一個世紀激烈：「誰出售官爵，誰就是出賣正義，這是可恥的行為。」當捐官制確立後，他們仍繼續反對濫設官職。對於眾多無用的職位和有害的特權，他們奮起反抗，但總是徒勞。這些制度其實就是為了與他們抗衡而建立的，它們的產生並非出自當局要召開三級會議的願望，而是出於一種「當著法國人的面粉飾捐稅」的需要，因為當局不敢向法國人展現此捐稅的真面目。

請注意，最好的國王和最壞的國王一樣，都使用這種手段。最終確立賣官鬻爵制度的是路易十二，出售官職世襲權的是亨利四世。相較於貫徹該制度的那些人的美德，該制度本身的罪惡要大得多！

新機構產生的另一個原因是當局想躲避三級會議的監督，於是把三級會議的大部分權力委託給最高法院，這讓政府的司法權產生混亂，使事情無法按部就班地進行。另外也必須裝模作樣地提供幾個新的保障制度，以取代那些被剝奪的保障制度。因為法國人雖然對極權有相當的忍耐力（只要它不暴虐），但卻也不願直視它。因此，在極權前面樹立某種虛假的障礙，即使不能阻止極權，至少也能遮掩一下，這麼做總是明智的。

最後，新機構的產生還出於此一願望：阻止國民索還他們的自由、並向國民勒索錢財。以此確保各階級處於彼此分裂的狀態，使他們在共同的抵抗中既無法彼此接近，也不能串通一氣。如此一來，政府要對付的永遠是與其他人分離的極小一部分的人。

在這漫長的歷史中，先後出現了許多非凡的君主，有些思想超群，有些才華出眾，幾乎所有君主都勇氣過人，但沒有一個試圖讓各階級接近並團結一致，而不使它們處於同等的依附地位。不對，有一位國王曾做過這方面的嘗試，甚至全力以赴。這個能揣測上帝思想的君主就是路易十六。

階級分化是舊制度的罪惡，後來卻成了它的託辭。因為當國民中富裕而有知識的那些人，在政府中再也不能彼此理解和幫助時，國家要自我管理似乎就已經不可能，必須有一位主宰介入。

杜爾哥在給國王的一份祕密報告中憂傷地寫道：「國家是個社會，一個由不太團結的各階級，和彼此間缺乏聯繫、人人只關心自身利益的民眾組成的社會。沒有一個地方還存在著明顯的共同利益。各村莊、各城市間的相互聯繫還沒有它們所屬的行政區來得多。在實施某些必要的公共工程時，它們的意見也無法一致。在這場因各種欲望與企圖而展開的持久戰中，國王陛下不得不親自決定一切，或由其委派者來決定。為公共福利做出貢獻、尊重他人的權利、有時連行使自己的權利也是，這些都要等陛下您下達特別指令。」

國民就這樣像陌生人或仇敵般共同生活了數百年，要使這些同胞變得親密，並教他們共同管理自己的事務，可不是一件小事。使他們分裂要比把他們團結在一起容易得多。關於這方面，我們已向世人提供了一個難忘的例子。舊法國社會的各階級曾因無數障礙而長期隔絕，六十年前，各階級終於能彼此重新接觸時，他們首先碰觸到的卻是彼此的傷疤，他們重逢只是為了互相詆毀。甚至到了今天，人已不在，但嫉妒和仇恨還在。

第十一章

舊制度下的自由及其對大革命的影響

如果你讀到這裡就停下來，那你對舊制度下的政府只能得到一個很寬泛的印象，不能深入理解製造出大革命的那個社會。

看到公民如此分裂、如此偏狹，王權如此擴張、如此強大，你可能以為獨立精神已經消失，公共自由也隨之消亡，以為所有法國人都屈服於專制政權的壓迫，但事實上不是這麼一回事。政府雖然已經獨立專制地管理一切公共事務，但還沒有成為個人的主宰。

在為極權制定的許多制度中，自由仍具有生命力，但這是一種奇特的自由，今天很難設想它是什麼樣子，必須仔細探究才能知道它對我們是好是壞。

當中央政府取代所有地方政權，並漸漸占據公共權力的所有領域時，它遺留下來或親手創立的制度，以及古老習慣、舊風俗，甚至種種流弊，都妨礙著它自身的行動，使得許多人在心靈深處依然保持著反抗精神，使許多個性依然保持其堅定和鮮明。

那時的中央集權與我們今天的相比，無論在性質、程序還是目的上都無甚區別，只是權力不同。政府想方設法弄錢，但是，當它將大部分官職都出售後，卻也因此失去了任意封官和免職的權力。政府對金錢的貪婪損害了對權力的野心，結果是顧此失彼。為了辦事，政府不斷地被迫使用一些不是它親自設計、且它又無法摧毀的國家機器。政府常常看著自己最專橫的意志，在貫徹的過程中變得軟弱無力。組建官僚機構這種奇怪而有害的方式，成為阻止中央集中權力的某種政治保障制度。這就如同一道堤防，雖然造得很歪斜、也不結實，但能分化中央集權的力量，減輕其傷害。

那時的政府權力不如現在的政府大，沒有如今這麼多恩典、賑濟、榮譽和金錢，因而它所掌握的誘惑性手段和強制性手段比起今天要少得多。此外，政府並不了解其權力的確切限度，其權力沒有一項是經過合法認可並被牢固確立的。政府的行動範圍很廣，但步伐並不穩，就像是在一個陌生的暗處行走。這片籠罩在一切權力周圍的可怕黑暗，使人們看不清所有權力的界線。這有利於君主剝奪臣民的自由，但也常常有利於臣民捍衛其自由。

政府意識到自己涉世甚淺，且出身低微，辦起事來只要稍微遇到一點障礙就畏縮不前。你讀十八世紀大臣和總督的通信就會發現，這個因為人民的服從而如此具有侵奪性、如此專制的政府，即使面對最無足輕重的反抗都會驚慌失措，連最微不足道的批評都能使它惶恐不安，最微弱的聲音都能嚇得它魂飛魄散。於是，它停下，猶豫不決，進行談判，採取折衷的解決辦法，時常不敢超過自己權力的天然範圍。路易十五軟弱無能的利己主義及其繼任者的仁慈，使得他們都有此傾向。再說，這些君主絕對沒想過有人想廢黜他們。而後來的統治者因恐懼而常常發展出的那種焦慮而冷酷的天性，他們倒是一點都沒有。他們只是把自己看不見的人踩在腳底下。

特權、偏見和錯誤思想不利於建立持之以恆、有益的自由，但是這卻使大多數臣民保持獨立精神，使他們堅決抵制濫用權力。

貴族對嚴格意義的政府嗤之以鼻，儘管他們常常跟它打交道。他們在放棄舊權力的同時仍保留著祖先的傲慢，既反對奴役，也仇視法規。他們對公民的一般自由一點都不關心，心甘情願地放任權力之手緊抓人民，卻不願這手觸碰到自己。為了獲得權力，他們準備好在需要時鋌而走險。

大革命剛開始的時候，這個將和王權一起垮台的貴族階級對國王、尤其是對國王代理人的態度，比即將推翻王權的第三階級還要傲慢，言詞也更為放肆【作者原注❾】。在我們歷時三十七年的代議制中，反對濫用權力的種種保障制度也幾乎都是由貴族大膽提出的。我們在讀貴族的陳情書時，能感受到貴族精神，及貴族的某些崇高品質，雖然其中也充滿了偏見和謬誤。然而，人們並不是將貴族納於法律的約束之下，而是把他們打倒並徹底剷除，這永遠都是件令人遺憾的事。人們在這麼做的同時，便也將國民中至關重要、必不可少的那部分剷除了，在自由的身上留下了一道難以癒合的傷口。數世紀中曾走在人民最前頭的一個階級，因毫無爭議地長期受到尊重，而培養出高傲的心靈，養成了對自己能力天生的自信，習慣得到特殊待遇。這使它成為社會團體裡最有抵抗力的部分。此階級不僅有剛強的品德，還使其他階級變得更有氣魄。貴族在被剷除時，即使是他的敵人也會感到不舒服。沒有什麼可以完全取代貴族階級，貴族也永遠不會復生。貴族可以重新獲得頭銜和財產，但再也找不回父輩的精神。

此後人們常看到，教士在俗事上對世俗君主卑躬屈膝，不管是對哪位君主。而且，只要此君主向教會提供一點便利，教士就大肆吹捧他。然而在這之前，他們曾是國民中最有獨立性的團體之一，也是人們不得不對其種種特殊自由加以尊重的唯一團體。

外省已喪失自主權，城市也只是徒有自由的虛名。沒有國王的特別許可，貴族不得聚集十人以上共同商討某事。法國教會一直到最後都還保留著定期會議。在教會內部，教權本身也有一些必須遵守的限制，但低級教士擁有充分的保障，免受上級的暴虐，也無需防範主教逼迫他們對君主唯命是從。我無意對教會此一古老體制品頭論足，我只是說，教會不曾讓教士們的心靈受政治的奴役。再說，許多教士都有貴族血統，把貴族階級的傲慢和反抗精神也帶進了教會。他們在國家中還占據著很高的地位並享有特權。這些封建特權對教會的精神統治是有害的，卻使每個教士在世俗政權面前具有獨立精神。

不過，真正使教士具有公民的思想、需求、感情甚至熱情的，是土地所有權。我耐心閱讀了舊省三級會議，特別是朗格多克省三級會議留下的大部分報告和議會討論紀錄（因為朗格多克省的教士比其他省分的教士更願意參與公共管理的具體事務），以及一七七九年與一七八七年召開的省議會紀錄。當我帶著這個時代的觀念閱讀此類文獻的時候，驚訝地看到一些主教和修道院院長（其中許多人以完美的品德和學識著稱）親自撰寫報告，要求修建某條道路或運河，以行家的水準論述相關問題；以豐富的知識和高超的技藝探討增加農業產量、保障居民福利、以及促進工業繁榮的最佳方法，他們的水準簡直可以跟那些與他們共同負責此事的所有世俗之人媲美，還經常略勝一籌。

與普遍且廣泛被認可的觀點相反，我敢說，那些使天主教教士失去占有土地的權利，並將其全部收入改為薪俸的人，在支持羅馬教廷和塵世君主的利益時，卻使自己失去了很大一部分自由。

一個人如果在他最年輕力壯的時候屈服於某個外部權威，而他在居住的地方又不能有家室，那他就只能以一種牢固的紐帶與土地連繫在一起，也就是地產。切斷這連繫，他就不再特別地歸屬於某個地方。在這個偶然降生之地，他像個局外人般地生活在世俗社會中，這裡幾乎沒有任何利益能直接打動他。在信仰上，他只依賴教皇；在生活上，他只依賴君主。他唯一的祖國是教會。在每次政治事件中，他只能看見對教會有益或有害的事。只要教會自由、昌盛，別的事情又有何重要？他在政治上最自然的狀態是不聞不問。在基督城裡他是傑出的成員，在其他各處則是平庸的公民。在一個既是兒童的導師、又是風俗的引領者的團體裡，這樣的感情和類似的想法，必然會使整個民族的靈魂在觸及公共生活時變得軟弱無力。

想要對人的社會地位變化能引致的精神革命有正確的觀念，必須重讀一七八九年教士階級的陳情書。

教士在陳情書中常常表現得很偏執，有時近乎頑固地堅守他們的舊特權。不過儘管如此，他們和第三階級或貴族一樣，反對專制制度，支持公民自由，並熱愛政治自由。宣稱個人自由應受到保護，不是靠許諾，而是靠一種類似於人身保護法[61]的法律程序。他們要求摧毀國家監獄，廢除特別法庭和提審，公開所有法庭辯論；要求不罷免任何法官，所有公民均可任職，才能是任職的唯一標準。他們還要求：對平民徵兵不要太暴虐、太侮辱人，且任何人均不得免除兵役。領主特權源於舊制度，對自由是有害的，因而必須贖買；勞動自由不受任何限制，廢除內地關稅，增加私立學校。在教士們看來，每個教區需設立一所學校，推行義務教育；每個村莊都應建立世俗慈善機構，如賑濟所和慈善作坊。還應設立各種農業鼓勵措施。

在嚴格意義的政治領域裡，教士比任何人都更直接地宣稱國民有權集會，以便制定法

61　人身保護法：指被告享有人身權利，非經法院簽署法令不得任意逮捕。

律、對捐稅進行自由表決，並且此權利是不可剝奪、不可轉讓的。不得強迫任何法國人繳納任何一項未經他本人或代理人投票通過的捐稅。他們還要求經由自由選舉產生的全國三級會議每年必須召開一次，當著國民的面討論一切重大事項、制定普通法，且不能用任何特殊慣例或特權來對抗普通法。教士們還要求三級會議制定預算，甚至控制王室，並希望三級會議代表是不可侵犯的，希望大臣們永遠對三級會議負責。他們還要求每個省都設立三級會議，每個城市都設立市政府。至於神權方面，則隻字未提。

即使從各方面來說，法國天主教教士當中某些人有著明顯的罪，我也不知道世上還有哪國教士比他們更傑出，能像他們那樣在遭遇大革命突襲時表現得如此開明、如此愛國、不囿於個人道德而具備公共道德，並同時具有堅定的信仰（對教士的迫害很好地證明了這一點）。我帶著無數對教士的偏見開始研究舊社會，但在結束此一研究時卻對他們滿懷敬意。說真的，法國天主教教士也有缺點，如好侵略、偏執，本能地甚至盲目地固守教士的特殊權利，但這些缺點是所有行業組織，無論政治組織或宗教組織所固有的，特別是當這些行會緊密結合且組織完善時。

舊制度的有產階級也比我們今天的有產階級更表現出某種獨立精神。其形態上的某些缺陷甚至有助於形成此種獨立精神。我們已看到，那時的有產階級占據的職位比今天多，而且有產階級於對獲得這些職位表現出同樣的熱情。不過，請注意時代的差異。那時大多數職位既不是政府授予的，政府也不能剝奪，因而任職者的地位更高，無需受政權任意支配。也就是說，如今使許多人感到束縛的東西，在那時卻最有助於他們受到尊重。

造成有產階級與民眾不幸分裂的各式各樣的豁免權，使有產階級變成了假貴族，而假貴族也常常表現出真貴族的傲慢和反抗精神。有產階級被分割成無數特殊的小團體，每個團體裡的人往往都不關心普遍福利，一心只想著小團體的利益和權力。他們要捍衛的是共同的尊嚴和共同的特權。從來沒有人會在人群中失去自我，唯命是從。每個人都站在舞台上，確實這舞台很小，但光線充足。台下還始終有一群老觀眾，他們隨時準備鼓掌或喝倒彩。

相較於今日，那時遏制一切反抗之聲的手段還很不完善。法國還沒有變成我們今天生活其中的這個沉悶之地，而是充滿聲響。儘管那時它還沒有政治自由，但只須稍微提高嗓門，就能從遠處聽見聲音。

在那個時代，能夠確保受壓迫者申訴的唯一途徑便是司法機構。那時的法國因其政治和行政制度，已成為一個專制政府，但因有法國的司法制度，人民仍然是自由的。舊制度下的司法機關錯綜複雜、處境尷尬、辦事效率低、費用昂貴。這些或許是嚴重的缺點，但你在這裡絕對看不到對政權的屈從。屈從只是賣官鬻爵的一種形式，甚至更糟。這致命的弊病不僅使法官墮落，而且很快毒害到全體人民，但司法機關卻絲毫沒有受到影響。法官是終身制，不求升遷，這兩點確保了法官的獨立性。因為即使有無數辦法收買法官，也不可能強迫他去做什麼。那又有何妨？

王權終於從普通法庭那兒竊取了審理所有涉及當局案件之權力。儘管如此，王權對普通法庭還是十分畏懼。王權不許法庭審理，但也不敢總是阻止法庭接受訴狀並發表意見。那時的司法語言保留著古法語喜歡用專有名詞指稱事物的特點，法官便也經常直接了當地把政府的舉動稱作「專橫暴虐的行為」。法院不時干預政府，經常擾亂行政事務的正常進行，但有時卻因此保障了個人自由。一個大弊端卻能遏止另一個更大的弊端。

在這些司法團體內部及其周圍，舊風俗在新思想之中依然保持著活力。最高法院對自己或許比對公共事務更關心，但是也必須承認，最高法院在捍衛自己的獨立和榮譽時，始終不屈不撓，而這樣的精神也感染了所有接近它們的人。

一七七〇年，巴黎最高法院被撤銷，法官們失去其地位和權力，但沒有一個人在國王的意志之前讓步。此外，另一類法院如間接稅法院，儘管沒有受到株連和威脅，但當國王最終確定嚴厲懲罰最高法院時，他們主動要求同受懲罰。還有更精彩的：在最高法院進行辯護的首席律師情願與最高法院同甘共苦，他們放棄升官發財的機會，寧願保持沉默，也不在名聲敗壞的法官面前出庭。自由人民的歷史上沒有比此時發生的事情更壯觀的了，而這就發生在十八世紀，在路易十五的宮廷附近。

司法慣例在很多方面成了國民習慣。人們從法庭獲得一種觀念，即任何案件都可以辯論，任何判決都可以上訴。人們還從法庭學會了使用公開性，對法律程序產生了興趣，這些都是與奴役勢不兩立的東西，而這正是舊制度留給我們的唯一有關自由人民教育的內容。政府本身也從司法語言與慣用語中借用了很多語言。國王規定自己下詔令時需說明理由，下結論前須先陳述原因。樞密院的判決都有長篇前言，總督透過總督代理下達命令。在起源久遠的所有行政機構，如法國國庫或選民機構內部，所有事務均公開討論，辯論之後再做決定。所有這些習慣、形式，對君主專制都是重重障礙。

唯有人民，尤其是農村的民眾，除了使用暴力，幾乎沒有反抗壓迫的辦法。

我剛剛列舉的種種捍衛自由的手段，其實大部分都是人民力所不及的。想要借助於這些手段，就必須在社會上擁有某個引人注目的地位、某種能夠被聽見的聲音。可是，在法國，除了人民，沒有人能對自己的順從提出異議，沒有人在屈服中還能反抗。

國王以首領而不是以主人的身分對國民講話。路易十五在其統治初期下達的一道敕令前言中說：「很榮幸統領一個自由而仁慈的民族。」路易十五之前的一位祖先曾用更古老的語言表達過同一概念，他在感謝全國三級會議代表的大膽進諫時說：「我們寧願跟自由人，而不是跟奴隸講話。」

安逸可看作奴性的根源，而十八世紀的人幾乎沒有這種對安逸的迷戀。這種欲望萎靡不振，卻仍根深柢固且經久不衰，往往跟某些私德混淆甚至交織在一起。這些私德包括忠於家庭、崇尚風俗、尊重宗教信仰，甚至對既定的宗教採取不冷不熱但按時參加的態度。它弘揚誠實、捍衛英雄主義、善於造就正派的人和懦弱的公民。十八世紀的人比今天的人好許多，但又不見得是真的好。

那時的法國人崇尚享樂，和今天的人相比，他們或許在習慣上更放蕩、感情和思想上更紊亂，而我們眼下這種適度而合乎情理的肉欲主義，那時候尚未發展出來。上層階級的人忙於美化生活，而不是設法讓生活變得更舒適方便；他們只想著出名，而不是發財。有產階級甚至也從不沉湎於安逸的生活，他們經常放棄對安逸的追求，而去追尋更精緻、更高尚的享樂，他們在各處囤積除了金錢以外的其他財產。當時有個人用一種古怪但不乏自豪感的口吻寫道：「我了解我的民族：他們擅長將金屬鑄造成錢幣、長於揮霍錢財，但不會以一般的眼光去崇拜金錢，而是隨時準備回到他們自古以來的偶像，如價值、榮耀和崇高那裡去。」

此外，千萬不要以一個人對最高權力的服從程度去評價他卑劣與否，否則就會做出錯誤的判斷。舊制度下的人無論怎樣服從於國王的意志，有一種服從卻與他們毫不相干：如果一個政權是不合法或有爭議的、如果此政權不受人尊重且常常遭到蔑視，人們甘願受其統治，只因為它有用或可能於己不利，但他們是不會屈從於這樣的政權的。這種有損名譽的奴役形式對他們來說始終是陌生的。國王在他們心中激起的某些情感，是此後世上出現最專制的君主都無法企及的，因為大革命已將這些情感從我們心中連根拔除，我們甚至也幾乎無法理解。舊制度下的人對國王不僅像對父親一樣充滿愛，還像對上帝一樣滿懷敬意。即使是服從國王最專橫的命令，那也是出於愛，而不是因為被強迫。因此他們往往在極度的依賴中，還保持著非常自由的精神。對他們來說，服從的最大弊病是強迫；但對我們來說，這是最微不足道的，真正的弊病是迫使人服從的奴性。不要蔑視我們的父輩，我們沒有這樣的權力。但願我們在看到他們的偏見和缺點時，也能發現一些他們的偉大之處！

因此，認為舊制度下是個無獨立精神、依附的時代，這是大錯特錯。那時的自由比我們今天要多得多，但那是一種非正規、時隱時現的自由，始終受階級的局限，始終與特殊性和特權的觀念連在一起；既任人違抗法律，也准許人反對專制，但幾乎從來沒有想到要為所有公民提供最自然、最必須的保障。自由就這樣變得狹隘且走樣，但依然是有生命力的。

在中央集權越來越致力於抹除所有個性，使人性格變得溫順、黯淡的時代，自由卻在許多人心中保留著它與生俱來的特性、鮮明的色彩，使他們心中滋生自豪感，使人愛好榮譽勝過對其他所有事物的愛好。我們將要看到的那些精力旺盛的重要人物，那些驕傲而勇敢的天才，都是沐浴著自由的雨露成長的。他們使法國大革命既受到後人景仰，又令後人畏懼。要在一片自由不復存在的土地上培育出如此剛毅的美德，那是不可能的。

不過，即使這種不正規的、病態的自由為法國人推翻專制制度做了準備，卻可能使法國人比起其他民族更不適合在推翻專制的遺址上建立和平、自由的法治國家。

第十二章

為何文明不斷進步，但農民的處境卻比十三世紀時更艱難

十八世紀，法國農民再也不用受貴族的蹂躪，只是偶爾忍受政府的暴行。他們享有公民自由，並擁有一部分土地，但是其他階級的所有人都排斥他們。他們處境之孤獨，也許是世界上任何地方都聞所未聞的。這是一種新的壓迫，其後果值得認真進行研究。

據佩雷費克斯說，早在十七世紀初，亨利四世就對貴族捨鄉進城感到不滿。十八世紀中期，逃離鄉村幾乎成為普遍現象。那個時代的所有文獻，包括經濟學家的著作、總督的通信、農業協會的論文，都指出了此一現象，並為之感到遺憾。我們在人頭稅登記簿裡找到了這方面的可靠證據。人頭稅是在實際居住地徵收的，而所有大貴族和一部分中等貴族的人頭稅都是在巴黎徵收的。

農村裡幾乎只剩下因經濟狀況不佳而沒有能力去別處的貴族。他們與農民，即他們的鄰居朝夕相處，此處境我想是富裕的有產階級從未經歷過的。這些貴族不再是農民的首領，也就不再像過去那樣有義務照顧農民、幫助並引導農民。另一方面，由於貴族不必像農民一

樣繳納公共捐稅，因而既不可能因為感同身受而對農民的處境深表同情，也不會附和農民的種種抱怨，這些情緒對貴族來說是陌生的。農民不再是貴族的臣民，而貴族也還未成為農民的同胞，這種現象是歷史上絕無僅有的。

這導致了一種情感上的在外地主經濟制（如果可以這樣說的話），它比真正的在外地主經濟制更常見，且效果更明顯。因此，仍在其領地居住的貴族對農民的看法和情感，往往就像他不在鄉下時對其管家的看法那樣。他認為佃農只是債務人而已，於是敲詐勒索他們，只要是按照法規或出於慣例，仍然歸他的一分錢都不能少給。結果這些封建特權所遺留的捐稅，竟比封建時代還要沉重。

仍留守的貴族經常負債累累、窮困潦倒，他們通常住在城堡裡，精打細算地過日子，只想著攢錢好去城裡過冬。老百姓的話總是一針見血，他們替這類小貴族取了個名字，用猛禽中最小的鳥來稱呼他們：燕隼。

有些人或許會以個案來反駁我的說法，但我談的是階級，只有階級才能被寫進歷史。不可否認的是，那時也有許多富裕的地主關心農民的福利，儘管他們沒有非如此做不可的理由，與農民之間也沒有共同利益。不過，這些地主的做法正與其新社會的常例相悖。不管他們是否願意，此常例總是促使他們漠視農民，同樣也使他們從前的附庸心懷仇恨。

人們常把貴族離棄鄉村歸因於某些大臣和某些國王的特殊影響：有些人說是黎塞留的

緣故，另一些人說是路易十四的緣故。使貴族與平民分裂，吸引貴族進入宮廷、從事公職，這確實是君主制的最後三個世紀裡，所有君王宣導的思想。特別是在十七世紀，那時的貴族階級還是王權恐懼的對象。在向總督提到的種種問題中，就有一個這樣的問題：「貴省的貴族喜歡留在鄉村還是離鄉進城？」

我們找到了一位總督的回信，他在信中對該省的貴族喜歡與農民為伍，而不願在國王身邊履行職責深表不滿。不過，請注意，這個省是安茹省，即後來的旺代省，這些不願為國王效勞的貴族，據說就是那些手持武器捍衛法國君主制，並在戰鬥中捐軀獻身的人。他們能取得如此輝煌的榮譽，是因為善於把農民留在自己身邊，但有人卻指責他們喜歡跟農民混在一起。

但是，千萬不要把構成國家頭腦的那個階級離棄鄉村的行為，歸因於某幾個法國國王的直接影響。產生此一現象的主要原因並非某些人的意志，而是種種制度緩慢而不斷鬥爭的結果。十八世紀時，政府想戰勝弊端，卻連弊端的擴大也無法終止，這就是明證。隨著貴族最終失去政治權力，而又沒有得到其他任何權力；隨著地方自由的消失，貴族離鄉進城的人數劇增。再也用不著引誘他們離開自己的家，因為他們再也不想待在農村，田園生活對他們來說已變得毫無趣味。

這裡所說的「貴族」應該理解為法國各地富有的地主、中央集權國家裡富有的鄉村居民。我還可以補充：中央集權國家即耕作方式陳舊且不完善的國家。我也要對孟德斯鳩那句意義深刻的話做個評論，並闡明其含義：「土地產量多少不在於其肥沃程度，而在於居民享有自由的程度。」不過，我不想離題太遠。

我們在別處已經談過有產階級如何離開農村，千方百計去城市找一個棲身之地。舊制度的所有文獻裡，沒有哪一點比這件事更一致的了。這些文獻顯示，農村幾乎只有一代富裕的農民。耕作者但凡靠技藝獲得一點財產，便立即讓兒子放棄耕地，把他送進城，並為他買一個小官職。法國耕作者對使其變得富有的職業常常表現出一種特別的反感，甚至到了今天依然如此，此反感情緒可以上溯到這個時期。造成這種結果的原因則已經難以追索。

說實話，長期生活在農村、並與農民頻繁接觸的人中唯一還有教養的，或如英國人說的唯一的紳士，便是本堂神父。儘管伏爾泰已經說過，如果本堂神父未與政治權力制度聯繫得如此密切且明顯的話，他們本可以成為農村居民的主人。本堂神父雖然擁有政治權力制度賦予的諸多特權，卻也部分地激起了人民對該制度的仇恨。

就這樣，農民與上層階級幾乎完全分離了，甚至與那些本來能夠幫助並引導他們的同類也疏遠了，這些人擁有知識或變得富有後便避開農民。農民像是被特地從全國人民中淘汰出來放在一邊似的。如此嚴重的現象在歐洲任何一個偉大的文明國家都不曾出現過，即使在法國也是新近發生的事。

十四世紀時，農民受的壓迫更深，但得到的援助也更多。當時貴族偶爾也會殘酷地壓迫農民，但他們從未拋棄農民。十八世紀時，村莊是一個共同體，所有成員都是窮人，無知且粗野。村裡的行政官也跟村民一樣沒有教養，被人瞧不起。村民代表不識字，收稅人不會整理鄰居和自己的財產帳目。舊領主不但沒有權力統治共同體，而且認為介入管理乃紆尊降貴。他們認為制訂軍役稅、徵集自衛軍隊、確定徭役都是卑微的行為，是總督代理的工作。只有中央政權關心農村共同體，但是，由於中央政權距離遙遠，對共同體居民也沒有什麼可擔心的，因而所謂的關心只不過是想從中獲利。

現在請你來看看那個被拋棄的階級：沒有人想殘酷地壓迫農民，但也沒有人試圖教育他們並為之服務。

封建制度加諸農村居民的種種苛刻捐稅或許已經取消或減輕了，但人們不知道的是，之後又出現了一些新的捐稅，可能更為沉重。農民不再承受其父輩遭受的種種不幸，卻要忍受其父輩從未經歷過的許多苦難。

我們知道，兩個世紀以來，軍役稅增加了十倍，這幾乎全都是由農民負擔的。在這裡有必要解釋一下農民的軍役稅是如何徵收的，你們從中可以看到文明的世紀如何制定或維持野蠻的法律，而全國最有知識的人幾乎都無動於衷，並不想改變這些野蠻的規則。

我在一七七二年監察總長寫給各省總督的一封密函中，找到了有關軍役稅的描述，描繪出的圖象堪稱一幅精確而簡明的小小傑作。他在信中說：「軍役稅的攤派很隨意，在徵收時是連帶責任的，在法國的大部分地區不是屬人稅而是屬物稅，因此，軍役稅會隨著納稅人財產每年變動而隨之變化。」幾句話就說明了一切，沒有人能用更巧妙的語言來描述這個有人從中得利的弊端了。

教區應繳納的全部稅額每年都要重新制定。據這位監察總長所說，稅額是不斷變化的，耕田者無法預料下一年應繳納多少稅額。教區每年會推選一位農民擔任收稅員，由他將稅額分攤到其他所有人身上。

我在前面曾提過要談談這個收稅人的處境。讓我們來看看一七七九年貝里的省議會是怎麼說的，選該議會為例無疑最為適當，因為其成員全是免繳軍役稅、由國王選定享有特權者。議會紀要裡寫道：「由於大家都不願當收稅人，只好每人輪流任職。徵收軍役稅的任務因而每年都委託給新的收稅人，也不管他能力如何、或是否正直。所以，每份名冊的製作都會受到制訂該名冊人的性格的影響，收稅人的畏懼、軟弱或惡習都可以在名冊中找到痕跡。再說，他怎樣才能完成這項工作呢？他在黑暗中摸索，因為誰也不可能確切知道鄰居的財產有多少，以及此人的財產與另一個人的財產的比例是多少。所以收稅人只能憑自己的判斷做決定。他以自身所有的財產甚至人身對職務負責。一般情況下，兩年期間內，他有一半時間都在趕往納稅人家的路上。不識字的人需在鄰居中找人替補。」

杜爾哥曾在之前談到另外一個省時說：「這個工作使那些任職者深感絕望，並幾乎總是導致任職者破產，村裡所有富裕的家庭就是這樣相繼陷入貧困的。」

不過，這不幸的人也善於使用極其專橫的手段，他幾乎既是暴君又是受虐者。在任期內，他不僅自己破產，還掌握著讓所有人破產的權力。貝里省議會說：「對親屬、朋友和鄰居的優惠，對敵人的仇恨和報復，對庇護者的需求，怕得罪某個分派工程的富裕公民，這些私見在他心裡與種種正義感搏鬥。」恐懼也常常使收稅人變得無情。在某些教區，收稅人出門收稅必定由催稅員和執達員陪同。一七六四年，一位總督寫信給大臣：「如果收稅人不帶著執達員，納稅者就不肯繳錢。」我們從吉耶納省議會紀錄中還看到：「光是維勒弗朗什財政區，就有一百零六個拘禁傳令官和別的執達官助理馬不停蹄地到處奔走。」

為了逃離這種橫徵暴斂，十八世紀的法國農民也像中世紀的猶太人那樣，他們表面上裝得極為貧窮，實際上卻並非如此。他們不敢顯富是有道理的，我在一份文獻裡找到了十分明顯的證據（不是在吉耶納，而是在距它百里的地方發現）。曼恩農業協會在一七六一年的報告中說，他們曾打算以牲畜為獎品設獎項，但「打消了這個念頭，因為擔心某種卑劣的嫉妒心會為獲得這些獎品的人帶來有害的結果，會使他們在未來幾年裡因強派課稅而煩惱無窮」。

在這種捐稅制中，每個納稅人確實會因為直接而長遠的私利去窺伺鄰居、向收稅人揭發鄰居財富增多。結果是大家相互嫉妒、告密、彼此仇恨。人們不是說這種事只會發生在印度某個王侯的領地上嗎？

不過，同一時期，法國有些地區徵稅皆按正規，且稅額很輕，這便是某些三級會議省，它們的確有權自行徵稅。例如在朗格多克省，軍役稅只根據地產來制定，並且不會隨著地主財產的增減而發生變化。該省還為軍役稅制作了固定查閱的土地清冊，土地清冊編造得很詳細，每三十年修訂一次，其中土地按肥沃程度被分為三個等級，每個納稅人事先都知道自己應繳納的具體稅款。如果他拒絕納稅，他本人或他得以以土地承擔責任。如果他認為自己在捐稅攤派中受到損害，他有權要求將其納稅額與他選定教區的另一位居民納稅額進行比較。這就是我們現在所說的比例均等。

這些規章制度顯然正是我們現在所實行的，從那以後，我們幾乎沒有做任何改進，只是將它們普及化。值得注意的是，儘管我們從舊制度那裡繼承了公共管理形態，但在其他方面我們並沒有模仿舊制度。我們是從省議會、而不是從舊制度那裡借用了最好的行政管理方法。我們採用了機器，拋棄了產品。

從農村居民習慣性的貧窮中，還產生了一些不宜遏制貧窮的格言。黎塞留在其政治遺囑中寫道：「人民生活富足，就很難遵守規則。」十八世紀時，人們的看法雖沒有這麼糟，但仍然認為農民如果沒有經常為窮困所迫，是不會勤奮勞動的，因此貧窮似乎是杜絕懶惰的唯一保障。這正是我有時聽到人們談論我們殖民地的黑奴時發表的那套理論。此種看法在統治者當中廣為流傳，以至於幾乎所有經濟學家都必須在形式上與這種觀點抗衡。

我們知道，徵集軍役稅最初的目的是讓國王有錢購買士兵，以免除貴族及其附庸的兵役。但到了十七世紀，兵役的義務又以自衛軍隊的名義被重新提出，這次只落在人民身上，而且幾乎只針對農民徵兵。

只需看一下裝滿總督府紙箱，有關追捕逃避兵役的自衛軍隊士兵或逃兵，數不清的騎警隊案件筆錄，就足以判斷招募民兵並非沒有障礙。對農民來說，沒有比兵役更令人無法忍受的公共捐稅了。為了逃避兵役，他們經常躲進森林，且需動用武力追捕。這讓人吃驚，因為今日強迫性徵兵是那麼輕而易舉。

舊制度的農民對兵役的極度厭惡，應當歸因於執行法律的方法，而不是法律本身。特別是此方法讓那些有可能被徵召的人長期惶惶不安，因為四十歲之前，只要還未結婚，都可能被徵召。此外，還應當歸因於法律朝令夕改，結果使抽到免徵籤的人也不能免除兵役。還有兵役的不可替代性，以及對這種艱苦危險且沒有晉升可能的職業的反感。但尤其應當歸因於如此沉重的負擔只落在農民，而且是農民中最貧窮的人身上，如此無恥的條款使執行更加困難。

我手裡就有不少一七六九年數個教區的抽籤紀錄，上面有每個教區免除兵役者的情況：這個是貴族家的僕人、那個是修道院的守衛，第三個是個有產階級的僕人，不過此有產階級過著貴族般的生活。家境富裕是免除兵役的唯一方法，要是一個耕田的人每年皆在最高納稅者的名單上，他的子弟就享有免除兵役的特權，這就是所謂的鼓勵農業。經濟學家在其他方面總是宣揚平等，卻沒有對這個特權表示不滿，只要求將此做法推而廣之，也就是將加重最貧窮、最無人庇護的農民的負擔。其中一位經濟學家說：「士兵的微薄軍餉、食衣住行的方式、徹底的服從性，這一切是如此嚴酷，只有下層的平民能忍受。」

直到路易十四統治末期，交通要道一直無人保養，或者由所有過路人，即國家或沿途所有地主承擔費用。但是，大約從這個時期開始，交通要道的維修只依靠勞役，也就是說全由農民負擔。不花一分錢就有好的公路，這個辦法真是絕妙。所以監察總長奧里在一七三七年的一份通報裡，將這個方法推廣到全法國。總督被授權可以隨心所欲地將抗拒者關入監牢，或派士兵到他們家搜捕。

從那時起，每當商業蓬勃，對好道路的需求擴大時，徭役就被應用到新闢道路上，徭役的負擔也增加了。我們在一七七九年貝里省議會的報告中讀到，這個貧窮省分每年勞役施作的工程價值約為七十萬里弗爾。一七八七年下諾曼第省的數額跟這差不多。沒有什麼比這更能證明農村居民的悲慘命運了，社會的種種進步使其他階級變得富裕，卻使農村居民深感絕望，文明只和他們作對。

大約在同一時期，總督們在通信中寫道，由於徭役是專門用於交通要道或人們所說的皇家道路的，因此，最好不要讓農民在他們村子的私人道路上使用徭役。虧他們想得出，居然讓最窮苦、最少出門的人付養路費。這個想法雖新奇，卻極其自然地在那些從中得利的人的頭腦裡生根，以至於他們很快就認為這是唯一的解決方法。一七七六年，人們試圖將徭役改為地方稅，不平等換了個形式，又隨著新的捐稅接踵而至。

徭役從以前的領主徭役變成了現在的皇家徭役，漸漸擴展到所有公共工程。我看到一七一九年的時候，徭役還被用來修建兵營！根據當時的法令，所有教區均需派遣最好的工人，其他工程都必須以兵營工程為優先。徭役押送苦役犯入監獄、送乞丐去慈善收容所。每當部隊移防，也是徭役用大車運送軍用品。有時每個軍團都帶著沉重的行李，這時任務就變得極其繁重，得從很遠的地方調集無數小車和牛隻來拉這些東西。這類徭役起初不多，但當常備軍人變得越來越多時，就成為一種最沉重的徭役。

我在文獻中看到，一些國家工程承包人強烈要求政府派送勞役給他們，以將建築用的木材從森林運往海軍兵工廠。這些服徭役的人通常都領取工資，不過工資總是隨意定的，並且很低。如此不合理的捐稅，其負擔有時變得極其沉重，連徵收軍役稅的收稅人都為此感到擔憂。一位收稅人在一七五一年寫道：「向農民徵收的修路費是如此昂貴，他們很快就沒有能力支付軍役稅了。」

如果農民身邊有一些既有錢又有教養的人，他們即使還談不上保護農民，但願意且有權力在那個掌握窮人和富人命運的共同主宰前替農民說情，所有這些壓迫還會存在嗎？

我讀過一封信，是一七七四年某個大地主寫給他所在省分總督的，他請求總督為他們開闢一條道路。他給出種種理由，說這條路會使村子繁榮起來。接著，他談到要設立一個市集，他斷言該市集會使食品價格增加一倍。這位善良的公民又補充道，只要爭取到一點贊助，就可以創辦一所學校，為國王培養更精明能幹的臣民。在此之前，他從沒有想過這些改革，但兩年前，一封國王密札將他軟禁於自己的城堡中，他才開始思考這些問題。他在信中坦言：「兩年來，在自家領地的流放生活，使我確信上述這些都是非常有用的。」

不過，尤其是在饑荒時期，人們發現過去將地主與農民連繫在一起的種種保護和依附關係，已經鬆弛或斷裂了。在那些危機時刻，中央政府對自己的孤立和軟弱深感恐懼，想暫時恢復已被自己摧毀的個人或政治團體，呼籲他們前來幫助，但沒有人願意。當它發現這些人已經死亡，而且是自己親手殺死的時候，它往往非常驚訝。

在此絕境中，最窮省分的某些總督，比如杜爾哥，私自規定所有富裕的地主必須提供食物給自己的佃農，直到翌年收穫季節來臨。我找到好幾封本堂神父寫於一七七〇年的信，他們在信中建議總督向其教區的大地主徵稅，無論這些地主有無信教：「這些地主擁有許多田產，但並不住在那裡。他們從中獲得巨大收益，然後去別處揮霍。」

甚至在平常，村裡的乞丐也是氾濫成災。因為正像勒特羅納所說，城裡的窮人有人救濟，但在農村，當冬季來臨，窮人便只能乞討維生。

人們經常以極其粗暴的方式對待那些不幸的人。一七六七年，舒瓦瑟爾公爵[62]想一舉掃除法國的行乞現象。我們可以從總督的信件中看到他的手段多麼殘酷。騎警隊接到命令，在同一時間將王國內所有的乞丐一口氣抓起來，據查，在這次行動中有五萬多人被逮捕。身強體壯的流浪漢被送去服苦役，至於其他人則由四十多個乞丐收容所接納。讓有錢人發發善心豈不更好？

舊制度的這個政府，就像我說過的那樣，面對有身分地位的人是那麼溫和，有時甚至膽怯，彬彬有禮、敬重萬分。而對下層階級，尤其是農民，卻常常態度粗暴並總是動怒。在我看過的檔案中，沒有一份是關於總督下令逮捕有產階級的，而農民卻不斷遭到逮捕，被送去服徭役、當民兵、行乞、做保安，以及其他無數工作。前者使用的是獨立法庭，長時間辯論，監護性的公開審理。對於後者，則是行政法官即席判決，並且不能上訴。

一七八五年，內克爾寫道：「人民與其他階級之間存在巨大的差異，有助於轉移人們

62 舒瓦瑟爾公爵（Étienne-François, duc de Choiseul,1719-1785）：法國軍官、外交官和政治家。一七五八至一七七〇年間擔任路易十五政府的外交大臣，影響了法國的許多政策。

的注意力，使他們不去關注政府如何使用威信對付小老百姓。寬厚和仁慈是法國人的特徵，也是世紀精神，失去這兩點，對於那些儘管自己未受壓迫，卻仍對受奴役者抱有同情心的人而言，將是一個永恆令人悲傷的問題。」

但是，壓迫不僅表現在這些人民不幸者受到虐待的方面，還表現在他們連改善自己處境的權力都沒有。他們是自由的，並且擁有地產，卻幾乎和其身為農奴的祖先一樣無知，並且過得往往比祖先更悲慘。他們置身於工藝高度發展的時代，卻未學到任何技藝；身處光輝燦爛的知識世界，卻舉止粗野；他們保留著其種族特有的才智和敏銳，卻不知道該如何使用；他們甚至在耕作上也毫無成就，但這卻是他們的本分。「展現在我眼前的是十世紀時期的農業。」一位著名的英國農學家說道。他們只擅長打仗，至少在這方面，他們和其他階級還保持著一種自然而必不可少的聯繫。

農民就生活在這孤立而悲慘的深淵中，過著封閉的生活，不被他人理解。當我看到天主教信仰輕而易舉就被廢除，而在教堂遭到褻瀆前不到二十年，政府為了解某區域的人口數量，還採用以下方法：本堂神父清點復活節出席聖餐的人數，加上孩童和病人的估計人數，得到的便是居民總數。當我看到這種情況時驚呆了，可以說是嚇壞了。

然而，時代思潮已經從四面八方潛入這些粗野人心中。它們透過一些間接而隱密的方式傳播，並在這些狹窄陰暗的地方呈現出奇異的形態，不過從外表看來似乎還沒有發生任何變化。農民的風俗、習慣和信仰似乎依然如故。他們盲目服從，甚至很快樂。

不應懷疑法國人在極度痛苦時表現出的快樂情緒，這只能證明法國人意識到自己的厄運是不可避免的，因而盡力不去想它，自尋快樂，而非對其厄運沒有感覺。一旦為這些人打開一條出路，使他們得以擺脫他們似乎未感深受折磨的苦難，他們便會立即朝出口飛奔而去，態度極其粗暴。如果你擋住他們的路，他們會連看都不看地從你身上踩過去。

對於這些事情，我們從現在所處的位置能看得很清楚，但那個時代的人是看不到的。上層階級的人要想明察老百姓，尤其是農民心裡所思所想，是非常困難的。教育與生活方式讓農民對事務有種固有的、始終向他人封閉的態度。而當窮人和富人幾乎不再有共同利益、不再同悲同喜，也不再有共同事務時，掩蓋彼此思想的黑暗就會變得深不可測，這兩個階級的人就會永遠生活在一起，卻永遠也不能彼此交融。

所有占據社會大廈中高層的人，甚至到了大革命初期都還生活在無憂無慮中；聽他們私下巧妙地談論人民的美德、溫和、忠誠、純真的快樂，而一七九三年[63]已近在眼前。面對如此可笑而恐怖的景象，我們怎能不感到奇怪？

---

63 編注：指雅各賓派主政時期的「恐怖統治」，當時有數千人被安上「反革命」的罪，全國有上萬人被送上斷頭谷。

我們在此稍作停留再繼續這個問題，並透過我剛才描述的這些細節，來看看上帝治理社會最偉大的一條法則吧。

法國貴族執意要和其他階級有所區別，貴族終於免去他們承擔的大部分公共捐稅。他們以為免除這些捐稅就保住了自己的尊嚴。起初似乎是這樣，但一種看不見的疾病很快就纏住了他們的社會地位，他們的地位每況越下，遭人鄙視；隨著他們的豁免權增多，他們變得越來越窮，他們最不願與之為伍的有產階級卻變得富有了，成為有見識的人，他們蔑視貴族並與之作對。貴族原先不願和有產階級合作，甚至不願有這樣的同胞，但不久他們就發現，有產階級從競爭對手很快就變成了敵人，最終並成為他們的主人。一種外來的力量使貴族擺脫了管理、保護、救濟其附庸的責任，同時也保留了貴族金錢方面的權利和榮譽性的特權，他們認為自己沒有任何損失。他們繼續走在最前面，以為自己還居於指揮地位，因為他們身邊還有一些公證書中稱作其臣民的人，其他人則自稱是貴族的附庸、自由租地的保有者、佃農。實際上，沒有人在跟從他們，他們很孤單，而當人民最終出來攻擊他們時，他們便只能逃跑了。

儘管貴族和有產階級的命運完全不同，但這兩個階級有一點是相似的：和貴族一樣，有產階級最終也和人民分裂了。有產階級不接近農民，便也接觸不到他們的貧困。他們不是與農民緊密團結以共同對抗普遍的不平等，而是試圖建立新的不平等以為己用。他們像貴族積極維護自己的特權般那樣熱衷於獲取特權。出身農民的有產階級不僅將農民視為外人，簡直可以說是視為陌生人。只是當他們把武器交給農民時，才發現自己已不知不覺激發了農民的激情，而這時他們既沒有能力控制、也無法引導平民的激情。身為鼓動者的他們很快就變成了犧牲品。

看到似乎本應雄踞全歐洲的這座法蘭西大廈變成廢墟，各時代的人都會感到震驚。但是，仔細閱讀法蘭西歷史的人都能理解它衰落的原因。我剛才描述的所有罪惡、錯誤和致命的偏見，其產生、持續或發展，都來自於我們的國王們以手段分化人民，因為唯有這樣他們才能實施更加專制的統治。

但是，當有產階級就這樣與貴族彼此孤立，農民與貴族以及有產階級也保持一定距離時，當類似的現象在各階級內部持續發生，各階級內部便會出現一些特殊小團體。這些小團體相互隔離的程度不亞於各階級的分化，而此時就會出現這樣的情況：一切只構成一個同質性的整體，而各部分之間再也沒有聯繫。再也組織不起任何機構約束政府、也組織不起任何力量來支援政府。結果是，當充當其基礎的社會受到震動，君王的整座輝煌大廈便在瞬間徹底倒塌。

最後似乎唯有人民能從歷代統治者的錯誤和過失中受益。其實，人民即便真正擺脫了統治者的控制，也難以逃脫統治者灌輸給他們、或任其形成的種種錯誤觀念、惡習、不良愛好的影響。人民在行使自由權時，甚至把奴隸的習性也帶進來，無法控制自己的行為，以至於冷酷無情地對待自己的導師。

第三編

第一章

十八世紀中葉，文人何以成為國內最重要的政治家，及其後果

關於引發法國大革命的那些古老而普遍的事件，至此先告一段落。我馬上要談論的是最終確立這場大革命的地位、起因和性質的，更為新近的特殊事件。

在歐洲所有國家中，法國一直是最富文學氣息的。法國文人在十八世紀中葉前後所展現的那種精神是前所未有的，他們在那個時代所占據的地位也是至高無上的。此一盛況此後再也不曾出現，我想世界上任何其他國家也絕不會有此盛況。

法國文人不像英國文人那樣介入日常政治，相反地，他們絕不介入，且盡可能遠離國家事務。他們沒有任何權力，也不在一個到處都是官員的社會裡擔任職務。不過，他們也不像大多數德國文人那樣對政治漠不關心，只潛心於純哲學和美學中。法國文人對於有關政府的所有問題都感興趣，但說實話，他們只關心這些。他們終日談論社會起源及社會原始形態、公民的首要權利及政府的首要權利、人與人之間自然的與人為的關係、風俗的錯誤或

合法性、以及法律的種種原則。他們就這樣每天都深入探索時代制度的基礎，好奇地研究該制度的結構，並對其整體設計進行批判。的確並非所有法國文人都深入研究這些重大問題，大多數人甚至只是蜻蜓點水、聊以自娛，但人人都遇到了這些問題。這種抽象的文學政治在那個時代的所有作品中都有不同程度的體現，從大部頭的論著到詩歌，沒有一部作品未含有一點這種成分。

至於這些作家構想的政治體系，那真是千差萬別，誰要是想進行調解，使之形成一個統一的政府理論，那他永遠都完成不了這項工作。

然而，如果不考慮細節，只看最初的構想，就能輕易發現這些不同體系的製造者們在一個非常普遍的觀念上是一致的。此觀念似乎是他們每個人都考慮到的，在他們腦海裡似乎先於所有思想而存在，並且是這些思想的共同泉源。不管在發展過程中思想的分歧有多大，他們都遵循這個起點，都認為應當從理性和自然法中汲取一些簡單的基本法則，來取代他們所處的時代社會中那些傳統而複雜的習俗。

如果仔細觀察，就會發現，所謂的十八世紀政治哲學，嚴格說來就是由這唯一的觀念組成的。

類似的想法並不是前所未聞的，三千年來，它不斷地在人們的想像中時隱時現。那麼，這次它怎麼能征服所有文人？為什麼它不再像過去那樣只停留在幾位哲學家的腦海裡，而是深入民心、並激起民眾持久不衰的政治熱情，以至於有關社會性質的普遍而抽象的理論成為日常閒談的主題，甚至激發了婦女和農民的想像力？一些既沒有社會地位、榮譽和財富，也沒有職位和權力的文人，怎麼會變成那個時代實際上最重要的政治家，甚至只有他們才算得上政治家，因為別人是行使統治權，唯有他們掌握著權威？我想對此簡要說明，讓大家了解這些似乎只屬於文學史的事件，對大革命、乃至對我們今天，產生了何種非同小可的影響。

十八世紀哲學家們普遍形成的一些觀念，經常與作為當時社會基礎的種種觀念背道而馳，這並非偶然。這些思想的產生，自然是啟發於他們親眼所見的那個社會。那麼多不公正或可笑的特權，人們越來越感到深受其壓迫，越來越發現這些特權毫無存在依據，此情景把每個哲學家的思想同時推向、更確切地說是猛然推向此一觀念：人生而平等。

看到舊時代遺留下了這麼多不平等而異常的制度，卻從來沒有人試圖加以整飭，使之適應新的需要，而這些舊制度在喪失其效力後似乎還要長期延續下去，這時，哲學家們很容易就對舊事物和傳統深感厭惡，他們自然地傾向在理性之光的照耀下，勾勒一幅嶄新的藍圖，以重建他們身處的社會。

這些文人的處境，為他們接受有關政府管理的那些普遍而抽象的理論作了準備，並使他們盲目地相信這些理論。由於他們的生活與現實社會幾乎毫無關聯，其天性中的熱情因而沒有被種種磨難削弱。最合乎要求的改革可能因現實而受到種種障礙，他們一概不知。對於最急需進行的革命隨之而來的那些危險，他們沒有任何概念，甚至連一點預感都沒有。他們根本沒有政治自由，政界對他們而言不僅十分陌生，而且是不可見的。因此，他們在政界毫無作為，甚至也不知道別人在做什麼。就連最少介入政府管理的那些人，因目睹自由社會、聽過其中的爭論而具有的那點淺薄知識，他們都沒有。他們因此變得更大膽、勇於創新、更熱愛普遍觀念和各種制度、更蔑視古代智慧，也更相信自己的理性。這在那些撰寫有關政治學思辨著作的文人身上通常是看不到的。

同樣地，民眾的無知使他們完全聽信這些文人所言，把他們當作知己。如果法國人還像從前那樣參與全國三級會議、如果他們繼續每天關心省議會的地方行政管理，可以肯定，法國人絕不會像在大革命時那樣被文人的思想所煽動，而是會適度地行使參政權，這足以使他們對純理論產生反感。

如果法國人也能像英國人那樣，不廢除舊體制，只是透過實踐逐步改變舊制度的精神，也許他們就不會那麼積極地去構想一些前所未聞的體制。但是所有法國人每天都感到自己的財產、人身、福利或自尊受到某種舊法律、舊習慣、舊權力殘餘的束縛，卻又看不到可以用來醫治這特殊疾病的方法。好像只能二選一：要不是容忍一切，要不是就徹底摧毀國家體制。

不過，即便其他所有自由都已消亡，我們依舊保留了一種自由：幾乎可以不受任何限制地進行哲學思辨，探討社會起源、政府的本質和人類首要權利的自由。

所有受到日常立法束縛的人，很快就愛上了這種文學政治。連那些因其天性或社會地位，自然而然地遠離抽象思辨的人也對此深感興趣。在那些因軍役稅的不平等遭受利益損害的納稅人當中，沒有一個不為「人生而平等」的思想所振奮。而田地遭其貴族鄰居家兔子破壞的小地主，沒有一個在聽到「所有特權一律應受理性譴責」的說法後不欣喜若狂。各種公眾激情就這樣穿上了哲學的外衣，政治生活被猛然驅逐到文學中，文人掌控著輿論的導向，在好一段時間裡，其地位之崇高如同那些自由國家裡的政黨領袖，再也沒有人能跟他們爭奪這個地位。

貴族階級在活躍期不僅管理事務，還引導輿論、為文人定調、賦予思想權威性。十八世紀時，法國貴族已徹底失去這部分的威信。貴族的信譽隨著權力的喪失而消失，貴族統領思想的地位已變得無足輕重，文人因而能伸展自如，獨自占據這個位置。

此外，十八世紀的貴族地位已被文人占據，他們卻依然支持文人們的事業。他們竟然忘了，某些普遍理論一旦被接受，就必然轉化為政治激情和行動。但那些最反對貴族特權、甚至主張消滅貴族的種種理論，在他們看來無非是富有情趣的精神娛樂。他們主動介入其中以打發時間，並同時安然享受貴族的豁免權和特權，心平氣和地談論所有既定習俗的荒謬之處。

看到舊制度的上層階級就這樣帶著令人不解的盲目，促使自己走向滅亡，我們常常感到訝異。但他們能從哪裡獲得啟迪呢？

下層平民需要自由的體制來確保其權利，上層的公民也同樣需要自由的體制才能了解自己面臨的危害。公共生活的最後痕跡已消失了一個多世紀，與維護舊體制有最直接關係的人，此後再也沒有受到這座古老大廈坍塌的打擊，也沒有聽到其衰亡的風聲。由於大廈表面上沒有發生任何變化，他們便以為一切如故，他們的思維還停留在父輩的觀點上。貴族在一七八九年的陳情書裡流露對王權侵越行為的憂慮，與他們在十五世紀的陳情書裡表達的竟然一樣。

至於國王，正如柏克曾一針見血地指出的那樣，不幸的路易十六在被民主洪流淹沒前，還把貴族視為王權最主要的對手。他不信任貴族，彷彿自己還身在投石黨運動的時代。而有產階級和人民在他看來則是王權最可靠的依賴，這也正是其祖先的看法。

在我們眼前有無數革命的殘跡，但令我們更為驚訝的是，我們的祖先並沒有暴力革命的概念。人們不談論它，是因為還沒有想出此概念。穩定的社會不斷遭受來自公共自由的微小打擊，每天都提醒著人們公眾社會可能將要覆滅，必須保持警惕。但是，在這個即將跌入深淵的十八世紀法國社會，卻沒有任何社會大廈已經傾斜的警告。

我認真閱讀了三個階級在一七八九年召開會議前起草的陳情書，我說的三個階級即貴族、教士以及第三階級。我看到陳情書中這裡要求變更某項法律、那裡要求改變某個慣例，我把這些都記下了。我就這樣繼續做著這項繁浩的工作，當我把所有特殊要求彙整起來時，我驚恐地發現：人們要求的是同時且有系統地廢除現行的一切法律和慣例。我立即發現這將是一場史無前例、大規模且最危險的革命。即將成為革命犧牲品的人們對此卻一無所知，以為憑藉理性，光靠理性的效力，就可以平靜地使社會迅速發生徹底的變革。可憐的人們！他們甚至忘了四百年前祖先們用那個時代樸實而生動的法語說過的那句格言：太過要求獨立和自由，便是尋求更大的奴役。

貴族和有產階級長期以來一直被排除在一切公共生活之外，他們顯得特別沒有經驗，這並不使人驚奇。令人驚訝的是，那些領導國家事務的大臣、行政官、總督都不怎麼有遠見。明明有好幾個都是精明能幹之人。他們對當時國家行政機關的所有情況都瞭若指掌，但是，說到治國這門旨在教人理解社會的一般運動、判斷民眾頭腦裡在想什麼、並預見由此導致後果的學問，他們跟老百姓一樣無知。其實，唯有自由體制才能傳授政治家治國的要領。

在杜爾哥一七七五年呈給國王的報告中能看到，在他眾多的提案中，有一項就是建議國王實行全民自由選舉，並每年在國王身邊召集一次為期六周的代議制議會，但不賦予大會任何實際權力。大會只討論行政管理，而絕不插手政府事務；只提供諮詢，而不是表達意志；只能討論法律，但無權制定法律。他在報告中說：「如此一來，王權就會發出光輝，而不是受到阻礙。公眾輿論無需冒任何風險便能得到滿足。這些大會無權反對國王必然的行動，即使他們不服從，國王陛下也永遠是主宰。」人們更加不會低估一項措施的意義和自己所處的時代精神。確實經常發生這樣的情況：人們總是在革命即將結束時，才能不受指責地按杜爾哥的建議去做，因此給的不是真正的自由，只是自由的影子而已。奧古斯都成功地進行了這項嘗試。

一個民族被長久的辯論弄得疲憊不堪時，只要能獲得安定，便情願受人欺騙。歷史告訴我們，只需從全國聚集一些沒有名氣的人或聽話的人，給他們薪資，讓他們在國民面前扮演政治議會的角色，就足以讓民眾滿意。這種例子不勝枚舉。但是，在革命初期，這些做法總是以失敗告終，不僅無法使人民滿意，反而燃起民眾的激情。在一個自由的國家，連最微不足道的公民都知道這一點，偉大的行政官杜爾哥卻不知道。

法蘭西民族對自己國家的事務漠不關心且缺乏經驗，受國家制度的約束卻又無力加以改善，而同時它又是世界上最有文學修養、最熱愛智慧的民族。當你想到這些，就不難理解文人如何成為法國的一股政治力量，而且最終成為最重要的力量。

在英國，撰寫政治學著作的文人與統治國家的是同一群人。一些引入新觀念加以實踐，一些則借助事實糾正理論、並為理論限定範圍。而在法國，政界始終有兩個彼此分離、互不往來的省分，一邊負責治國，另一邊負責制定抽象原則，一切行政管理都應以此為依據；這裡的人按常規採用一些特殊措施，那邊的人宣布一些普通法，但從未考慮要用何種手段來實行；一些人統帥事務，另一些人則負責指導思想。

但現實社會的結構還是傳統、混雜且非正規的，法律紛亂又互相矛盾，每個等級具有顯著區別。在此社會中，人的社會地位被固定下來，捐稅不均等。於是在這個現實社會之上，逐漸建造起一個虛幻的社會，在那裡，一切顯得既簡單和諧、均勻公正又合乎理性。

漸漸地，大眾的想像力也脫離了現實社會，躲進虛幻的社會。人們對現實狀況不感興趣，關注的是未來會是什麼樣子。最終，他們透過想像，生活在文人建造的那個理想國裡。

常有人認為我們的革命得益於美國大革命。美國大革命確實對法國大革命產生了很大的影響，但是相較於美國大革命，同時期的法國思想對法國大革命的影響更大。當在歐洲其他國家，美國大革命還只是一個前所未有的奇特事件時，在法國，它卻使人們認為已經了解的東西變得更加鮮明、更震撼人心。美國大革命在歐洲其他國家引起人們的震驚，在法國則引起人們的共鳴。美國人似乎只是將法國文人設想的藍圖付諸行動，他們使我們夢寐以求的夢想化為現實，就如同芬乃倫[64]突然現身薩朗特。

一個偉大的民族全部的政治教育都由文人來擔當，這種情況是史無前例的。法國大革命具有自己的精神、並產生了我們今天所見的影響，恐怕要歸功於此。

法國文人不僅向人民提供了他們的思想，還賦予人民他們的氣質和情緒。生活在對實踐全然無知狀態中的全體國民，在他們的長期教導下，透過讀他們的作品（人民沒有別的精神導師），終於沾染上了這些文人的習性、氣質、愛好甚至惡習。結果是，當全體人民最終必須採取行動時，便把文學中的所有慣例都搬到政治當中。

研究法國革命史的人都會發現，大革命所體現的精神，與那些談論政府的抽象著作之精神完全一致。具體表現為：對普遍理論、完整的立法體系及法律的精確對稱性極具愛好；對現實狀況蔑視；對理論信賴；對政體的獨特性、創造性和新穎性具有興趣；根據邏輯法則並按照一個統一綱領重新制定憲法，而不是修正憲法的各個部分之願望。多麼可怕的情景！在文人身上被視為優點的，在政治家身上有時卻是缺點；啟發文人寫出優美作品的那些事物，卻有可能引起大革命。

64 弗朗索瓦．芬乃倫（François de Salignac de la Mothe-Fénelon, 1651-1715）：法國著名教士、作家、思想家，其論著涉及社會、政治問題。

那時的政治語言也從文人的語言中借用了某些表達方式，充滿通用習語、抽象術語、矯飾之詞及文學句式。此風格被政治熱情所利用，在其助長下進入所有階級，並且輕而易舉就滲透到最下層。大革命前，路易十六的敕令中就經常談自然法和人權。我看到有些農民在其訴狀中稱鄰舍為「同鄉」，稱總督為「尊敬的行政官」，稱教區本堂神父為「聖壇使者」，稱上帝為「至高無上的主宰」。這些農民只差不會寫字，否則肯定能成為相當不錯的作家。

這些新品質與法國人天性中原有的素質融為一體，以至於人們經常把源自這種獨特教育產生的東西歸因於法國人的天性。我聽到有人斷言，六十年來我們在政治方面對普遍觀念、體系和誇大言辭的喜好或酷愛，取決於我們種族的某種特性，取決於一個有點誇張的說法——法蘭西精神。似乎這個所謂的特性一直隱藏在我們的歷史中，直到上個世紀末才突然顯現。

奇怪的是，我們在幾乎徹底喪失昔日對文學熱愛的同時，卻保留了從文學那兒借用的習慣表達法。我從政期間，看到有人幾乎不讀十八世紀的書，更不用說其他世紀的書了。他們對文人也很鄙視，但卻忠實地保留了他們未出世時的文學精神表現出的某些缺陷，對此我常常感到不解。

第二章

為何十八世紀法國人普遍不信教，而這又對大革命產生何種影響

在十六世紀的那場大革命[65]中，審查精神試圖在不同的天主教傳統中分辨真偽。此後不斷出現一些更好奇或更大膽的天才，對一切天主教傳統提出異議或者全盤否定。這種精神在路德時代使好幾百萬天主教徒同時放棄自己的信仰，且每年都將許多教徒逐出教會。緊接而來的是不信宗教。

可以這麼說，十八世紀時，天主教在整個歐洲大陸已失去大部分勢力。但是，在大多數國家，天主教雖被拋棄，卻未遭受猛烈攻擊，拋棄天主教的人似乎都依依不捨地離它而去。不信教的潮流在君王和才學之士中廣泛流傳，但還沒有滲透到有產階級和平民當中。它還只是某些人的心血來潮，而不是一種普遍意見。米拉波在一七八七年說道：「說普魯士的

65　指宗教改革運動。

各邦盡是無神論者，這是在德國廣泛流傳的一種偏見。事實是，就算德國有幾個自由思想家，那裡的人民依戀宗教的程度絲毫不亞於那些最虔誠的地區，甚至有許多狂熱分子。」他還說，腓特烈二世不允許教士結婚，尤其不讓已婚的教士領取教士的聖職收入，這真是一件令人遺憾的事。他說：「我們敢說，禁止教士結婚這項措施，只有這位偉人才能想得出。」除了法國，在其他所有國家，不信教尚未成為一種普遍、強烈、偏執和壓迫人的激情。

在法國，發生了一件從未有過的事情。人們在其他時代曾對現存宗教發起猛烈攻擊，但是，他們反對這些宗教時的熱情總是來自於新宗教激發的狂熱。古代那些虛假而令人憎惡的宗教，只有在天主教要取代它時才遇到大量狂熱的反對者，在這之前，它們是在懷疑和冷漠中無聲無息地緩慢逝去的，這便是宗教的老死。在法國，人們怒氣沖沖地攻擊天主教，但並沒有想到要以另一種宗教取代它。為了擺脫充斥於靈魂中的信仰，人們滿懷熱情地不斷努力，要讓靈魂變空蕩。無數人懷著滿腔熱情，獻身於這項徒勞的事業。不信教極其違反人的天性，使人的靈魂陷入痛苦，但對民眾似乎很有吸引力。如果說之前它只造成某種病態的頹廢，這次引發的卻是宗教狂熱和傳教精神。

幾位否定教會真理的偉大文人相遇，似乎不足以解釋如此奇特的事件。為什麼這些文人的思想都傾向於這方面而不是另一方面？為什麼他們之中沒有一個人選擇相反的論點？

最後，為什麼他們比所有前輩更幸運，能使民眾對他們言聽計從、深信不疑？只有從這些作家所處的時代和國家下手，才能解釋他們的壯舉，以及這項事業成功的原因。伏爾泰精神存世已久，但伏爾泰本人也幾乎只在十八世紀，且只能在法國占據主流地位。

首先我們要承認，教會在法國並不比在其他國家更應受到攻擊，法國教會的罪惡和流弊，比大部分天主教國家都還少。相較於過去甚至其他民族，法國教會更寬容得多。因此，與其從宗教狀況，還不如從社會狀況去尋找此一現象的特殊原因。

為了理解這點，有必要回顧一下我在上一章講述的觀點，那就是：由於政府種種惡行招致的政治反對精神，無法在公共事務中表現出來，因此只能隱藏到文學中。文人成為主要黨派的真正首領，他們的目標就是推翻國家全部的社會和政治制度。

抓住這一點，問題的對象就變了。問題不再是去理解那時的教會犯了哪些錯誤，而是要弄清楚，教會在哪些方面阻礙了正在醞釀中的政治革命，並且有可能成為革命的主要發動者、亦即文人的特殊障礙。

教會利用其管理原則來阻擾文人試圖在世俗政府中樹立的原則。教會信賴傳統，文人則對以尊重傳統為基礎的所有制度都加以蔑視；教會承認某種權威高於個人理性，但文人只信賴個人理性；教會以某種階級制度為基礎，文人則傾向於混同所有階級。想要和睦相處，雙方就必須承認，由於政治社會與宗教社會在本質上是不同的，不能用相同的原則來處理各自的問題。但那時完全做不到這點，似乎想要使國家制度垮台，就必須先摧毀教會制度，因為教會制度是國家制度的基礎和原型。

此外，教會在當時是最重要的政治權力，也是令所有人最憎惡的，雖然它不是最暴虐的。這是因為教會介入政治權力，儘管這原非其使命和本性所要求。教會在別處譴責罪惡，卻將政治權力中的罪惡神聖化。它利用自己的神聖不可侵犯掩護這些罪惡，似乎要使政治權力像它自己一樣長存。當你攻擊教會，肯定馬上就群情激憤。

不過，除了這些普遍的原因，文人還有一些更特殊、可以說是個人性的因素。教會代表的正是政府中離他們最近、最直接與他們對立的部分。其他權力對文人來說只是時有感覺，但教會的權力能夠監視思想與審查作品，每天都在為難他們。文人們為捍衛人類精神的普遍自由而對抗教會時，同時也是在為自己的事業作戰，並且從打破對他們束縛最深的桎梏著手。

此外，他們覺得在他們所抨擊的舊制度中，教會似乎是而且也確實是暴露最多、防守最差的一面。隨著世俗君主權力的增強，教會的權力減弱了。教會從凌駕於王權之上到與君主平起平坐，最終淪為君主的僕人。君主和教會建立了一種交易：前者向後者提供他的物質力量，後者則向前者提供它的精神威望。君主勒令臣民信守教規，教會唆使信徒服從君主。革命的時刻即將來臨，此交易是危險的，並且始終是不利的，尤其是對於一個不是建立在強制性的束縛，而是建立在信仰上的權力來說。

儘管法國國王還自稱教會的長子，但履行教會義務時卻敷衍了事。他們保護教會的熱情遠不及捍衛自己政府的熱情。他們不允許人們公開攻擊教會，卻任由人們從遠處投射大量武器刺穿它。

當時對教會敵人的強加約束，不僅沒有削弱他們的力量，反而使之增強了。有些時候，壓迫文人能阻止思想運動，另一些時候則會加速此運動。不過，當時對出版界實行的審察制度，肯定會使他們的力量增加百倍。

文人受迫害，只會引起他們的抱怨，卻無法真正恐嚇到他們。他們忍受著這種能激發其鬥志的痛苦，卻無法忍受使人不堪重負的枷鎖。文人受到的種種指責幾乎總是拖沓、引發眾多爭議但全然無效，好像目的不是要他們放棄寫作，而是要激發他們的創作熱情。讓出版完全自由，或許對教會的損害反而會小一些。

狄德羅曾在一七六八年的信中對大衛．休謨[66]說：「相較於你們的無限自由，您認為

66 大衛．休謨（David Hume,1711-1776）：蘇格蘭哲學家、經濟學家、和歷史學家，他被視為蘇格蘭啟蒙運動以及西方哲學歷史中最重要的人物之一。

我們的不寬容更有利於思想的進步。對此，霍爾巴赫、愛爾維修、莫爾萊和絮亞爾[67]都不能苟同。」不過，還是蘇格蘭人休謨說得對。作為一個自由國家的居民，休謨對此深有體會。狄德羅是以文人的身分判斷，休謨則是從政治家的角度審視。

我曾在美國或別的國家叫住遇到的第一個美國人，問他是否覺得宗教有益於法律的穩定和社會的良好秩序，他毫不猶豫地回答我，一個文明社會，尤其是一個自由社會，沒有宗教便不可能繼續存在。他認為，對宗教的尊重是國家穩定和個人安全最重要的保障，連最不懂得治國之道的人也起碼知道這點。然而，世界上沒有一個國家像美國那樣，將十八世紀哲學家在政治方面最大膽的學說運用得如此廣泛。但十八世紀哲學家的反宗教學說卻從未能在美國出版，儘管那裡享有無限的出版自由。

英國人也是如此。英國人接受我們的反宗教哲學宣傳的時候，我們大多數的哲學家還未出世呢。伏爾泰是接受博林布魯克[68]的教育成為哲學家的。在整個十八世紀，英國有一些

---

67 霍爾巴赫（Paul-Henri Thiry, baron d'Holbach,1723-1789）、愛爾維修（Claude Adrien Helvétius ,1715-1771）、莫爾萊（André Morellet,1727-1819）、絮亞爾（Jean-Baptiste-Antoine Suard,1732-1817）：四位均為法國啟蒙時代思想家。

68 博林布魯克（Henry St.John1st,Viscount Bolingbroke,1678-1751）：英國政治家、政治哲學家，托利黨領袖之一，反宗教學者。

不信教的著名代表人物。一些傑出的文人和有深度的思想家承擔了反宗教的事業，但他們從未像在法國那樣獲得成功，因為那些對革命仍感到恐懼的人都趕緊跑來拯救根深柢固的信仰。就連那些最頻繁地介入當時法國社會、認為法國哲學家的學說並非謬誤的人，也因這些學說的危險性而加以拒絕。就像自由的民族中常見的那樣，一些強大的政黨發現將其事業與教會的事業結合在一起，有利無弊。博林布魯克自己就成了主教的盟友。教士們被這些榜樣所激勵，從不感到孤立，他們親自出戰，為自己的事業奮勇戰鬥。英國教會儘管結構上有缺陷，且內部弊端繁多，卻成功地承受住了打擊。教士階層也出現了作家和演說家，他們竭盡全力捍衛基督教。而反對基督教的那些理論，在被討論和駁斥後，最終遭到社會全盤否定，且政府並未介入此事。

但是，為什麼要在法國以外的國家尋找例子？今天有哪個法國人敢寫狄德羅或愛爾維修那樣的書？誰會讀這些書？我幾乎想說，有誰知道這些書的書名？這六十年來，我們在公共生活中獲得的不全面的經驗，足以使我們對這種危險的文學失去興趣。你們可以看到，隨著法國各階級在嚴峻的革命裡獲得經驗，對宗教的尊重逐漸在各階級重新占上風。舊的貴族階級在一七八九年以前是最反宗教的階級，一七九三年以後卻成了最虔誠的階級。他們最先受到衝擊，也最先皈依宗教。當有產階級在勝利中感到自身受到打擊時，可以看到他們也重拾了宗教信仰。漸漸地，無論在哪裡，當人們在混亂之中感到若有所失時，便加深對宗教的尊重。隨著對革命恐懼的顯露，不信教的想法消失了，或至少隱藏了起來。

舊制度末期情況並非如此。我們已經完全不再參與人們的重大事務，我們對宗教在各舊政府中所擔當的角色一無所知，以至於不信教的思想首先在那些出於最切身利益希望國家安定、人民順從的人之中確立。他們不僅歡迎無宗教信仰，還盲目地向下層階級傳播。他們將對宗教的蔑視作為自己無所事事生活中的一種消遣。

法國教會在這之前曾產出許多偉大的演說家，此時卻感到孤立，被所有因共同利益而與教會聯繫在一起的那些人所拋棄，因而變得沉默無語。人們一度相信，只要讓法國教會保留其財富和地位，它隨時都會譴責自己的信仰。

否定天主教的人聲嘶力竭，而仍然信仰天主教的人則沉默不語，這種情況從此在我們之間經常發生，不僅是在宗教方面，在其他方面亦是如此。保留舊信仰的人生怕自己是唯一還對舊信仰忠誠的人，由於害怕孤獨甚於謬誤，他們懷著完全不同的想法加入了民眾的隊伍。原先還只是一部分國民的情感，就這樣似乎成了全民的意見。甚至在造成這種假象的人眼中看來，這感情像是不可抗拒的。

所有宗教信仰在上世紀末都普遍失去威信，這無疑對整個法國大革命產生了莫大的影響，也成為法國大革命的特點。沒有什麼比這更能說明法國大革命在人們眼中何以有這副猙獰的表情。

當我試圖弄清楚不信教在當時的法國導致怎樣的後果時，我發現不信教並非使人心靈墮落或者敗壞風俗，而是使人精神失常，以至於那個時代的人採取如此奇特而極端的行為。當宗教脫離靈魂，它並不像平常發生的那樣，讓靈魂處於空洞而虛弱的狀態。靈魂一時突然被感情和思想填滿，它們一度占據了宗教原本的位置，不讓靈魂消沉。

即使製造大革命的法國人在宗教方面比我們更無信仰，但他們至少保留著我們所缺乏的一種可欽佩的信仰：他們相信自己。他們對人類的可完善性及其力量堅信不疑。他們出於天性，熱衷於人類的榮耀，相信人類的美德。他們將這種驕傲的自信化為自己的力量。驕傲的自信雖然常常導致謬誤，然而，一個民族沒有它就只能淪為奴僕。他們相信自己將改造社會、使人類獲得新生的使命。這些情感和熱情對他們來說已變成一種新的宗教，並像宗教那樣產生了巨大的影響，使他們擺脫個人利己主義，崇尚英雄主義和忠誠，使他們對我們難以釋手的所有小利益經常彷彿無動於衷。

我認真研究了歷史，我敢肯定我從未見過這樣的革命：一開始你就能在如此多的人身上發現無與倫比的真誠、無私、真正的愛國主義。大革命暴露了這個民族的青年主要的缺點，如缺乏經驗；還有他們的主要優點，即驍勇。

然而，不信教在當時卻導致了難以估計的公共災難。

在此之前，世界上曾出現過的大多數偉大的政治革命中，攻擊既定法律的人至少尊重信仰；而在大多數宗教革命中，攻擊宗教的人也沒有打算一舉改變所有權力的性質和秩序、並徹底廢除舊的政府體制。因此即便發生最大的社會動盪，總有一個基礎是始終穩固的。

但是在法國大革命中，就在民事法律被推翻的同時，宗教法規也被廢除了。人類精神於是完全脫離了常態，不知道還有什麼東西可以依附、還有什麼地方可以棲息。人們看到一些革命者，他們像是屬於某個陌生的人種，大膽無畏，近乎瘋狂。任何新鮮事物都嚇不倒他們，任何顧忌都阻擋不住他們前進的步伐，執行計畫時從不猶豫。不要以為這些人是一時的新產物，是孤立而短暫的，會隨著時代的變遷轉瞬即逝。他們已從此形成了一個種族，散布在地球的所有文明地區，代代相傳。這個種族在各處都保留著同樣的面貌、同樣的激情、同樣的性格。我們一出生就看到了他們，如今他們還在我們眼前。

第三章

為何法國人先要改革，後要自由

有一件事值得注意，就是：在為大革命做準備的所有思想和感情中，嚴格意義上的公共自由觀念、以及對公共自由的愛好，是最後才出現的。就像它們曾經是最先消失的那樣。

人們很早就開始動搖政府這座古老的大廈，它已經搖搖欲墜，但還沒有涉及自由的問題。伏爾泰幾乎不去想它。在英國生活的三年讓他看到了自由，卻沒能使他愛上自由。英國自由傳播的懷疑論哲學令他欣喜，其政治法律卻很難打動他，他發現英國的政治法律缺點比優點多。他關於英國的信箚已成為傑作，而議會是他在其中談得最少的。其實他相當羡慕英國人的學術自由，但卻不怎麼關心他們的政治自由，好像沒有政治自由，學術自由也可以永存似的。

十八世紀中期左右出現了一些文人，專門論述有關治國的種種問題，因許多相似原則獲得了共同稱號——政治經濟學家或重農主義者。在歷史上，政治經濟學家沒有哲學家那麼光榮，對大革命之來臨的貢獻也可能少於哲學家，但我認為只有閱讀他們的著作，才能最深入地理解大革命的真正本質。

哲學家在治國問題上，幾乎沒有擺脫那些非常普遍且非常抽象的思想；政治經濟學家雖然離不開理論，但更接近事實。一些人講述可以想像的事，另一些人則指出需要做的事。大革命要徹底廢除的所有制度都成為他們攻擊的目標，沒有一種制度能搏得他們的好感。而所有可以被視為大革命成果的制度，都是他們事先發起並積極宣導的。幾乎每種制度都可在他們的著作中找到雛形，從中可以找到所有大革命的基本內容。

此外，從他們的著作中已經能看到我們十分熟悉的那種民主的革命性格。他們不僅憎恨某些特權，對於區分階級簡直是深惡痛絕；他們崇尚平等，即使是受奴役也要平等；妨礙他們實施計畫的事物都必須掃除；契約很難得到他們的尊重，他們不看重私人權力，或者更確切地說，在他們看來早就不該有私人權力，只有公益事業。不過，一般情況下，他們都是一些性格溫和、安詳、有德行的人，誠實的法官，精明能幹的行政官之類。他們之所以投身這項事業，是因為他們在這方面有特殊天賦。

政治經濟學家對舊事物不屑一顧。「數世紀以來，國家一直受某些錯誤原則的統治，好像一切都是偶然造成的。」勒特羅納說。他們從此一觀念出發，所有在法國歷史中已牢牢紮根的古老制度，只要有一點令他們不滿、有損其計畫，都成為他們要求廢除的對象。有個政治經濟學家還建議廢除所有舊的領土畫分、改變所有省分的名稱，這個建議在四十年後被制憲議會採納，並付諸實行。

在自由制度的觀念在他們腦海出現之前，政治經濟學家就已具有大革命進行的所有社會和行政改革思想。他們積極宣導食品自由貿易以及工商業自由放任政策，但是嚴格意義上的政治自由，他們並不關心，甚至當政治自由偶爾在他們的想像中出現時，他們的第一反應是加以排斥。大多數人一開始就對評議會、地方附屬權力，以及不同時代在所有民族中建立的、旨在制衡中央權力的所有平衡力量持敵對態度。魁奈[69]說：「在政府中設立平衡力量的制度是個有害的想法。」魁奈的一位友人也說：「人們設想平衡力量制度所依據的那些哲學思想都是虛幻的。」

他們為反對濫用權力而發明的唯一保障機構就是公共教育，因為按照魁奈所說：「國民受到啟蒙，專制制度就不可能產生。」他的另一位弟子也說：「濫用權力導致的惡果令人震驚，人們於是發明了無數毫無用處的方法，卻忽略了唯一真正有效的途徑，便是把司法本質和自然秩序放進長期普遍的公共教育中。」他們試圖以這種文學性的、混亂難解的話，來取代所有政治保障。

農村一片荒涼，既沒有道路也沒有工業，農民愚昧無知，而政府不聞不問。勒特羅納

69　魁奈（François Quesnay,1694-1774）：法國古典政治經濟學奠基人之一，重農學派創始人和重要代表。

對此深感悲痛，但他並不認為讓農民自己處理農村事務效果會更好。

至於杜爾哥，這個因偉大的心靈和卓越的天資而與眾不同的人，並不比別人更喜愛政治自由，或至少他對政治自由的興趣是在公眾情緒的感染下才產生的。對他而言，如同對大多數政治經濟學家那樣，政治首要保障的應當是國家按照某些步驟、並以某種精神為原則所實施的公共教育。杜爾哥對這套知識療法，或者就像他同時代的一個人所說的，對某種符合原則的教育機制充滿信心。他在一份報告中向國王提交了一個相關計畫，其中寫道：「陛下，我敢向您保證，再過十年，您的國家將煥然一新，它將因知識、高尚的風俗以及為您和國家效勞的熱情智慧而遠勝所有其他民族。此刻的十歲孩子們，那時將成為國家的有用之才，他們熱愛國家、不是因恐懼而是出於理性服從統治、樂於幫助同胞、習慣性地承認並尊重司法。」

法國的政治自由久遭摧毀，政治自由的條件和效果如何，人們幾乎再也想不起。再說，遺留下的那些不成形的殘跡、以及似乎是用來代替政治自由的種種制度，都使政治自由變得令人懷疑，並使人們經常對它產生偏見。那時還有三級會議，但大部分形式陳舊，思想還停留在中世紀。非但無助，反而阻礙社會進步。最高法院是唯一負責代理各種政治團體的機構，不但無法阻止政府作惡，還常常妨礙政府行善。

借助這些舊的手段來實現他們設想的大革命，在政治經濟學家看來是不可行的。讓已經成為革命主宰的平民來實現他們的種種計畫，此想法同樣讓他們不滿意，因為很難讓全體人民接納並追隨一個如此龐大、各部分關係如此緊密的改革體系。他們覺得利用國王的政府來實施自己的計畫更容易，也更合適。

這個新政權不是脫胎於中世紀制度，也沒有中世紀制度的痕跡。儘管它有種種錯誤，政治經濟學家卻在其中發現了某些好的傾向。和他們一樣，新政權也出於天性，對地位的平等和法規的統一表示讚賞，也對所有出自封建制度或趨向貴族制度的舊政權深惡痛絕。像這樣組織良好、強而有力的政府機器，在歐洲其他地方是找不到的。對政治經濟學家來說，在法國遇到這樣的政府簡直是天賜良機。如果那時也像今天這樣時興讓上帝干預一切的話，他們一定會說這是天意。勒特羅納說：「法國的形勢比英國好太多了，在法國，瞬間就可以完成改變整個國家狀況的改革，而在英國，這樣的改革總會受到黨派的阻礙。」

因此，關鍵不在於消滅這個專制政權，而是要使之徹底改變。梅西埃．德．拉．里維埃[70]說：「國家應當按照基本秩序的法則進行統治，如果是這樣的話，它應該擁有無限權力。」還有人說：「國家必須認清自己的職責，然後就可以讓它擁有充分的自由。」從魁奈

70 編注：梅西埃．德．拉．里維埃（Pierre-Paul Lemercier de La Rivière de Saint-Médard, 1719-1801），法國重農主義者。

到修道院院長博多，你會發現他們都是同一類人。

這些政治經濟學家不僅仰仗王室政府來改革當代社會，還在某種程度上向王室政府借鑑了他們要建立的未來政府的觀念。正是在審視那個時代政府的同時，他們的腦海裡形成了未來政府的另一番景象。

根據政治經濟學家的觀點，國家的職責不只是統帥國民，還應當以某種方式提高國民的素養，它必須依照自己事先樹立的楷模來培育公民精神。國家有義務向公民灌輸某些思想，使公民心中充滿某些在它看來必不可少的情感。其實，國家有哪些權力、能做些什麼，這都是沒有界線和限制的。它不只是使人趨向完善，還能使之徹底改變。創造新人類，這個任務也許非國家莫屬！博多說：「國家需要什麼樣的人，就可以造就出什麼樣的人。」這句話可以概括他們的全部理論。

政治經濟學家所設想的那個強大的社會權力，不僅比他們眼前所見到的任何政權都更大，在起源和性質上也不盡相同。它不直接源自上帝，不屬於傳統的一部分；它是不具人格的，它的名稱不再是「國王」，而是「國家」；它不是家族遺產，而是眾人的產物和代表，因而必須使每個人的權利服從於全體意志。

所謂的民主專制是一種特殊的專制形式，中世紀時仍聞所未聞，但到了政治經濟學家這裡已經習以為常。社會不再畫分等級，不再有階級的標記，不再有固定不變的地位。人民皆由差不多相似且完全平等的個體組成，這個混雜的群體被認為是唯一合法的主宰，但所有能使他們領導甚至監督其政府的權力卻都被剝奪了。他們之上有一個不可取代的代理人，此人能以人民的名義做任何事情，無需徵得其同意。監督這個代理人的是無形的公眾理性，對他做出裁決的則是革命，而不是法律。他在法律上是一個從屬的代理人，實際上卻是個主宰。

當政治經濟學家在身邊找不到任何看來與此一理想相符的東西時，他們就到遙遠的亞洲去尋找。我可以毫不誇張地說，沒有一個政治經濟學家在其著作中不對中國大肆讚揚，讀他們的書必定會看到這點。由於那時人們對中國的了解不多，我們從他們那兒讀到的都是些無稽之談。被一小撮歐洲人任意擺布的那個愚蠢而野蠻的政府，在他們看來是最完美的典範，可供全世界所有國家效法。他們眼裡的中國政府，如同後來法國人心目中的英國和美國。中國的君主專制不帶任何成見，為了表示對有用的技藝的尊重，每年都要親自耕地；在這裡，所有官職的錄用均需通過科舉考試，把哲學奉為宗教，把文人立為貴族階級。看到這樣的國家，他們深為感動，心馳神往。

有人認為我們今天所指稱的、打著社會主義旗號的那些破壞性理論，是新近產生的，這是錯誤的，因為這些理論與早期政治經濟學家屬於同一時代。當政治經濟學家利用他們想像中無限強大的政府來改變社會形態時，其他人則一心想利用同一政府來摧毀社會根基。

如果你讀摩萊里[71]的《自然法典》，你就會在書裡看到政治經濟學家有關國家至高無上的權力和無限權利的全部學說，並且能看到近年來最令法國震驚、我們似乎正看著它們誕生的許多政治理論：財產公有制、勞動權利、絕對平等、一切事物的單調一致、個體行動的機械畫一、法規的嚴酷和公民個性完全消解於集體社會之中。

《自然法典》的第一條寫道：「社會中的任何東西都不特別作為財產屬於個人。」第二條寫道：「所有制是可憎的，企圖恢復所有制的人都是瘋子和人類的敵人，都將被判處終身監禁。國家必須向每位公民提供基本生活保障，供養他們、照顧他們。所有物品將被聚集在公共商場裡，供全體公民享用，滿足他們的生活所需。所有城市均按同一規畫建造，所有供個人使用的建築物外觀都應相同。所有孩子從五歲起便離開家庭過集體生活，由國家出錢按相同方式撫養。」你大概會以為這本書寫於昨天，其實它已有一百年歷史了。它是在一七五五年，即魁奈創立其學派的那個時代出版的。中央集權和社會主義確實源於同一土壤，二者之間的關係就如同種植的果實與野生樹苗的關係。

在他們那時代的所有人當中，唯有政治經濟學家與我們的時代最貼近。他們義無反顧

---

71 摩萊里（Morelly, 約 1700-1780）：十八世紀法國空想社會主義者。一生寫了許多著作，但都用不同的筆名發表。「摩萊里」是他的筆名，真實姓名不詳。

地熱愛平等，對自由卻沒有明顯的興趣，跟我們彷彿是同時代的人。每當我讀到催生大革命的那些演講和著作時，我都會感到自己一下子被帶到一個陌生之地、被帶到一個未知的社會裡；而當我讀政治經濟學家的著作時，我感到自己跟這些人在一起生活，彷彿剛才還和他們高談闊論。

一七五〇年時，全體法國人對政治自由的要求還不如政治經濟學家那樣迫切。人民對政治自由已失去興趣，由於不再擁有政治自由，相關的觀念甚至也消失了。他們期待改革，而不是獲得一些權力。如果那時在位的是如腓特烈大帝那般有魄力、有抱負的君主，我敢肯定他會在社會和政府中實施許多大革命未能完成的重大改革，他不但不會丟掉王位，還會大大提高自己的聲望。有人斷定路易十五最得力的大臣之一達努維爾（Jean-Baptiste Machault d'Arnouville）曾預見此一趨勢，並向國王指出這一點，但是建議這種事情是沒有用的，沒有想法是完成不了這些事的。

二十年後，情況發生了變化，政治自由的景象浮現在法國人的腦海裡，而且一天比一天更加吸引法國人。從很多跡象都可以看出這點：外省開始產生恢復自治的要求；「全體人民均有權參政」的觀念深入民眾的思想，成為主流；對舊的三級會議的記憶又復甦了。憎惡自己歷史的法國人只喜歡回顧這段歷史。新思潮也吸引了政治經濟學家，迫使他們在其中央集權論的體制中塞進幾個自由機構。

一七七一年，高等法院被廢除，常忍受高等法院判例之苦的法國民眾看到它垮台，情緒十分激動。好像高等法院倒了，能制約國王專制的最後一道障礙也會隨之倒下。

民眾的反對讓伏爾泰感到既吃驚又憤怒。他寫信給朋友說：「幾乎整個國家都陷入沸騰和驚愕之中，無論是外省還是巴黎，民眾群情激昂。但我覺得政府法令充滿了有益的改革。廢除買賣官職、免費打官司、讓申訴者免於傾家蕩產地從最偏遠的地區來巴黎上訴、國王承擔領主法庭的費用，這難道不是造福人民嗎？再說，那些高等法院通常不都是些迫害狂和野蠻人嗎？野蠻人也和這些蠻橫無理、難管教的有產階級搞在一起，對此我感到驚訝。至於我，我認為國王是對的。再說，同樣是為人效勞，我覺得與其在兩百個跟我一樣的無名鼠輩底下做事，不如為出身名門望族、生來比我強壯得多的獅子做僕人。」他還辯解說：「你們要想，我非常欣賞國王免除所有領主司法費用的做法。」

闊別巴黎已久的伏爾泰以為公眾精神還停留在他離開時的樣子，然而卻不是這麼回事。法國人不再只是希望政府進行改革，他們開始想親自處理事務。顯然，已做好全面準備的那場偉大革命即將爆發，不僅得到人們的擁戴，還由人民親自發動。

我認為，從這一刻起，這場將使無論舊制度好壞皆統統滅亡的徹底革命，已不可避免。還沒有做好充分準備的人民，既要實現全面改革，同時又不摧毀一切，這是不可能的。專制君主倒是可以成為危害較小的改革。對我來說，當我注意到這場革命在摧毀眾多與自由相矛盾的制度、觀念、習俗的同時，卻也廢除了自由賴以存在的許多其他東西時，我始終認為，如果革命由一個專制君主來完成，而不是以人民主權之名由人民親自發動，我們或許更有可能成為一個自由的國家。

想要理解法國大革命的歷史，請不要忘記上述觀點。

當法國人對政治自由的愛好重新被喚起時，他們已經設想出不少有關政府的觀念。這些觀念不僅與自由制度格格不入，而且幾乎是勢不兩立的。

在他們的理想社會中，只承認人民；除了公務員，沒有其他貴族階級。一個擁有無限權力的政府領導著國家、保護個人。他們既想成為自由人，又不願拋開這個觀念，只是試圖將此觀念與自由的觀念相調和。於是，他們試圖將一個無界線的中央集權和一個有裁決權的立法團體合在一起：官僚行政和選民政府。作為整體的國民擁有所有權力，作為個體的公民則被限制在最狹隘的附屬地位中；對國民，人們要求其具有自由人民的經驗和美德，對公民，則要求他具有忠誠的僕役品質。

將政治自由引入與其不相干的、或對其有害的某些制度和觀念中，而我們對這些制度和觀念早已習慣、或事先就培養出了興趣。此意圖六十年來引發了無數次創建自由政府的徒勞嘗試，隨後導致的卻是災難性的革命，以至於許多法國人被一次次的嘗試弄得疲憊不堪，對如此艱苦而無結果的努力感到灰心喪氣，最終放棄了他們的第二個目標，而返回第一個目標，認為在一個主宰的統治下平等地生活，不管怎麼說，畢竟還能享受到一定的幸福。這就是為什麼我們更像一七五〇年的政治經濟學家，而不像一七八九年的我們的祖先。此激情源自對政治自由的愛好，曾在各個時代激勵人們去實現人類未竟的偉大事業。此激情源自何處、植根於哪些情感並從中汲取養分？我常常如此自問。

我知道，當人民沒有好的管理者，自然而然就萌發自治的願望。但這種對自由的愛只是根源於專制制度引發的某些特殊而短暫的弊端，向來不會持久，必將與引發它的偶然事件一起消失。人們看來好像是熱愛自由，其實往往只是痛恨主宰。為自由而生的民族，其所憎恨的，正是依賴的痛苦。

我也不相信對自由真正的愛，僅僅源於人們看到自由帶來的物質利益，因為這種觀照常常出乎意料的模糊。久而久之，自由總是為那些善於留住它的人帶來富裕、福利，並常常帶來財富。但有些時候，自由會使人暫時無法享受這類福利。在另一些時候，唯有專制制度能讓人享受短暫的自由。只欣賞自由這些好處的人，從未長久保持自由。

古往今來，某些人如痴如醉地眷戀自由，是因為自由的誘惑力，及自由本身的魅力，與自由帶來的利益沒有關係。這是在上帝和法律的唯一統治下，能無拘無束地說話、行動、呼吸的快樂。誰在自由中尋求自由本身以外的其他東西，誰就只配受奴役。

某些民族冒著各種危險、經受種種苦難，頑強地追求自由。他們愛的不是自由給予他們的物質利益，而是因為他們視自由為一種極其珍貴、不可或缺的幸福，以至於其他任何東西都不能安撫他們失去自由的痛苦；而一旦獲得自由，他們就不會再因任何事感到痛苦。

另一些民族在幸福時刻對自由感到厭煩，他們乖乖地任人從他們手中奪走自由，生怕稍有反抗就會損害自由賜予他們的那些福利。這樣的民族想要成為永遠自由的民族，缺少的是什麼呢？那就是對自由的愛。別叫我分析這種崇高的愛，必須去感受它。它自動進入上帝為接受這愛而孕育的偉大心靈，填滿這些心靈，使它們充滿激情。而對於那些從未感受過這種愛好的平庸心靈，也就無需試圖讓他們理解。

第四章

為何舊制度最繁榮的路易十六時期，反而加速了大革命的爆發

毋庸置疑的是，路易十四還在全歐洲稱王稱霸的時候，他的王國已開始衰敗。路易十四統治最輝煌的時期，已可見到最早的衰敗徵象。法國在停止征服歐洲之前，便已千瘡百孔。誰沒讀過沃邦[72]留給我們那篇令人驚恐的行政統計論文？十七世紀末，甚至在不幸的西班牙王位繼承戰開始以前，總督們在給勃艮第公爵的報告中就已暗示了法國越來越嚴重的衰落景象，而且並非作為一種新現象來討論。其中一位總督說道：「本財政區人口已連續好幾年急遽下降。」另一位說：「我所在的這座城市昔日富饒繁華，如今已沒有任何工業。」這一位說：「本省過去曾有一些製造業工廠，而如今已廢棄。」那一位說：「這裡的居民過去從土地獲得的收益比今天多得多，二十年前這裡的農業仍一派繁榮興盛。」奧爾良的一位

72 沃邦（Sébastien Le Prestre de Vauban,1633-1707）：法國元帥、著名軍事工程師。

總督還說：「近三十年來，人口和產量減少了五分之一。」應當建議那些讚賞專制政府的人，以及喜愛戰爭的君王們，都來讀讀這些報告。

由於這些衰敗主要源於體制的弊病，因而路易十四逝世，甚至戰爭結束，都未能使社會再現繁榮。十八世紀上半葉，那些研究政府或社會經濟的文人都認為外省並未恢復生氣，很多人甚至認為外省仍然持續衰敗。他們說，只有巴黎日益富庶壯大。一些總督、前大臣、商人在這一點上的看法與文人一致。

在我看來，我承認自己並不認為十八世紀上半葉法國在持續衰敗，但是一種普遍的觀點(此觀點得到一些熟悉內情者的贊同)至少證明那時候沒有什麼顯著的進步。我能看到所有關於此時期的政府文獻都表明，社會確實處於沉睡之中。政府幾乎只是按慣例行事，毫無創新之處；城市幾乎未做任何努力，以使居民的生活變得更舒適、更健康，個人也不會致力於任何大事業。

大革命爆發前三、四十年，情況開始發生變化，人們似乎在社會的各個部分，都能窺見之前未曾注意到的某種內在震顫。起初只有認真察看才能發現這點，但漸漸地，它變得更加突出、也更加明顯，每年都在擴大並加快速度。最後，整個國家都動了起來，好像復活了一般。請注意！這不是國家舊生命的復甦，推動這巨大軀體的是一種新精神，它使軀體短暫復甦，只是為了使之解體。

每個人都在自己的處境中感到焦慮、坐立不安，並努力改變現狀，因為追求更好的事物是人類共同的願望。不過，這是一種令人難以忍受且悲傷的追求，讓人詛咒過去，夢想著與現況完全相反的情形。

很快地，這種精神就深入政府內部，在其內部進行改造，但外部看來毫無變化。法律沒有改變，但執法的方式完全不一樣了。

我曾在別的章節說過，一七四〇年的監察總長與總督和一七八〇年的完全不一樣。政府信函可以詳盡地證明這一點。一七八〇年的總督與前任總督擁有同樣的權力，同樣的官員，同樣的專橫，但各自的目標不同：前者幾乎只忙於讓自己管轄的省分保持順從，在那裡徵募民兵，尤其是徵收軍役稅。後者要操心的事很多，他的腦袋裡裝滿了旨在增加公共財富的計畫。道路、運河、製造業、商業等皆是他考慮的主要目標，農業尤其引起他的關注。敘利[73]於是成為紅極一時的行政官員。

他們就是在這個時期開始組建我已提過的農業協會，設立賽事、頒發獎金。監察總長的有些通報不像公務信函，倒像農藝論文。

73 敘利（Maximilien de Béthune, first Duke of Sully,1560-1641）：法國政治家，在軍事、財政、農業方面皆有建樹，為亨利四世得力輔臣。

在徵收捐稅的時候，人們最能清楚看出統治者精神的變化。立法雖然跟過去一樣不平等、專橫而嚴厲，但是立法的所有弊端在執法時都減弱了。

莫里安[74]在其回憶錄中說：「當我開始研究稅法的時候，我被自己看到的東西嚇呆了：特別法庭有權對漏稅者處以罰金、監禁、體罰；稅官完全憑著他們的誓詞，控制所有財產和人身等方面。幸好我並沒有局限於單純研讀法典，我很快就有理由確定，法律條文和執法之間存在的差異，就如同老金融家和新金融家品行上的差異。法學家總是傾向於緩解罪行、減輕處罰。」

下諾曼第省議會在一七八七年時說：「徵收捐稅會引來多少流弊和煩惱啊！不過，我們應當公正看待這幾年來徵稅時所使用的溫和語氣和審慎的措辭。」

文獻考證充分證實了這個論點。我們經常能從中看到對自由生命的尊重，尤其能見到對窮人苦難真切的關懷，這在此之前是看不到的。稅務機關很少對貧苦的人施暴了，免除捐稅倒是更加頻繁，救濟也更多。國王還提高了在農村創辦慈善作坊或接濟貧民的各類基金，也經常設立一些新的基金。我看到，一七七九年，光是上基耶內財政區，國家以這種方式發放的金錢就有八萬多里弗爾。一七八四年在圖爾財政區發放了四萬里弗爾；一七八七年在諾

---

74 編注：莫里安（Nicolas François, Count Mollien, 1758-1850）法國金融家、政治家，著有《國庫大臣回憶錄》。

曼第財政區發放了四萬八千里弗爾。路易十六不願將此部門完全交由自己的大臣管理，有時便親自處理。一七七六年，國王的獵物毀壞了王室狩獵總管區四周的農田，樞密院判決確定應該付給農民賠償金，並指出支付賠償金的一些簡便可靠的方法，其中的各項賠款理由就是國王親自撰寫的。杜爾哥跟我們說，這位善良而不幸的國王把親手寫的這些文字交給他時說：「你看我這邊也在工作呢。」如果我們對舊制度晚期做一番描述，那將是一幅很美、但與實際情況不太相符的畫。

由於被統治者與統治者精神上產生的變化，公共繁榮以一種空前的速度發展著。所有跡象都顯示出這點：人口增加、財富增長得更快。北美戰爭[75]也沒有使這發展速度減慢。國家因戰爭負債累累，但是個人仍舊越來越富有。他們變得更勤奮、更敢做敢為、更有創造性。

那時的一位行政官員說：「一七七四年以來，各類工業都在發展，從而擴大了所有消費稅的內容。」其實，如果我們將路易十六統治的不同時期裡，國家與負責徵稅的金融公司之間簽訂的契約進行比較，我們就會發現，每次續簽契約，地租價格都不斷迅速增長。一七

75 編注：指一七五四年至一七六二年的七年戰爭，為英國、法國、西班牙等為爭奪殖民地導致的戰爭，而歐洲主要國家如普魯士、奧地利等皆有參戰。

八六年的租約比一七八〇年的高出一千四百萬里弗爾。內克爾在一七八一年的報告中寫道：「我們可以推算，所有消費稅的收益每年可增加兩百萬。」

亞瑟・楊格斷定一七八八年波爾多的貿易比利物浦興盛，他又補充道：「最近幾年裡，法國的海上貿易甚至比英國發展得還快，法國的海上貿易二十年來增長了一倍。」

如果稍加注意時代的差異，就會了解到公共繁榮在大革命前二十年的迅速發展，是大革命後的任何一個時期都無法企及的【作者原注⑩】。君主立憲制的三十七年對我們來說，是和平及迅速發展的時期，只有這段時期在這方面能與路易十六統治期一較高下。

如果我們想到政府仍舊有那麼多弊病、工業發展上還有如此多困難，而此時竟如此盛大、興旺的繁榮景象，便不免讓人感到驚奇。許多政治家甚至可能否認這個事實，因為他們對此無法解釋，只能像莫里哀劇中的醫生那樣，認為病人不遵醫囑就不可能痊癒。法國存在著如此多的弊病，如賦稅不平等、習俗各異、國內關稅、封建權利、行會管事職位或任期、官職等，卻還能繁榮並越來越富饒，叫人如何相信？

儘管如此，法國還是富裕了起來，並且在各方面都有發展。因為在這些構造不合理、咬合性差、似乎只會減緩而非推動社會機器運轉速度的齒輪之外，還有兩種看不見的，極其簡單且極其強大的動力，足以使一切步調一致，朝著公共繁榮的目標前進。這兩種動力便是：一個不再實行專制卻依然非常強大、處處秩序井然的政府；一個從上層階級看來已是歐洲大陸最開明、最自由的國家，生活於其中的每個人都可以按自己的方式致富，並且可以保證自己的財產不受他人侵犯。

國王繼續以主人的身分說話，但實際上他也服從某種公眾輿論，每天都受其啟發或引誘，不斷聽取它的意見，對它既敬畏又討好。

根據法律條文，國王是專制的；但在執法時，國王的權力是受限制的。一七八四年起，內克爾就在一份公文中指出如下事實：「公眾輿論在今日法國具有的威力，大多數外國人可能很難想像。他們很難理解這股甚至能控制國王的無形力量是什麼，然而事實就是這樣。」

沒有什麼比把一個民族的偉大和強盛只歸因於其法律機制更膚淺的了，因為在這方面起決定性作用的是發動的力量，而不是機制的完善。請看英國吧，那裡的行政法至今看起來仍比我們的還複雜、多變，且更不規則！然而，歐洲哪個國家能像英國那樣，有如此多的公共財產、如此廣的私有制範圍、比英國更可靠且更多樣化、社會更穩固並更富裕【作者原注⓫】？原因不在於這方面的法律的完善，而在於推動整個英國立法的精神。某些器官不完善無關緊要，因為生命力是強大的。

在法國，隨著我描述的那番繁榮景象，人們的精神卻顯得更不穩定、更憂慮。民眾的不滿在加劇、對一切舊制度的仇恨在增長。顯然，國家正在走向革命。

此外，後來成為這場大革命的主要發源地的那些地方，恰好是法國社會進步最明顯的地方。研究法蘭西舊財政區僅存的那些檔案，不難看出最早改革舊制度、改革最徹底的地方，正是毗鄰巴黎的那些地區。在那裡，農民的自由和財產比在其他任何財政區都受到更好的保護。個人徭役早在一七八九年以前就消失了。軍役稅的徵收比在法國其他地方更正規、更輕、更平等。

要了解一個總督為增進全省的福利或減輕全省的貧困做了些什麼，一定要讀一七七二年修訂的捐稅條例。在此條例中，捐稅已呈現另一番景象。每年都有一些政府專員深入各教區，將全教區的人聚集起來，當眾確定財產價值。每個人的財產經核對後確認，軍役稅在所有應納稅者的協商下確定的。再也沒有專橫的村民代表、再也沒有無益的暴力行為。雖然無論徵收捐稅的制度怎麼改變，軍役稅固有的弊端還是存在(只對一個納稅階級造成負擔，並且徵收對象僅限於工業和地產)，但是在其他所有方面，軍役稅與鄰近財政區同樣名稱的那些捐稅已經完全不一樣了。

舊制度保存得最完整的地方是盧瓦河流域及河口處、普瓦圖沼澤和布列塔尼荒原。內戰戰火正是在那裡點燃並得到助長的，那裡也是對大革命反抗最激烈、反抗時間最長的地方。法國人似乎認為自己的處境越好，自己就越無法忍受。

這樣的看法使人驚訝，但歷史上就充滿類似的景象。

人們投身於革命並非總是因為自己的處境越來越糟。最常見的情況是，一個民族毫無怨言地忍受最殘酷的法律，並不覺得痛苦，而當法律的壓力減輕時，他們卻猛然拋棄這些法律。革命摧毀的制度幾乎總是比它再之前的那個制度好。經驗告訴我們，對於一個不好的政府來說，最危險的時刻通常就是它開始改邪歸正的時候。一位君主若是試圖減輕在他統治下長期受壓迫的臣民之痛苦，此時只有偉大的天才能夠拯救這位君主。人們耐心地忍受苦難，是因為認為這是命中注定的；而當有人想要擺脫苦難時，它就變得無法忍受了。已經消除的種種流弊，似乎讓人更加清楚地意識到其他流弊還存在著，感覺也更加強烈。痛苦減輕了，這是事實，但是對痛苦的感覺卻更加鮮明。

封建制度最強盛的時期，並不比封建制度將滅亡時更激起法國人的憎恨；路易十六最微小的專橫舉動，似乎都比路易十四的全部暴行更令人難以忍受；博馬舍[76]的短期監禁，在巴黎引起的騷動，比路易十四時期龍騎兵對新教徒的迫害引發的騷動還大。

一七八〇年，再也沒有人認為法國處於衰落中，相反地，甚至有人說，再也沒有什麼能阻礙法國進步了。人可以不斷且無限完善的理論就是在此時誕生的。二十年以前，人們對未來不抱任何期望，現在則是對未來沒有任何擔心。人們的想像力事先就被這即將來臨、聞

76 編注：博馬舍（Pierre-Augustin Caron de Beaumarchais）：法國劇作家，其劇作曾對專制制度有所指責。

所未聞的幸福所占據，因而對眼前的財富視而不見，一心朝著新事物飛奔而去。

撇開這些普遍原因不談，此現象還有其他更為特殊，但同樣有說服力的原因。儘管那時的財政管理機構已經像其他部門一樣臻於完善，卻仍然保留著專制政府本身固有的弊端。由於它是祕密的且無須政府擔保，人們在此還遵循著路易十四和路易十五執政時的某些不良做法。政府為促進公共繁榮，奮鬥不懈，發放救濟金和獎勵、開辦公共工程，這些每天都在增加開支，但收入卻沒有按同樣的比例增加，國王因此每天都陷入比前人更嚴重的財政危機之中。和前人一樣，他也不斷使他的債權人陷入痛苦之中。他照舊以各種名義向債權人借錢，既不公開，也不顧債權人是否具有同等權利。債權人不一定能拿到定期利息，甚至資本能否回收也得看國王是否有誠意。

對此，一位值得信任的證人（因為他是親眼所見，並且比別人看得更清楚）曾說：「那時，法國人和政府打交道只能碰運氣、聽天由命。他們把錢拿去買政府的公債，卻永遠不知道什麼時候能拿到利息；他們為政府造軍艦、修路、提供士兵的衣物，卻不一定能收回先墊的款項。還本也沒有期限，只能像進行冒險貸款那樣估算與大臣簽訂的某項契約運氣如何。」他意味深長地說：「那時，工業突飛猛進，使更多的人萌發對財產的熱愛、對富裕的愛好和需求，在這種情況下，那些將部分財產投放給國家的人，對契約法遭到侵犯，更是一刻都不能忍受，因為違法者正是本應最尊重契約法的債務人。」

其實，這裡所指責的法國行政機構種種弊端並不新鮮，新鮮的是它們給人們的印象。過去財政制度的缺陷比這還要嚴重，但是政府和社會後來都發生了一些變化，使人們對這些問題變得比以前更敏感了。政府近二十年來變得更加活躍，致力於過去不曾想到的各種事業，最終成為王國裡工業產品的最大消費者，及最大的工程承包人。與政府有金錢關係、對公債感興趣、靠政府薪金生活、在政府市場做投機買賣的人數量遽增。國家財產和私人財產從未如此頻繁地混雜在一起。財政管理不善在很長一段時間裡只是公共的不幸，此時對無數家庭來說，卻成了私人災難。

一七八九年，國家欠債將近六億里弗爾，債主也幾乎都是債務人，這些人正如那時一位財政家所說，與那些深受政府財政管理不善之苦的人聯合起來，向政府發洩不滿情緒。注意，隨著不滿的人越來越多，他們也變得越來越激動。因為隨著商業的發展，對投機的欲望、發財的熱情以及對福利的愛好也深入人心，並變得越發強烈。三十年前對這類不幸或許能毫無怨言地忍受的人，現在似乎無法忍受了。

由此出現了食利者[77]、商人、工業家及其他批發商或貪財者，這些人構成的階級通常最仇視新政策、最擁護現存政府（無論此政府的性質如何）、最遵守法律（即便是受到他們蔑

77　編注：食利者指得是以存款、有價證卷等產生的利潤維生者。

視或憎惡的法律）。而這回，這個階級在改革方面表現得最迫切，且態度最堅決。它還特別呼籲，要對整個財政系統進行徹底的革命。卻沒有想到，當政府的這個部門深受震撼時，其他所有部門也將徹底垮台。

如何才能避免這場災難？一方是國民，此群體內部發財的欲望與日俱增；另一方是政府，它不斷刺激這股新熱情並不斷製造麻煩，點燃它又壓抑它，就這樣從兩方面加速自己的滅亡。

第五章

為何試圖減輕人民的負擔反而引發人民暴動

由於一百四十年來，老百姓從未登上公共事務的舞台，人們便也理所當然地不再認為他們有朝一日還會重新出現在此舞台上。當人們看見他們如此無動於衷，便以為他們都是聾子，以至於當人們開始關心老百姓的命運時，竟然當著他們的面大談特談，就像他們不在場似的。這些人似乎是專門講給比他們地位高的人聽的，他們唯一的擔憂就是怕對方不能完全聽懂。

那些應該最怕惹老百姓生氣的人，當著老百姓的面，談論長期以來使老百姓深受其害的那些殘酷且不公正的行為。他們一起揭發政府內部可怕的罪惡，因為政府機構對老百姓來說是最無法忍受的。他們用誇張的語言描繪老百姓的悲慘境況及其報酬低廉的勞動，竭盡全力以此減輕老百姓的負擔，卻讓老百姓悲憤不已。我這裡所說的「人們」並不是文人，而是政府，是政府的主要官員，是享有特權的那些人。

國王在大革命的十三年前曾打算廢除勞役制，他在敕令的前言中說：「除少數省（三級會議省)外，王國內幾乎所有道路都是由我們臣民中最貧窮的那部分人無償修建的。修建道路的所有負擔，因而全部落在那些除了雙手外一無所有、且與道路幾乎毫無直接利害關係的人身上。真正有利害關係的人都是有產階級，這些人幾乎都享有特權，其財富也因道路的修建而增加。強迫窮人獨自承擔維修道路的重任，使他們不計任何報酬地獻出他們的時間和勞動，其實也就剝奪了他們擺脫貧窮和饑餓的唯一辦法，讓他們為富人的利益而勞動。」

與此同時，當人們試圖消除工業行會制度施加於工人的種種痛苦時，便以國王的名義宣稱：「勞動權是一切所有權中最神聖的，任何損害勞動權的法律都違反自然權利，都應當視為無效法律。此外，現存的所有同業行會都是些反常的施行暴政的機構，是自私、貪婪和暴行的產物。」這樣的言論是危險的，但更危險的是說的都是些空話。沒過幾個月，政府又恢復了同業行會和勞役制。

據說，借用國王之口說出這種話的是杜爾哥。杜爾哥之後的大部分繼任者也都如法炮製。一七八〇年，國王向臣民宣布，即日起增設軍役稅需公開登記。他還不忘以批注的形式補充道：「軍役稅繳納者已經被徵收該稅的種種欺壓行為折磨得苦不堪言，如今又要承受意外的增稅，結果使得我們臣民中最貧窮的那部分人，稅賦增長的比例較其他所有人要高出許多。」儘管國王還不敢使所有捐稅一律平等，但他至少打算對那些已經是共同負擔的捐稅實行均等徵稅，他說：「朕希望富人不要覺得自己的利益受到損害，他們雖被納入捐稅的統一標準中，其實只是繳納他們長期以來本該更加平等地分擔的那份稅額。」

不過，特別是在饑荒時期，政府所做的一切似乎都是為了燃起民眾的激情，而不是解決他們的生活急需。為了引導富人行善，一位總督談到：「那些有產階級既不公正，又冷漠無情。他們從窮人的勞動中獲益而擁有一切，可是，當窮人為他們的財產創造價值而耗盡體力的時候，他們卻不聞不問，眼看著他們餓死。」國王也曾在某個類似的情況下說：「朕決不允許富人為非做歹，使人民缺吃少穿，強迫他人勞動卻只隨意給些報酬。朕不容許一部分人只為了滿足另一部分人的貪婪而勞動。」

直到君主制末期，不同政權之間的鬥爭曾引起各式各樣諸如此類的聲音，爭論的雙方都一心把人民的苦難加罪於對方。

這在一七七二年圖盧茲高等法院與國王之間，因糧食流通而引發的那場爭論中尤其能看得非常清楚。圖盧茲高等法院說：「政府很可能因其錯誤舉措而使窮人餓死。」國王則反駁道：「高等法院的野心和富人的貪婪，才是陷民眾於困境的主因。」雙方就這樣向民眾灌輸一種思想：他們永遠只該將自己的不幸怪罪於他們的上層階級。

這些事情在祕密函件中找不到，但公開文獻中卻有提及。政府和高等法院專門派人印刷數千冊這類文獻，並親自發送。國王這麼做便是向他的前任和他自己說出了某些極其嚴酷的事實真相。「國庫已因歷代的大肆揮霍而負擔過重。我們有許多不得轉讓的領地都已廉價轉讓了。」據說國王還有一次出於理性，而不是出於謹慎說道：「同業行會尤其是歷代國王稅收貪婪的產物。」他接著指出：「之所以經常出現無用的開支，或是軍役稅無節制地增長，原因在於財政部門覺得軍役稅因其祕密性而最容易操作，於是就求助於此方法，而從不考慮那些對人民來說負擔較輕的方法。」

這些話都是講給國民中有知識的那些人聽的，讓他們相信某些措施雖然受到個別利益集團的指責，但卻是有用的。至於一般人民，顯然他們是聽不懂的。

我們應當承認，這些人的善意之中，甚至包含著對他們真心誠意想解除其痛苦的那些不幸者的蔑視。這使人想起夏特萊夫人[78]：我們從伏爾泰的祕書那裡得知，夏特萊夫人總是從容地在僕人面前更衣，因為她並不認為僕人也是人。

千萬不要認為剛才我轉述的危言聳聽只是出自路易十六或者他的大臣之口，人民最痛恨的那些享有特權者，在人民面前也是這麼說的。應當承認，在法國社會的上層階級開始關心窮人的命運時，窮人還沒有令他們感到恐懼。他們關心窮人時，並不認為窮人的不幸最終會導致自己的滅亡。這種情形在一七八九年之前的十年尤其明顯：人們常對農民表示同情、總是提及農民、想方設法接濟農民、揭露使農民受苦的主要弊病、譴責特別對農民造成危

78　夏特萊夫人（1706-1749）：伏爾泰的情婦。

害的稅收政策。可是，無論是在表達這種前所未聞的同情時，還是像以前那樣長期對農民漠不關心時，人們都一樣缺乏遠見。

如果你們看看一七七九年，在法國部分地區、以及稍後在整個王國召開的那些省議會的會議紀錄，研究一下這些會議留下的公開文獻，你們一定會被文獻中的真情所打動，對文獻中使用的大膽言辭感到訝異。

一七八七年，下諾曼第省議會紀錄裡寫道：「經常能看到，國王撥下用以修路的錢，被用來造福有錢人，對人民則毫無用處。這筆錢常用於使通往某座城堡的道路更舒適，而不是使進入某個城鎮或村莊的道路更寬敞。」在這次會議上，貴族階級和教士階級敘述了勞役的種種罪惡，並主動提出要捐贈五萬里弗爾用於修路，讓下諾曼第省的所有道路暢通無阻，人民則不需要花一分錢。以一般捐稅代替勞役制，並繳納自己應付的捐稅，這對享有特權的人來說或許花費更少，但是，他們在主動放棄捐稅不平等特權的同時卻希望保留此一特權的形式。他們雖然放棄了其權利中有益的部分，卻將令人憎恨的那部分珍藏了起來。

其他省的議會，成員都是免繳軍役稅的地主。他們雖然極想保有自己的特權，卻又用最悲慘的筆調描述軍役稅使人民遭受的種種不幸。他們把軍役稅的所有流弊彙集起來，組成一幅恐怖的圖畫，還命人大量地印製。但是很奇特的是，在他們為民眾謀福利的響亮話語中，時常會參雜一些公然的蔑視。人民已經得到他們的同情，卻依然是他們蔑視的對象。

上基耶內省議會為農民的案件進行激烈的辯護，但在談到這些農民時，卻說他們既無知又粗野，是一些愛鬧事的人，性格粗暴，且不服從。就連為人民做了許多事的杜爾哥也持相同的看法。

這種惡言冷語，在一些向全國公開，要讓農民親自閱讀的法令裡也能見到。人們好像生活在歐洲諸如加里西亞這樣的地區，那裡的上層階級說的是另一種語言，下層階級聽不懂他們說的話。十八世紀的法學家對繳納年貢者、以及其他封建稅的債務人，經常表現出溫和、節制和公正的精神，這是他們的前人所欠缺的；但他們在某些場合也仍然說農民是卑賤的。看來這些罵人的話似乎由來已久，這是完全可能的。

隨著一七八九年的臨近，這種對人民苦難的同情變得更強烈且更大膽。我手中有一些文件，是一七八八年初好幾個省議會向各個不同教區的居民發出的通告，請他們將自己要申訴的一切理由詳細告知。

其中有一份通告的署名者是一位神父、一位大領主、三位貴族和一位有產階級，這幾個人都是議會成員，並以議會的名義行事。該委員會命令各教區代表把所有農民聚集在一起，請他們就自己所要繳納的各種不同捐稅的制訂與徵收方式發表意見。該通報寫道：「我們大致知道，大部分捐稅，尤其是鹽稅和軍役稅，為農民帶來了一些悲慘的後果，但我們還是希望能具體了解各種流弊。」省議會的好奇心並不僅於此，它想知道的還有許多：如各教區享有某種捐稅特權的人，貴族、教士或平民的人數各是多少；這些特權的具體內容；這些免稅人的財產價值；他們是否住在自己的領地；是否有很多教會的財產，或像那時人們所說的不可轉讓的法人財產，且不參與買賣活動；其價值是多少。這些答案仍不能使議會感到滿意，還得向它通報，如果實行捐稅均等，享有特權者必須承擔的那部分捐稅，如軍役稅、附加稅、人頭稅、勞役，估計的數額約有多少。

這就像是讓每個人敘述自己的不幸以激怒他，再告訴他造成他的不幸的罪魁禍首是誰；讓他看到作惡者只是少數人，以增強他的信心；深入每個人的內心激發其貪婪、嫉妒和仇恨。人們好像徹底忘了札克雷暴動[79]、鉛錘黨運動[80]和十六人委員會[81]，好像不知道法國人在平和時，是世界上最溫和、最善良的民族，但當強烈的激情使他們脫離常態時，就會變成世界上最野蠻的民族。

可惜我沒拿到農民回答這些致命問題的所有陳述書，但我仍找到了幾份，足以了解這

79　札克雷暴動（Grande Jacquerie）：一三五八年法國的一次農民起義。「札克雷」意為「鄉巴佬」，是貴族對農民的蔑稱。

80　鉛錘黨運動（Maillotin）：一三八二年在法國盧昂和巴黎發生的反抗重稅的市民暴動。

81　十六人委員會：十六世紀宗教戰爭時期支援吉斯公爵的組織，一度推行暗殺恐怖。

些陳述書大致的精神。

在這些陳述書中，每個特權者的名字，無論是貴族還是有產階級，都被細心加以注明；有時也對其生活方式加以描述，並且總是大加批判。人們滿懷好奇地探究這些特權者擁有的財產的價值，不厭其煩地談論他們擁有的特權多寡和性質，尤其是這些特權對村裡其他居民造成的損失。人們一面列出每個特權者需繳納多少斗小麥作為租金，一面心懷嫉妒地推算其收入——據說這筆收入誰也不能分享。本堂神父的額外收入(那時已經被稱作「薪金」)高得嚇人，人們心酸地發現教堂裡的所有事都得付錢，甚至窮人安葬也要付錢。至於捐稅，所有稅收制訂都不合理，而且欺壓人民，沒有一項捐稅能讓他們滿意。他們言辭激烈地談論所有人。

陳述書裡寫道：「間接稅是可憎的，沒有一個家庭不曾被收稅人搜查，沒有一樣東西在他的眼中和手下是不可侵犯的。註冊稅高得嚇人。徵收軍役稅的都是暴君，貪得無厭，欺壓窮人不擇手段。執達員也不比他好多少，沒有一個老實的農民能逃過執達員的殘酷壓迫。為使自己不遭這些暴虐者吞噬，收稅人只好傷害鄰居。」

在這次調查中，大革命不只是宣告它即將到來，而是已經出現了。它已用自己的語言表達，並顯露出其全貌。

十六世紀的宗教革命和法國大革命之間有諸多差別，其中有一個差別使人震驚：十六世紀時，大部分顯要人物投身於宗教改革，是出於名譽的考量，或出於貪婪；相反地，人民卻是出於信仰選擇了革命，並不期待從中獲得任何利益。十八世紀的情況就不一樣了，使知識階層受到激勵並奮起反抗的，是無私的信念和仁慈的同情心；而使人民受到鼓舞的，則是滿腹的不滿和改變自己社會地位的強烈渴望。前者的熱情最終燃起了後者的怒火和貪欲，並使它們逐漸升溫。

第六章

政府為完成對人民的革命教育所採取的幾種做法

很久以前，政府就致力於向人民灌輸、並樹立一些此後被稱作「革命」的思想。這些思想反對個體，違背個人權利，並且愛好暴力。

國王是第一個告訴人們可以用極端蔑視的態度，來對待最古老且看來最穩固的制度的人。路易十五實行了種種革新，且做惡多端，他精力旺盛但性格卻懦弱，他就這樣動搖了君主制度，加速了大革命的到來。當人民看到那個與王權幾乎同時誕生，並且跟它一樣不可撼動的高等法院最終垮台並滅亡時，他們隱約領悟到自己已正面對著暴力和冒險的時代，一切都變得可能，沒有什麼古老的事物應當受到尊重，也沒有什麼新事物不能嘗試。

路易十六在他的整個統治期，都在談論要進行哪些改革。他預言大部分的制度都即將消亡，而後來的大革命果然也將它們都推翻了。路易十六把幾個最糟的制度從立法機構中除去後，很快又予以恢復。好像他只是想把這些糟糕的制度連根拔起，好讓別人來推翻它們。

在他親自主持的改革中，有些在沒有充分準備的情況下，就突然改變了古老且受到尊重的習慣，有時還對一些既有權利造成了破壞。這些改革沒有阻礙大革命，而是向人民指出革命應從何處著手，從而為大革命做了準備。促使國王及其大臣們採取行動的那單純無私的意願，正是為害更甚的事物。因為沒有什麼比好人為了為善而行使暴力更危險的了。

很早以前，路易十四就在其敕令中公開宣揚一種觀點：王國的所有土地，最初都是由國家有條件讓與的，因而國家是唯一的真正所有者，其他人只是占有者，其身分仍有爭議，其權利也是不完全的。此觀點起源於封建制度的立法權，但在法國，卻是到了封建制度即將消亡之際才被拿來宣揚，它也從未受到法院的承認。這是近代社會主義的主要思想。看到社會主義首先植根於專制制度，這未免有些奇怪。

路易十四之後的歷代王朝，政府每天都以一種更實際、更能為民眾所理解的方式告訴人民：應該輕視私有財產。當十八世紀下半葉，營運公共工程、尤其是修路之風在各地興起時，政府毫不猶豫地占有了工程所需的所有土地，並夷平了妨礙修路的所有房屋。公路與橋樑工程局從此就像人們後來看到的那樣，迷戀直線的幾何美，只要現有道路有一點彎曲，就想方設法避開它們，寧可穿過一千棟房子，也不願繞一個小彎。像這樣遭到破壞的地產或被夷平的房產，往往得不到賠償；至於賠多少也由國家決定，而且經常是一分都不賠。

下諾曼第省議會從總督手中接管政府時發現，二十年來，所有在修路時強制沒收的土地都尚未有賠償。像這樣欠而未還的國家債務，光是在這個小地方就高達二十五萬里弗爾。

財產受到損害的大地主數量有限，但受損的小地主人數很多，因為土地已經非常分散。每個有產階級都有切身體會：當公共利益違背個人權利時，個人權利是得不到尊重的。他們牢記此一理論，尤其是當他們需要為自己的利益應用此觀念於其他人身上時。

很多教區以前都有慈善基金會，根據基金會創始人的意圖，這些基金會的目的是在某些情況下，按遺囑指定的方式接濟居民。這些基金會在君主制後期大多都被破壞了，或者僅僅因政府的專斷，即樞密院的判決，就背離了原先的宗旨。人們常將發給村莊的基金轉給附近的濟貧院，而濟貧院的財產也在同一時期被改造得與其創始人的意圖不符，完全用於不會被創始人採納的用途。一七八〇年的一道敕令，准許這些機構變賣人們在各個時期遺贈的、條件是他們可以終身享用的財產。敕令還准許他們將財產的價值出讓給國家，國家則須支付年金。據說這是讓祖先沒有被充分利用的布施發揮得更好的方法。人們忘了，教人違背生者個人權利的最好方法，就是全然不顧死者的意願。舊制度下的政府對死者極度蔑視，其程度是之後所有政府都無法企及的，尤其它沒有顯示出絲毫的顧忌。英國人在這方面則謹小慎微，向每個公民說明，並以整個社會的力量來維持死者的臨終意願。這使得英國人對每個公民死後的名聲，比對他本人更為尊重。

徵購、食品強制出售、最高限價，這些是舊制度下有過先例的政府措施。我曾看到饑荒時期，政府官員事先替農民到市場為食品定價，而農民由於怕受到約束，就不去市場了。政府官員便下令強迫他們前往，違者處以罰金。

但是，最有害的教育莫過於當案件涉及人民的時候，刑事法庭所遵循的某些程序。窮人已經可以免受比自己更有錢、或更有勢的公民的侵害，比人們想像的更有保障；但是，如果窮人和國家打官司，就只能求助於特別法庭以及那些帶有偏見的法官、倉促而虛假的訴訟程序、不得上訴的判決。「委派騎警隊隊長及其副官了解饑荒時期可能發生的民眾騷動和聚眾鬧事，命令所有訴訟案件由他們處理，且要做得盡善盡美；審判為既無上訴權、也無特赦權的終審，國王陛下禁止所有法庭過問此案。」樞密院的這項判決，是整個十八世紀的法律原則。從騎警隊的筆錄中可以看到，在這種情況下，他們在夜裡就把那些可疑的村莊包圍起來，天亮前闖入民宅、無需出示逮捕證便抓出指定農民。像這樣被抓起來的人，往往被長期監禁而不送審，但敕令卻要求被告需在二十四小時內受審。這項規定跟我們今天一樣，既不正規，也不被遵守。

一個溫和且非常穩定的政府，就這樣每天向人民講授最適合革命時代、對專制暴政最實用的刑事訴訟法。它讓這所學校一直開著。舊制度自始至終都對下層階級進行著這種危險的教育，就連杜爾哥也在忠實地仿效他的前任們。一七七五年，杜爾哥關於穀物的新立法在高等法院受阻，並在農村引起騷動。這時，他在國王的許可下發布命令，剝奪法院的審理權，並將叛亂者移交重罪法庭。命令中寫道：「重罪法庭主要用來鎮壓民眾暴亂，迅速處理，以儆效尤。」此外，所有農民，只要未持有本堂神父和村民代表簽字的證明，都可能像流浪漢那樣被起訴、逮捕並送交重罪法庭審理。

在十八世紀君主制的統治下，刑罰雖然形式駭人，但執行時幾乎總是從輕，這是真的。政府喜歡使用恐嚇的手段，而不是實行處罰。或者更確切地說，政府出於習慣和漠然而專橫、強暴，性情卻是溫和的。這種對簡便的司法的愛好只會因此有增無減。刑罰越輕，人們越容易忘記宣布刑罰的方式。溫和的判決背後是恐怖的訴訟程序。

我手中握有事實，所以我敢說，革命政府使用的無數訴訟程序，都可在君主制的最後兩個世紀裡，從君王對下層階級使用的種種手段中找到先例。舊制度為大革命提供了它的某些形式，大革命只是在裡面加進了自己獨特的殘忍而已。

第七章

為何一場巨大的行政革命卻引發了政治革命，及其後果為何

政府形式還沒有發生任何變化，規範人的社會地位和管理國家事務的那些附屬法律，卻大部分都已被廢除或修正。

摧毀行會理事會又部分恢復後，工人和雇主的關係發生了改變。這些關係不僅跟以前大不相同，而且變得不明確且不自然。主日員警被廢除，政府的管理監督還沒有規範化，手工業者在政府與雇主之間處於一種地位模糊的尷尬，不太清楚這二者誰能保護他、或可能接納他。所有城市的下層階級一下子被拋入一種不安定的無政府狀態，而人民一旦重新出現在政治舞台上，就會造成嚴重的後果。

大革命前一年，國王的一道敕令從各方面打亂了司法秩序。由此創建了幾個新的法庭，其他法庭則被廢除，審理權的所有規定都被修改。然而，正如我在別處已經提過的，在法國從事審判或執行法官判決的人非常多。說真的，整個有產階級都或近或遠地與法院有某種關係。新法令的效應便是猛然對無數家庭的處境和財產帶來混亂，使他們處於一種新的不

穩定狀態。敕令也為申訴人帶來不便，他們在這場司法革命中難以找到適用於自己的法律，以及有資格審判他們的法庭。

但是，在引起公共事務的混亂之後，最終使每個公民受到震動、甚至影響其個人生活的，則是政府在一七八七年的徹底改革。

我曾說過，在各財政區，即在法國將近四分之三的地區，財政區的全部行政管理都委託給一個人，也就是總督。總督既不受監督，也不聽取任何人的意見。

一七八七年，總督身邊設置了省議會，省議會成為該省真正的行政官。在每個村子裡，由選舉產生的市立法會議取代了舊的教區議會，並在大多數情況下取代了村民代表。一個與原先立法完全相反的法律，不僅徹底改變了事務的秩序，還有人的相對地位。它必須同時在各地、按同樣的方式執行，既無需考慮以前的慣例，也不必顧及各省的特殊情況，因為這個即將被大革命打倒的舊政府，當時已經具備大革命的中央集權特性。

由此可知習俗在整個政治機構中所起的作用，以及為何人們較容易應用長期以來所遵循的、晦澀複雜的法律來擺脫困境，而非某個對他們來說並不熟悉、但更簡單的立法。

舊制度下的法國存在著各式各樣的權力，根據各省的情況而有所變化，而且沒有一種權力具有明確的、為大眾熟知的界限，結果是每個權力的工作範圍總是與其他某些權力重疊。不過，人們最終在國家事務中建立起一個正規的、且相當簡單的秩序。而為數更少的一些新權力，儘管經仔細限定，卻仍大同小異。它們一旦相遇，很快就在更大的混亂中相互牴觸、混雜，常常相互抵銷，軟弱無力。

新法律還有一個大缺陷，僅此一項就足以使新法律難以執行，尤其在剛開始時。那就是新法律創立的所有權力都是集體權力【作者原注⑫】。

在舊君主制下，向來只有兩種治理方式。在那些統治權只交給一個人的地方，此人無需任何議會的協助便能擅自決斷；凡是有議會的地方，如三級會議省或所有城市裡，個人則不得有執行權。議會不僅掌握統治權、監督政府，而且親自管理事務，或透過它任命的一些臨時委員會來管理。

由於只知道這兩種治理方式，一旦拋棄其中一種，就只好採取另一種。

令人頗感奇怪的是，在一個如此開明、政府早就發揮巨大作用的社會，人們竟從未想到要將兩種制度結合在一起，將執行權與監督和解除權加以區別，卻又不將它們分開。此想法看似簡單，卻從沒人想到，在本世紀才被發現。可以說，這是法國人在治國方面唯一的偉大發現。如果不這麼做，而把行政習慣搬進政治，在憎恨舊制度傳統的同時卻又遵守此一傳統，從而在國民公會裡實行省三級會議和城市市政會議所遵循的制度，後果便是我們將要看到的那樣。我們還會看到，原先只是致使事務陷於困境的局勢之中，如何突然出現了恐怖時代。

一七八七年，省議會獲得了自治權，而那時大多數情況下總督是自行其事。省議會在中央政府的統治下，負責制訂軍役稅及監督徵稅，負責確定必須興辦哪些公共工程並加以實行。省議會直接領導公路與橋樑工程局從監察員到工程監工的所有官員。它要為這些人規定出它認為合適的事情，向大臣彙報這些官員的業績，並向大臣提議該發給他們獎金。對市鎮的監管也差不多全都交給省議會，省議會必須負責大多數訴訟案的初審，而在這之前都是由總督親自審理。諸如此類。這些職權中，有許多不適合交給集體且不負責任的權力機構來行使，再說，這些行使職權的又都是些首次執政的人。

最終把所有事情都攪亂的，便是像這樣，在把總督的權力降到趨近於無的時候，還讓這個職位繼續存在。剝奪了總督統攬一切的專權之後，又把協助和監督議會所做所為的權力強加於他，這就如同一個要被免職的行政官贊同剝奪他一切權力的立法精神，並貫徹此精神！

人們對總督所做的一切，也被用在總督代理身上。人們在他身邊、在他原來占據的位置上安置了一個區議會，區議會須遵從省議會的領導，並根據相似的原則行事。

一七八七年創建的省議會其所有法令及會議紀錄皆顯示，這些議會剛誕生，就與總督展開了暗中的、許多時候甚至演變成公開的戰爭。總督老謀深算，對繼任者的行動設下種種障礙。某一處的議會抱怨，自己必須多方努力，才能從總督手中奪回對議會來說不可或缺的文件；在另一處，總督指控議會成員試圖篡奪法令留給他的職權。總督向大臣求助，大臣往往不予答覆或表示懷疑，因為這個問題對大臣和所有人來說都是聞所未聞、難以理解的。有時，議會認為總督管理無方，總督派人修建的道路，不是線路不合理、就是維修不當；他還任由一些自己負責監護的鄉村消亡而不聞不問。這些議會常常在不太熟悉的法律黑暗中摸索，奔赴遠處彼此諮詢，並不斷收集意見。歐什省的總督聲稱他可以違抗省議會的意志，因為省議會曾批准某個公社自行徵稅；省議會則肯定地說，此後總督在這個問題上只能提供意見，不得下達命令，同時它徵求法蘭西島省議會的意見。

面對這些尖刻的批評和意見，政府的步伐經常放慢，有時還會停住，公共生活於是似乎暫停了。洛林省議會說：「事務全面停滯，所有善良的公民都為此感到難過。」這話也是其他許多省議會的心聲。

其他時候，這些新政府則因過於活躍和自信而犯錯。它們全都充滿一股不安和騷亂的熱情，希望一下子就改變舊方法，急急忙忙匡正陳積已久的弊病。新政府以它們今後要監管城市為由，開始自行經營公共事務。總之，它們想改善一切，結果卻把一切都弄得亂七八糟。

如果我們現在願意想想公共行政管理長期以來在法國所占據的重要地位，想想政府每天觸及的諸多利益，以及依賴政府或需要政府協助的所有事情；如果我們想到個人只有依賴政府，而不是靠自己，才能使自己的事業成功、使自己的行業得到發展、物質生活有保障、才能開闢和維護道路、才能保持穩定並確保安逸的生活，那麼，我們便會理解，政府遭受損害必定會使無數人直接受到傷害。

但是，只有在村莊裡，新政府的弊病才顯得明顯。在那裡，政府不僅擾亂了權力秩序，還突然改變了人的相對地位，使所有階級都處於對立狀態。

一七七五年，當杜爾哥向國王提議改革農村行政制度時，他說他碰到的最大障礙來自於捐稅攤派不均，因為教區的主要事務是制訂、徵收和使用捐稅，但所有人並不是按同樣的方式納稅的，其中有些人甚至完全免稅。要怎麼讓這些人合作共事，共同協商教區事務呢？每個教區都有一些免繳軍役稅的貴族和教士、部分或全免軍役稅的平民、以及其他繳納全部軍役稅的人。這就如同三個截然不同的教區，每個都要求要有單獨的行政機構。這個問題難以解決。

其實，沒有哪個地方的捐稅差別像農村那樣明顯，也沒有哪個地方的居民像在農村那樣被畫分為不同團體，且常常處於敵對狀態。想要讓村莊有集體的行政管理和自由的小政府，首先必須讓所有人繳納同樣的捐稅，縮小造成各階級分裂的差距。

但當人們終於在一七八七年著手這項改革時，卻不是這麼做的。教區內部依然維持著舊的等級分化及其主要標誌——捐稅不平等，但整個行政管理都交給了議會。這立刻導致了最為奇特的後果。

如果這是選舉市政官員的選舉議會，本堂神父和領主就不能出席。因為據說他們屬於貴族和教士階級，而在這裡，主要是第三階級要選出自己的代表。

選出市議會成員後，本堂神父和領主理所當然也成了市議會成員，因為將如此顯要的兩類居民完全排除於區政府之外，似乎不大恰當。領主甚至還要主持那些他未參與選舉的市參議員會議，但對於會議討論的大部分法案，他都不能干預。比如制訂和攤派軍役稅時，本堂神父和領主就沒有投票表決權。他們兩類不都是免繳此稅的人嗎？至於市議會，它與本堂神父和領主的人頭稅不相干，人頭稅仍舊由總督依據某些特殊方式加以確定。

儘管市議會主席與這個本該由他領導的議會已經隔絕，人們仍擔心他在議會中產生某種間接影響，會不利於他以外的階級利益，於是便要求他的佃農投的票也不算數。在徵求省議會的意見時，省議會認為此要求非常公正，並且完全符合原則。住在本教區的其他貴族不能進入這個平民的市議會，除非他們是農民推選的。在這種情況下，就像規章特地注明的那樣，他們在議會中只能代表第三階級。

領主出席市議會只是為了昔日完全屈服於他的臣民，臣民突然間變成了他的主人。與其說他是他們的首領，還不如說他是他們的囚徒。用這種方法將這些人聚集在一起，目的好像不是要使他們的關係更親近，而是讓他們更清楚地看到彼此之間有哪些不同、而他們的利益又是多麼對立。

村民代表還是那個只是被迫履行職責、毫無威信的政府官員嗎？或者他的地位也隨著他依舊在其中擔任要員的那個共同體一起提高了呢？誰也說不清楚。我找到一封一七八八年某個村莊執達員的信，他對於人們選他擔任村民代表感到很氣憤。「這違反了村民代表職務的精神。」監察總長回答，必須糾正這個人的想法，「並讓他明白應當為同胞的推舉感到榮幸，而且新的村民代表與此前同一名稱的政府官員不同，他們有望得到政府更多的敬重。」

另一方面，我們發現，當農民成為一股勢力時，教區裡一些重要的居民，乃至貴族，都突然與農民變得親近起來。巴黎郊區一個職位高、有審判權的領主，抱怨國王的敕令使他甚至不能作為一個普通居民參加教區議會的活動。另一些人則「出於對公共利益的忠誠」，同意他「履行教區代表的職責」。

然而為時已晚。隨著富裕階級向農村平民靠近，試圖與他們為伍，農村平民卻回到原先的孤立狀態，拒絕與他們往來。有些教區的市議會不接納領主，另一些則百般挑剔，不接受有錢的平民。下諾曼第省議會說：「我們得知，有些市議會不接受未居住在本教區的平民地主，儘管這些人毫無疑問有成為議員的權力；還有些議會甚至不接納在當地沒有財產的佃農。」

因此，在人們改動那些規範管理政府各部門的主要法律之前，次要法律中的一切已經是既新奇、又模糊、且十分矛盾的。遺留下來的東西也都被摧毀，可以說再無一項規章未被中央政府宣布廢除或將被修改。

在法國，這場先於政治革命、旨在革新一切行政規則和行政習慣、突如其來的巨大改革，如今已很少被提及，但這已經成為一個民族歷史上曾有過最偉大的動盪。第一次革命對第二次革命產生了巨大的影響，使得第二次革命成為一個特殊的事件，與到那時為止世界上發生的所有類似事件、或自那時起發生的類似事件截然不同。

英國的第一次革命[82]使這個國家的整個政治結構發生了巨大變革，直至廢除了君主制，但它只是極其輕微地觸動次要法律，幾乎未改變習俗和慣例。司法部門和行政機構形式依舊，遵循跟過去同樣的習慣做法。據說在內戰如火如荼之時，英國的十二位法官還在做一年兩次的巡迴刑事審判。因此，並非一切都同時處於動盪不安中。革命的效力受到限制，英國社會的頂層儘管搖擺不定，基礎卻巋然不動。

一七八九年以來，法國人經歷了好幾場使政府整個結構產生根本性變化的革命。其中大部分來得非常突然，並且是以暴力實現的，現行法律受到公然的藐視。但革命引起的混亂從未持續太久，也未產生廣泛的影響，大部分民眾幾乎感覺不到，有時幾乎未曾察覺。

82　指的是一六四二年至一六四九年的「英國內戰」，也稱「清教徒革命」。

這是因為自一七八九年以來，雖然政治機構已成一片廢墟，行政組織卻始終未受到任何損傷。君主本人或中央政權的形式變了，日常的事務進程卻沒有中斷、也未受到干擾。在關乎個人的微小事務中，每個人依舊遵循他所熟悉的規則和慣例，依賴他長期與之打交道的次級政府，並且常常面對同一批官員。即便每次革命中，政府都被斬首，它的軀體卻未受到傷害，依然充滿活力。同樣的職責由同樣的行政官員執行，這些官員透過各種政治法規來傳達他們的精神和做法。他們先是以國王的名義，然後以共和國的名義，最後以皇帝的名義，進行審判，治理國家。接著，命運之輪又轉了一圈，他們又開始為國王、為共和國以及為皇帝進行審判，治理國家。總是同一批官員，並且總是用同一種方式，因為主人是誰跟他們沒有什麼關係。對他們來說，重要的不是做公民，而是當優秀的行政官和優秀的法官。第一次震動一平息，國家似乎就再也沒有任何變動。

這部分政府雖然是從屬的，但每天都能讓每個公民感受到它的存在，並持續以最有效的方式影響著公民的福利。在大革命爆發時，它卻徹底受到震撼：政府突然更換了所有官員，並修改了所有準則。一開始，國家好像並沒有因這場大規模的改革而受到太大的打擊，但所有法國人都感覺到了微小的、特殊的震蕩。每個人都覺得自己的地位受到動搖，習慣被打亂，或職業受到妨害。在那些最重要、最普遍的事務中，某種正常秩序依舊占上風，但再也沒有人知道該服從誰、辦事該找誰，也不知道在構成社會日常生活的更細微的個人事務中該如何行動。

由於國家的各個部分都失去了平衡，因而最後一擊便使整個國家搖搖欲墜，引發了史無前例、最大範圍的動盪，和最可怕的混亂。

第八章

大革命前夕的種種事件如何引發革命

在結束本書時，我想將我分別描述的某些特徵再加以歸類，看大革命是如何從我此前描繪的那個舊制度中延生的。

如果我們考慮到，正是在法國，封建制度不但沒有改變它自身那些可能損害或激怒人的部分，反而徹底失去了能保護它或為它服務的一切，我們就不會對這場後來猛烈摧毀歐洲古老政體的大革命發生於法國而非別國感到驚訝了。

貴族階級喪失其古老的政治權利，並且不再管理和領導居民，這是歐洲其他國家未見的，但貴族不僅保留了金錢方面的豁免權，和貴族作為個人享有的利益，還使這些好處大大增加。貴族階級成了一個從屬階級，但也仍舊是一個享有特權的封閉階級。正如我在別處說過的，貴族越來越不像貴族，卻越來越像一個集團。如果我們注意到以上幾點，就不會對貴族特權在法國人眼中看來是如此不可理解、如此可惡感到詫異了；也不會對法國人一看見貴族，心中便燃起強烈的民主願望，並且至今都還在燃燒而感到不解。

貴族階級將有產階級排除在外，而與有產階級、與平民分裂，失去民心，在民族中完全處於孤立狀態。表面上統率著一支軍隊，其實卻是一支沒有士兵的軍官部隊。如果我們想到這一點，就不難理解為何貴族階級存在了一千年，卻在一夜之間就被推翻。

對於國王的政府以何種方式廢除各省自由，在法國四分之三的地區取代了原先的地方政權，從而將一切大小事務集於一身，我已做了說明；對於巴黎如何因某種必然結果從以前的首都變成了國家的主宰，或者更確切地說變成了整個國家，我也做了論證。法國特有的這兩個事實，足以解釋為何一次騷亂竟能將曾於數世紀中經受過衝擊的君主制徹底摧毀，而且，垮台前，在那些即將推翻它的人眼中看來，它明明是難以撼動的。

法國是政治生活消失得最早且最徹底的歐洲國家之一。在法國，個人完全喪失了處理事務的能力、審時度勢的習慣、和社會運動的經驗，並且幾乎喪失了「人民」此一概念。這就不難想像，為何所有法國人在沒有看到任何前景的情況下，同時陷入一場巨大的變革，而最受大革命威脅的人卻走在最前頭，擔負起開闢和拓展革命之路的重任。

由於再也沒有自由體制，便也不再有政治階級、活躍的政治團體，不再具有組織、善領導的政黨。而如果沒有這些正規力量，一旦公共輿論復活，公共輿論的領導就只剩下哲學家。所以這一點是可以預料到的，即大革命不是由某些具體事件引導，而是以抽象原則和非常普遍的理論為指導；也可以預見，人們不只是攻擊不好的法律，而是會批判所有法律。人們希望用文人設想的那個全新的政府體制，來取代法國古老的政體。

由於教會與所有將被摧毀的舊制度有著必然的聯繫，毋庸置疑地，這場革命在推翻世俗政權的同時，必定動搖宗教。因此，很難說革新者一旦擺脫了宗教、習俗和法律對人的想像力施加的束縛，他們的精神會如何不受控制，想出何等聞所未聞的魯莽之事。

凡是認真研究過法國的狀況的人，都能輕易預料到，在這個國家，什麼聞所未聞的魯莽之事都有可能被嘗試、什麼樣的暴力行為都有可能被允許。

柏克在一篇頗具說服力的抨擊性文章裡喊道：「什麼！居然看不到任何一個人能為最小的區抗辯，甚至看不到任何一個人能替他人作擔保。沒有人反抗，大家都待在家裡等著被抓，不管他是保皇黨人、溫和主義者還是別的什麼人。」柏克並不太清楚，他為之惋惜的那個君主制度，在什麼情況下把我們扔給了我們的新主人。舊制度下的政府預先剝奪了法國人互相幫助的可能性和願望。大革命突然爆發時，在法國最廣大的地區都找不到十個慣於共同行動、進行自衛的人。中央政權只能獨自承擔此責任，結果使得中央政權從國王政府手中，落入一個不負責任的最高議會之手；從溫和變為極端，而且前面沒有任何可以阻止其行動的東西，哪怕只是拖延一時。使得君主制輕而易舉就徹底垮台的原因，同樣使一切在君主制垮台後都變為可能。

宗教寬容、領導溫和、人道甚至仁慈，這些從來沒有像十八世紀時那樣受到宣傳，但看來卻比那時更為人們所接受。作為暴力最後棲息之地的戰爭，也被縮小並變得緩和。然而，最不人道的革命竟然將出自如此溫和的風俗之中！不過，風俗變得溫和並非假象，因為一旦大革命的狂熱減退，就能立刻看到這種溫和遍及所有法律，並滲透到所有政治習慣之中。

理論和善但行動粗暴形成的反差，是法國大革命最難以理解的特徵之一。如果我們注意到這場大革命是由國民中最有文化的階級醞釀，卻由最沒有教養、最粗野的階級實行，我們就不會為此感到驚訝。前者彼此間沒有任何預先的聯繫，也沒有相互了解的習慣，沒有辦法控制民眾。因而當舊政權被摧毀時，人民幾乎立即成了領導力量。人民沒有親自統治的地方，至少也把他們的精神傳達給了政府。從另一方面來看，如果我們考慮到人民在舊制度下的生活方式，就不難想像他們將成為什麼樣子。

人民處境的種種獨特性，使他們具有某些罕見的美德。由於他們很早就獲得自由，並一直擁有部分土地，彼此孤立而不相互依賴，因而顯得既節制又自負。他們吃苦耐勞，對生活的享受不感興趣，能忍受最大的痛苦，臨危不懼。這個單純而堅毅的種族將組成強大的革命軍隊，震懾全歐洲，但同樣的原因也使他們成為危險的主人。由於人民數世紀以來幾乎都獨自承受種種流弊的重負，他們生活在社會邊緣，默默沉浸於自己的偏見、嫉妒和仇恨中，命運的嚴峻使他們變得冷酷無情，變得不但能忍受一切，還能使一切蒙難。人民就是在這種情況下控制了政府，試圖親自完成大革命的偉業。書籍提供了理論，他們則負責實踐，將文人的觀念應用於自己狂暴的行動之中。

在讀本書的同時、也對十八世紀的法國做過認真研究的人，會發現有兩種重要的激情產生自人民內部，並得到發展。它們不屬於同一時代，也並不總是指向同一目標。

其中一種較深刻，起源也較遠，就是對不平等懷有的無法遏制的強烈仇恨。這種仇恨產生後，隨著不平等無處不在而增強，長久以來一直以持續且不可抗拒的力量推動法國人去摧毀中世紀遺留下來的一切制度根基。清除場地後，再在那兒建立一個人道許可的、「人人生而平等」的社會。

另一種激情是新近出現的，且沒那麼根深柢固，它激勵法國人不但要平等，還要自由地生活。

舊制度末期，這兩種激情都同樣真誠，並且同樣強烈。大革命爆發後，它們相遇了，於是交織在一起，一時間融為一體，在彼此接觸中變得活躍，最終共同燃起了所有法國人的激情。這就是一七八九年。毫無疑問這是個無經驗的時代，但也是無私、熱情、剛強和偉大的時代，一個永遠會被人記住的時代。即便親歷這個時代的人和我們自己都消失已久，人們仍會以讚賞與敬佩的目光回顧這個時代。那時，法國人對他們的事業和他們自身感到驕傲，相信他們能在自由中平等地生活。於是，他們在民主體制中到處設立自由制度。他們不僅粉碎了將人按集團、行會、階級來畫分的制度，也粉碎了從而使他們的權利比他們的地位更加不平等的那套陳舊的立法，還一舉消滅了那些由王權制定的較新的法律，這些法律剝奪了國民的自由，把政府設在每個法國人的身邊，充當國民的導師、監護人，必要時還充當壓迫者。隨著專制政府垮台，中央集權制也滅亡了。

但是，當發動大革命的、充滿活力的這一代人被摧毀或變得軟弱無能時（這種情況通常發生在進行類似事業的整代人身上）；當按照這類事件的自然進程，對自由的熱愛在無政府狀態和人民專政中遭到挫敗，而變得麻木不仁時；當驚慌失措的人民開始摸索著尋找自己的主人時，專制政府便有了復活和重建的大好時機。那個既是大革命的後繼者，又是大革命摧毀者的天才[83]，輕易地就發現了這一點。

舊制度其實包含著一整套近代的規章制度，這些制度並不反對平等，因而很容易在新社會中找到自己的位置，但也因此為專制提供了特殊的便利。人們在所有其他制度的廢墟中尋找，終於找到了。這些制度昔日曾造就某些習慣、激情和觀念，目的是使人們彼此分裂、唯命是從。人們要喚醒這些制度，並求助於它們。人們在廢墟中抓住中央集權，並將它恢復。由於當它重新建立起來時，過去曾對它加以限制的一切都已被摧毀，因此，從一個剛剛

83　指拿破崙。

推翻王權的民族的內心深處，突然生出了一個比我們歷代國王權力都更大、更完備、更專制的政權。這番事業看起來極其魯莽，成就也令人難以置信，因為人們只想著正在眼前的，而忘了曾經看到的。統治者垮台了，但他的事業中最本質的東西依然存在；他的政府已死，他的行政機構卻繼續活著。此後，每回人們打倒專制政府，都只是將自由的頭顱又重新放置在一個受奴役的軀體上。

從大革命開始直到今天，我們無數次看到對自由的迷戀消失又出現，然後再消失，再重現。革命的激情歷久不衰，但始終缺乏經驗、控制不當，容易灰心喪氣、受到恐嚇、感到挫敗、淺薄且轉瞬即逝。就在同一時期，對平等的愛始終在人們內心深處。它最先征服人心，緊緊抓住我們最珍視的感情。當對自由的熱愛這種激情隨著事件不斷改變面貌，衰減、增多、加強、變弱，對平等的熱愛卻依然如故，總是抱持同樣固執、並且常常是盲目的熱情致力於同一目標，隨時準備犧牲一切，並向願意支援、奉承它的政府提供專制統治時所需的習慣、思想和法律。

對於那些只想凝視法國大革命本身的人來說，大革命只是一片黑暗，必須回到革命以前的時代，去尋找可以照亮大革命的唯一光明。如果我們對舊社會的法律、弊病和偏見、苦難和偉大沒有清楚的認識，我們永遠都無法理解法國人在舊社會滅亡後的六十年間所做的事。但是，這種認識還不足以讓我們深入了解我們這個民族的天性。

當我審視我們這個民族本身時，我發現大革命比法國歷史上的任何事件都更不可思議。世界上沒有哪場革命像法國大革命那樣，每個行動都充滿矛盾、易走極端、聽任感情擺布，而不是由某些原則指導。因而它總是超出人們的預想，大好大壞，時而低於、時而又超出人類的普遍水準。法蘭西民族最重要的天性從未改變，從兩、三千年前人們對它所作的描述中，就能辨認出它現在的模樣。同時，法蘭西國民的日常想法和趣味變化多端，最後竟然演變成連自己也想像不到的一幅景象，並且常常對自己做過的事情感到吃驚，吃驚的程度還不亞於外人。如果放任不管，他們就是最喜歡待在家裡、最墨守成規的人；而一旦強制把他們從家中和習慣中拉出來，他們就做好一切準備要去天涯海角，什麼也不怕。天性的不順從卻使他們更加適應君主專橫乃至強暴的統治，反而不適應最重要的公民正規、自由的管理。今天它公開反對逆來順受，明天又俯首稱臣，連那些最善於忍受奴役的民族都無法企及。沒有人起來造反的時候，他們對統治者言聽計從，但只要某處開了反抗的先例，他們就變得再也不受控制。他們就這樣不斷欺騙主人，主人要不就特別怕它，要不就就一點都不怕。他們絕不會自由到讓統治者喪失奴役他們的信心，也絕不會被奴役到再也無力砸碎桎梏。他們無所不能，但最擅長的是打仗。相較於真正的光榮，他們更崇尚機遇、力量、成功、光彩和顯赫。他們可以成為英雄，但絕不會成為有德行的人；他們會是天才，但絕不是有見識的人。對他們來說，與其把偉大的事業做得盡善盡美，不如去設想宏偉的計畫。他們是歐洲最傑出、卻也是最危險的民族，其天性最不安分，因而不斷成為眾人讚美、仇恨、憐憫、恐怖的對象，但絕不會受到漠視。

只有法蘭西這個民族才能發動這樣的一場革命，它是如此突然、如此徹底而猛烈，卻又如此充滿變數、充滿矛盾和對立。如果沒有我所陳述的那些原因，法國人是不會發動這場大革命的。但必須承認，所有這些原因加在一起，也不足以解釋法國以外發生的類似革命。

至此，我終於抵達這場值得紀念的大革命的門檻了。這回我並沒有走進去，但或許過不了多久我就能進入其中。那時，我將不再探究大革命的起因，而要研究大革命本身。最後，我還要大膽地評判從大革命誕生而出的那個社會。

附錄

論三級會議各省，尤其是朗格多克省

我的目的並非在這裡詳細研究大革命時期還存在的那些三級會議省發生的事情。我只是想明確地指出，仍存在的三級會議省有多少個，讓人們了解地方生活依然活躍的那些省分，指出它們與專制政府之間的關係如何、它們在哪些方面與我前面所表述的共同制度相違背、又在哪些方面與之一致。最後，我想透過其中一省的例子，來看所有這些三級會議省有可能自然演變成的樣子。

那時，法國大部分的省分都有三級會議，正如人們所說，每個省都是在國王的統治下由三個階級的代表來治理的，也就是由教士、貴族和平民組成的議會治理。這種制度如同中世紀的政治制度一樣，幾乎存在於所有歐洲國家，至少在深受日爾曼風俗和思想影響的地區是如此。德國許多省的三級會議制度一直持續到法國大革命時期，而那些三級會議被廢除的地方，也是到了十七和十八世紀才慢慢消失的。兩個世紀以來，各國君主向它們發動戰爭，時而暗中討伐、時而公開，但從未間斷。沒有一國君主會隨著時代發展來改善制度，每當機會出現，且又別無他法的時候，便試圖摧毀或改造它們。

一七八九年，法國只有五個較大的省，和幾個無足輕重的社區還有三級會議。在這些省中，只有布列塔尼和朗格多克兩個省還有省內的自由，其他地方的三級會議機構已不具有任何影響力，只是擺設而已。

以下我要把朗格多克省單獨拿出來，特別進行研究。

朗格多克省是所有三級會議省中幅員最廣闊、人口最多的省。它有兩千個公社(或者如那時的人所說的共同體)，近兩百萬居民。它也是所有三級會議省中最井井有條、最繁榮、最重要的省分。這就是我挑選朗格多克省來說明舊制度下省內自由狀況的原因，從中可以看到，即使在省內自由度最高的地方，此自由也是完全受王權控制的。

在朗格多克省，三級會議需有國王的特別命令才能召開，國王每年親自將會議通知書發放給每個三級會議代表。當時一位議評時政者因而說道：「構成三級會議的三個團體中，教士由國王指定，因為各教區是由國王畫定的，俸祿也是國王決定的。其他兩個團體的情況當然也一樣，因為國王可以隨心所欲下令禁止任何成員參加三級會議，且無需為此流放他或對他提出訴訟，只要不發放會議通知書給他即可。」

三級會議不僅必須按國王指定的日期召開，還需按國王指定的日期散會。通常都由樞密院下令決定，會議的時間前後共四十天。王室也有權派代表參加，只要他們提出要求，就可以參加會議，並代表皇室陳述意願。三級會議受到嚴格的控制，會議無權做出重大決定，也不能決定任何財政措施，除非此決議得到樞密院的贊同。無論是一項捐款、一筆貸款、一起訴訟案，都需得到國王的特准。三級會議的所有規章制度，甚至包括會議召開的事宜，都需得到批准方能生效。每年，會議的總收入和支出，即我們今天所說的預算，都受到同樣嚴格的監督。

中央政權在朗格多克省仍可以行使它在其他各省被認可的政治權力。它適時頒布法律，不斷制定規章制度，它的一般措施在朗格多克省也如同在其他財政區一樣適用。同樣地，中央政權在這裡行使政府的一切天然職能，安置了同樣的員警和官員。它還像在各處那樣，不時設立一些新官職，而朗格多克省需高價購回這些職位。

朗格多克省和其他省一樣，由總督負責統治，總督在各區都有代理人，以書信方式聯繫並指揮各區總督代理。總督在朗格多克省起行政監督的作用，和在其他的財政區完全一樣。塞文山脈峽谷偏遠的小村莊如果沒有得到來自巴黎樞密院的允許，連一小筆經費都不能隨意花用。這部分司法權（即今天所說的行政訴訟）在朗格多克省，也像在法國的其他地方一樣被廣泛地運用，甚至更為普遍。所有路政問題在初審階段由總督決斷，所有與道路有關的訴訟案均由他來判決；所有與政府相關、或政府認為與其相關的案件，一般也都由總督宣判。政府在這裡與在別處一樣袒護政府官員，以免受到官員欺壓的公民動不動就對他們提起訴訟。

使朗格多克省與其他各省不同的特殊之處是什麼？又是什麼使它成為其他各省欣羡的對象？以下三點足以證明：

一、朗格多克省有一個議會，其成員都是重要人物。此議會搏得居民的信任，並得到王權的尊重，中央政府的任何官員（那時稱作「國王的官員」）均不得加入。議會每年舉行一次，人們在議會上自由且嚴肅地討論本省的特殊問題。國王的政府只需守在這個產生思想的地方，便能夠以其他方式行使其特權。而且，即便它仍有同樣的動機和本性，它在朗格多克省的形象也與在其他地方不一樣。

二、朗格多克省有很多公共工程是由國王和其代理資助興辦的。還有一些其他的工程，中央政府提供一小部分資金，並且大部分工程施工都是由中央政府指揮的。但是，絕大多數工程仍是由本省出資。工程項目和費用一旦得到國王的批准，便由三級會議選定的官員在其內部專員的監督下執行。

三、最後，朗格多克省有自行徵稅的部分權力，並能按自己選擇的方式徵收上繳國王的賦稅，以及所有為滿足本省需要而設立的捐稅。

下面我們將看看朗格多克省從這些特權中獲得了哪些好處，為此有必要進行仔細的論證研究。

所有財政區給人印象最深的是：幾乎完全取消了地方賦稅，普通捐稅常常是壓迫性的，但是省裡卻不為自己花一分錢。而在朗格多克省卻正好相反，該省每年用於省內公共工程的支出非常高，一七八〇年就超過兩百萬里弗爾。

中央政府有時會對如此龐大的支出感到震驚，它擔心朗格多克省在公共工程上耗費太多，而無法拿出應繳納給政府的那部分捐稅，它指責該省的三級會議對公共工程太過投入。我看過一份三級會議答覆此類指責的報告，我將從中原封不動地摘錄一些句子，這比我自己講述更能真實地反映出這個小小政府所依據的精神。

我們在這份報告中看到，朗格多克省確實已著手進行許多公共工程。但是，三級會議非但沒有請求諒解，而是宣稱，如果不是國王反對的話，它將會深入貫徹此方針。該省已經修建或重建穿越全省的主要河道，並延長路易十四時期開通的運河，使它穿越下朗格多克省，經過塞特和阿格德，直達羅納河。它將塞特港變為商用港，並耗費鉅資維護。它還強調，所有這些開支不只是為了本省的利益，更是讓全國受益。然而，朗格多克省比其他省從中受益更多，所以自然要承擔這些費用。它還排乾艾格莫爾特沼澤，使其成為可耕地。但是該省始終把道路建設放在最重要的地位，所有貫穿全省通向全國各地的道路均已開通，且路況良好。那些溝通朗格多克省所有城市和鄉鎮的路也都經修護，所有的道路品質都很好，即便在冬天也不會出問題。

這和我們在鄰近的大多數省分如多菲內省、凱爾西省、波爾多財政區所看到的形成了鮮明對比，那些省的道路堅硬崎嶇、維護不當。在這點上，商人和旅行家自有公論：朗格多克省做得沒錯。因為十年後，走遍了該省的亞瑟・楊格在他的筆記中寫道：「朗格多克省是三級會議省，路好，修路也沒有動用勞役。」報告裡還寫到，如果國王也支持三級會議的做法，市政工程計畫將遠不止於此。它將著手改善鄉鎮道路，因為修建這些路跟修建大路同樣有意義。報告寫道，如果糧食不能從所有者的糧倉裡運到市場，那又怎麼能被運往遠方？報告裡還補充，在公共工程方面，三級會議一貫的原則是注重工程的實用性，而不是工程的規模。河流、運河、道路使得所有農產品和工業產品隨時都能以低廉的價格運往需要的地方，實現其價值，商業也因此可以深入到全省各處。雖然朗格多克省為這些工程付出了昂貴的代價，卻也因此而富裕起來。此外，由於全省各地同時有節制地、以相同方式興辦工程，因而各地的工資水準得以平衡，貧民也得到了救濟。

朗格多克省在報告的結尾，帶有幾分驕傲地說：「國王不需要像在法國其他地方一樣，在朗格多克省創建慈善單位，我們並不要求得到這份恩典。我們每年所興辦的那些實用性工程可以代替這些，使每個人都得到一份有益的工作。」

朗格多克省的三級會議在其公共行政管理職權範圍內，在國王的允許、而非國王的倡議下，制定了普通規章制度。我越是研究這些制度，就越覺得此地方政府的所做所為，比我在那些國王獨自統治的省分看到的一切都好得多，從而越加讚賞其中體現出的睿智、公正和溫厚。

朗格多克省被畫分為若干共同體（市鎮和鄉村）、以及被稱為主教區的行政區、還有三個又稱為「司法總管轄區」的大區。每個部分都有不同的代表團，和一個獨立的小政府，並在三級會議或國王的領導下展開活動。如果公共工程的目的是為了維護上述某個小政治團體的利益，只要這個小團體提出請求，工程便可以動工。如果某個共同體的工程對某個主教區有益，該教區就應給予一定的資助；如果工程與司法總管轄區的利益有關，那麼該管轄區也應當提供資助。即使此工程只涉及某個共同體的利益，只要此項工程對此共同體是必需的，並超出了它的經濟能力，那麼主教區、司法總管轄區和該省都應向該共同體提供幫助。朗格多克省的制度有一個基本原則便是：由於朗格多克省的各部分彼此都是相互依賴的，因而必須不斷地互相幫助。

朗格多克省的公共工程需長期準備，並會先交給應當提供資助的附屬機構審核。施工的勞動是有償的，沒有勞役這回事。我曾說過，在財政區，因公共工程而徵收的土地，往往補償費用低廉或遲遲不予償付，而且經常是分文不給。這就是一七八七年召開的省三級會議提出的最大抱怨之一。我就看到過這樣的情況：在財政區，被徵地者甚至無法討回他們的補償費，因為等待補償的東西不等估價就已被摧毀或變形了。而在朗格多克省，從所有者那裡徵收來的每一塊土地，在開工前都被認真地估價，並在施工的第一年還清。

三級會議所制定的、與各類公共工程相關的規章制度，在中央政府看來非常合理，中央政府對其大加讚賞，儘管政府絕不會加以仿效。樞密院在批准規章施行後，便命人將它送到皇家印刷廠印刷，並下令作為範本讓所有的總督傳閱。

以上我針對公共工程所做的闡述，特別適用於與徵稅相關的另一部分省級行政管理，尤其是在稅收部門。如果你從中央政府進入朗格多克省，你簡直難以相信自己是身處同一帝國之中。

我曾在別處談到朗格多克省制定和徵收軍役稅所遵循的程序，與我們今天徵收賦稅所遵循的程序部分一致，在此不再重述。我只是想補充，朗格多克省在這方面十分欣賞這種方法的優越性，每次國王增設新稅的時候，三級會議都會毫不猶豫地以極其昂貴的價格購買徵稅權，指派自己的官員，由自己的官員來徵收。

儘管如上所述，朗格多克省的各項開支都非常龐大，但該省的事務卻井井有條，它的信譽也很好，甚至連中央政府都經常向它求助，並以省的名義向它借錢，朗格多克省貸款給國王的條件，比自己省裡的人貸款還優越。我發現，在最後若干年裡，朗格多克省以本省名義擔保借給國王的錢就高達七千三百二十萬里弗爾。

然而政府及大臣們並不看好這些特殊的自由。黎塞留先是破壞了它們，然後將其廢除。懦弱而遊手好閒的路易十三本來就沒有什麼愛好，因此對這些自由十分憎恨。據布蘭維利埃[84]說，路易十三對外省的所有特權都極度恐懼，只要聽到有人提起這個詞就怒氣沖天。人們永遠都無法想像，當弱者被迫去做對自己而言很費力的事情時，他們的憎恨會有多麼強烈。他們僅剩的陽剛之氣都用在了這種地方。這些弱者在這種場合幾乎總是顯得很強壯，儘管他們在別的方面軟弱無能。幸運的是，朗格多克省的舊制度在路易十四的童年時期就得以重建，路易十四將之視為自己的作品，對它百般尊重。路易十五期間，此制度中斷了兩年，後來又得以復興。

舊制度為了設立市政官員所冒的風險，雖不那麼直接，但是也不小。這項可惡的制度最終不僅摧毀了城市的政治結構，還有改變省級制度結構的趨勢。我不知道省議會的第三階級代表以前是否是透過選舉產生的，但已經很久不是如此了。省議會當中，城市的市政官員理所當然地是有產階級和平民的代表。

當所有城市透過普選自由選出行政官，並且任期通常很短的時候，那種為一時利益而設立特殊職位的現象一旦消失，也就不為人們所注意了。市長、行政官或村民代表在三級會議裡同樣代表民眾的意志，並以全體人民的名義講話，好像他們是由全體人民選出來的似

84　編注：布蘭維利埃（Boulainvilliers, 1658-1722）：法國歷史學家，著有《法國舊政府史》、《論貴族》等書。

的。但我們知道，他們與那些花錢購買統治自己同胞權力的人是完全不同的，後者只代表他自己，或他的小集團的微小利益和狹隘的情感。然而人們卻讓這種行政官保有透過普選產生的權力，這就立刻改變了政體的全部特性。省議會中，坐在貴族和教士身旁及對面的不再是人民代表，而只是幾個既拘謹又無能、孤立的有產階級。第三階級在政府當中的地位變得越來越不重要，儘管與此同時，他們變得越來越富有，在社會中的勢力越來越強大。朗格多克省的情況卻不同，每當國王設立新的職位，他們就積極向國王購回。它為購買職位欠下的貸款，僅一七七三年一年就高達四百多萬里弗爾。

還有一些更關鍵的原因，促使新思想滲透到古老制度中，並使朗格多克省的三級會議相較於其他各省，具有無可爭論的優越性。

朗格多克省和法國南方的大部分地區一樣，軍役稅是實物性的，而非因人而異的。也就是說，它是按照財產的價值，而不是按照對象的社會地位徵收的。該省確實也有一些土地享有免繳軍役稅的特權，這些土地過去都為貴族所有。但是隨著時代和工業的進步，這些財產部分落入平民的手中；此外，貴族擁有的財產中，有許多也需要繳納軍役稅。特權就這樣從人轉移到物，因而毫無疑問地變得更加荒謬。但是這種現象很少被人察覺，因為它雖然仍使人感到不舒服，卻不再使人感到被侮辱。由於這種特權不再與階級的觀念有必然聯繫，便也不再為任何一個階級創造與其他階級截然不同或完全相反的利益，所有階級都共同關心政府。朗格多克省與其他省情況不同，各個階級都參政，他們在政府中的地位也完全平等。

在布列塔尼，所有貴族都可以用個人名義參加三級會議，這就使得三級會議變得像波蘭的議會。在朗格多克省，貴族只透過代表參加三級會議，他們在三級會議中擁有二十三個席位，該省的二十三名主教也代表教士階級出席會議。應該特別注意的是，有產階級在議會中的席位和教士與貴族加在一起的席位一樣多。

由於朗格多克省與眾不同，是按照人數而非按照等級的順序進行評議，因而第三階級在其中具有舉足輕重的作用。漸漸的，它將自己階層的獨特精神滲透到整個團體當中。此外，三位行政官兼行會總理事以三級會議的名義負責管理日常事務，而這三位行政官通常是法律界人士，也就是說，是平民。貴族有能力維持自己的地位，卻不夠強大，無法獨自統治。至於教士，儘管其成員都是貴族，但在三級會議中卻與第三階級處得很好，積極參與他們的大部分計畫。他們與第三階級攜手共同努力，以促進物質繁榮、加速工商業發展，並經常以他們豐富的人文知識，和處理事務時罕見的幹練為第三階級服務。被派往凡爾賽宮與大臣們討論那些引起王權和三級會議衝突爭議的人，往往是教士。可以說，在整個十八世紀，朗格多克省是由有產階級統治的，貴族只是負責監督，而教士則負責輔助。

正因為朗格多克省有這種獨特的政體結構，所以新時代的精神才得以順利地滲透到這古老的制度中，並在不加破壞的狀況下改變舊制度的一切。

其他各省本來也可以像朗格多克省這樣，如果各地的公爵當初不是只想著稱王稱霸的話，他們只要把用於廢除或改造省三級會議的那份堅持不懈與努力拿出來，就足以按朗格多克省的模式使三級會議臻於完善，並使之適應現代文明的種種需要。

作者原注

原注❶

在腓特烈大帝的諸多功業中，最不為人知的就是依照他的命令起草、並由他的繼位者頒布的法典。即便是在普魯士，知道這部法典的人也是寥寥無幾。然而我卻想不出還有什麼比這部法典更能展現腓特烈本人及其時代的特徵，抑或是比它更能彰顯二者之間的相互影響。

從「憲法」一詞被賦予的含義來看，這部法典堪稱名副其實的憲法。它不僅規定了公民與公民間的關係，更界定了公民與國家間的關係。可謂既是民法，也是刑法，還是憲章。

法典是由（或者看似是由）若干普遍原則構成的。這些原則富含哲理且極其抽象，在很多層面上，都與一七九一年憲法中的《人權宣言》[85]頗為相似。

85　一七九一年，法國通過君主立憲制憲法，此為法國歷史上首部成文憲法。憲法的前言，即其指導原則，是在一七八九年頒布的《人權宣言》。《人權宣言》受到美國的《獨立宣言》和各州權利法案影響，採用十八世

法典宣稱，國家和居民的福祉是社會存在的目的，是法律的界限。除非出於共同利益考量，法律不得限制公民的自由和權利。國家的每個成員均應依其地位和財產為公共利益效勞，個人權利更要服從於公共利益。

法典絲毫未提及王位繼承權的問題，甚至連有別於國家權利的個人權利也未提及。唯一可指稱王權的就是「國家」這個名詞。相反地，它卻論及一系列普遍人權：在不損害他人權利的前提下，合理謀求自身利益的天賦自由乃是普通人權的基石。一切未被自然法則或國家法律禁止的行為都是允許的；任何居民都有權要求國家保護其人身和財產安全，倘若國家不予援助，居民有權訴諸武力自衛。

陳述了上列的重大原則後，立法者並未像一七九一年的憲法一樣，就此引申出人民主權的條款及自由社會中人民政府的組織形式，而是筆鋒一轉，得出另一種同為民主、卻沒有自由的結果：立法者認為國王是國家唯一的代表，應賦予他全社會所享有的一切權利。腓特烈在其著作中如是寫道：在這部法典中，君王不再是上帝的代表，僅是社會的代表、代理人和公僕。但是，君王作為社會唯一的代表，可獨自行使一切權力。法典的序言中寫道：

紀的啟蒙學說和自然權論，宣布自由、財產、安全和反抗壓迫是天賦不可剝奪的人權；肯定言論、信仰、著作和出版自由；闡明司法、行政、立法三權分立；法律之前人人平等；私有財產神聖不可侵犯等原則。

國家元首的職責是謀求公共福祉，這也是全社會的目標。因而，他有權指引、協調個人行為，使眾人皆趨向這個共同目標。

在這位全能的社會代理人的主要職責中，我還發現如下幾項：對內維護公共和平與安全，使每一位國民免受暴力侵害；對外可締結和約，發動戰爭；唯獨他有權頒布法令、制定普遍的員警規章制度；唯有他有權赦免、撤銷刑事訴訟。

國內一切協會和公共設施都在君王的監督和領導之下，為社會和平與公共安全服務。為履行君王的義務，君王需擁有固定收入和確實可行使的權力，故他有權對私有財產徵稅，依照職業、商業、產品或消費等名目，對國民徵稅。公職人員在職權範圍內以國王的名義行事，他們的命令等同於國王的命令，理應遵行。

我們即將看到，如此富現代精神的頭腦，卻支配著一具全然哥德式的身軀。腓特烈不過是剔除了種種會妨礙他行使權力的因素，而這具身軀即將形成一個龐大的怪物，彷彿是一種造物過渡到另一種造物的產物。在這奇怪的產物身上，腓特烈表現出對邏輯的蔑視，絲毫不亞於他對權力的關注。他也無意對尚有力氣自衛的事物發動攻勢，以免自找麻煩。

除個別區域和某些地方，農民一般均處於世襲奴役制之下。這種制度不僅限於擁有土地而帶來的勞役和服役，還延伸到土地所有者本身。

法典重新認可了地主的絕大部分特權，甚至可以說，這些特權是與法典背道而馳的。

因為法典宣稱，當地方習俗和新法相悖時，一律以後者為準。這等於正式宣告除非依照司法程序進行贖買，否則國家不得廢除上述特權。

法典的確廢除了農奴制度（Leibeigenschaft），因為它同時確立了人身奴役制。然而，取而代之的世襲隸屬（Erbunterthänigkeit），就像人們讀法典文本時會認定的那樣，仍舊是一種奴役。

法典精心將有產階級和農民區別開來，在有產階級和貴族之間，還存在一個中間階級。此一階級的成員包括非貴族出身的高級官員，教士，和專門學校、中學、大學的教師。這些人有別於有產階級，也不會和貴族相混淆。相反地，他們的地位在貴族階級之下。他們不得購買騎士財產、不得出任民政部門的要職、不得入宮觀見；即使在極特殊的情況下得以進宮，也不得攜帶家眷。在法國，這種低人一等的境遇尤其令人傷心，因為此一階級有教養，影響力也更大，即便不占據最風光的職位，也承擔著最繁重和最有作為的工作。這些對貴族特權的強烈不滿，在法國促進了大革命的爆發，在德國則催生了對大革命最初的認同。法典的首要編纂者雖是有產階級出身，卻無疑遵從了主人的命令。

在普魯士境內，歐洲舊制度的勢力尚未完全消亡。所以腓特烈儘管對此十分鄙視，但想要徹底清除餘孽，尚需時日。他只是大致上剝奪了貴族集會和共同治理的權力，轉而賦予他們諸多個人特權，並對這些權力加以限定和規範。

這部法典雖說是按照我們法國哲學家的弟子的指示起草、在大革命爆發後頒布執行，它卻是最真實、最新的法律文件，它為大革命試圖消滅的不平等制度提供了法律基礎。

法典宣稱貴族才是國家的主體。有能力的貴族優先享有被提名擔任榮譽職位的權力。唯有貴族可持有貴族財產、創立代理繼承、並享有貴族與生俱來的狩獵權和司法權，以及資助教堂的權利；只有他們才能以自己的名字為地產命名。極少數有產階級能獲得許可而擁有貴族財產，但也只能在嚴苛的限制內，享有與所持地產相符的權利和榮譽。倘若某個有產階級持有貴族財產，他也不得將之傳給自己階級相同的繼承人，除非該繼承者是他的直系親屬。一旦沒有這樣的繼承人或其他貴族繼承者，他死後的遺產就只能拍賣。

腓特烈大帝的法典最具特色的部分，要屬附加的政治刑法。

正如我在前文概述的，儘管法典中存在專制的成分，腓特烈大帝的繼承人——腓特烈．威廉二世[86]，還是從他叔叔的傑作中嗅出了革命的煙硝味，因此直到一七九四年才將這部法典公之於眾。據說，他之所以感到放心，是因為他認為精妙的刑法條文可以糾正法典的不足之處。人們的確從未見過比這更全面的刑法，不但起義和謀反會招致最嚴厲的懲處，就連批

86 腓特烈．威廉二世（Friedrich Wilhelm II,1744-1797）：任內推行強權政治，使普魯士的領土以前所未有的速度增加，也使普魯士成為德意志人和波蘭人混合的雙民族國家。

評政府的不敬行為也會遭到殘酷鎮壓。

嚴禁購買、發放危險讀物，印刷商、出版商和發行者均須為作者的行為負責。宴會、化妝舞會等娛樂活動視為公開集會，需事先徵得警方批准。在公共場所聚餐亦然。出版和言論自由受到嚴密、專橫的監視。禁止攜帶火槍。

在這部一半取自中世紀的法典裡，還有一些條款，其中蘊含中央集權的精神，與社會主義非常相似。

法典宣稱，國家有責任為那些無法自力更生，或無權向領主及市鎮領取賑濟的人提供食物、職業和酬勞；應保證讓這些人從事他們力所能及的工作。此外，國家有權取締那些滋長了好逸惡勞陋習的基金會，並將其財產分給窮人。

腓特烈大帝法典處處呈現出理論上大膽創新、實踐上謹慎小心的特點。一方面，它宣布了現代社會的重要原則——人人需平等納稅；另一方面，它卻允許諸多包含免稅辦法的地方法規繼續存在。法典規定，臣民和國王之間的訴訟，同樣要遵循一般訴訟的形式和規定。但是實際上，當它與國王的利益、意願相抵觸時，這則法條形同虛設。人們一面大肆炫耀無憂宮[87]的風車，一面卻在其他場合悄悄地踐踏法律的公正。

87 無憂宮（Schloss Sanssouci）：根據腓特烈大帝的草圖興建的洛可可式小型夏日行宮，被稱為「普魯士的凡爾

普魯士人對這部法典知之甚少，這足以證明法典表面上力主革新，實際上改革之效甚微。所以，倘若有人想藉此了解十八世紀末普魯士社會的真實情況，那可真是件怪事！當時只有法學家才研究它，如今即使在有學識的人之中，大多數人也從未讀過這部法典。

原注❷

十八世紀城市行政最明顯的特點，不是廢除代議制和公共干預，而是行政管理所需遵循的規則章程極度變化不定。法律朝令夕改，時而重申、時而廢棄、增減不定。沒什麼比法律頻頻被改動更能說明地方自由被貶低到何種境界，但這點卻似乎無人察覺。僅僅是這種不穩定，就足以預先摧毀對政治機構的所有特殊觀念、摧毀所有懷舊情緒和地方的愛國情

賽宮」。

風車指的是緊鄰無憂宮的山坡上的一座風車磨坊，腓特烈．威廉一世曾因其破舊且破壞無憂宮視野，想買下這座磨坊再加拆除，但遭磨坊主人拒絕。威廉一世盛怒之下，直接派人強行拆除。磨坊主人一狀告上地方法院，法院判決國王敗訴，應重建磨坊並賠款。

數十年後，磨坊主人的兒子經營不善、瀕臨破產，於是突發奇想，想把磨坊賣給當時在位的腓特烈．威廉二世。威廉二世認為此磨坊是國家司法獨立及審判公正的象徵，應永遠保留，從此以後，這座風車磨坊便成了德國司法獨立的象徵。

懷，而政治機構恰好是最易滋生這些情感的地方。如此一來，便為日後大革命時期聲勢浩大的破壞行為預做了準備。

原注❸

路易十四破壞城市行政自由的藉口是城市財政管理不當。然而，杜爾哥以充足的理由證明，經國王改革之後，糟糕的財政狀況並未改善，且甚至有惡化之勢。他還補充道，多數城市負債累累，部分是由於將錢借給了政府，部分則應歸咎於市級官員鋪張浪費、虛張聲勢。他們花用別人的錢，卻從不向居民報告帳目、不納良言，反而變本加厲地大出風頭，甚至中飽私囊。

原注❹

加拿大是用以評價舊制度中央集權的絕佳之處，因為殖民地才是評價宗主國政府風貌最好的地方。在殖民地，政府具有的特徵會被放大，變得更加明顯。所以，想要評價路易十四政府的精神和弊病，就應前往加拿大。於是，我就像透過顯微鏡似地，看到了事物的病變形態。

加拿大沒有那些能夠公開或私下抵制政府精神發展的歷史因素和舊勢力。這裡幾乎沒有貴族，或至少他們已經喪失勢力；教會不再占統治地位；封建傳統所剩無幾，模糊難辨；司法權也脫離了舊制度和舊風俗。沒有什麼能阻礙中央權力恣意發展，並阻止它按照自身意願制定法律。加拿大沒有城市或省級政治制度，沒有獲准的集體勢力和個人立法創制權。總督在那裡享有較在法國本土更優越的地位，所轄事務遠高於宗主國；儘管兩地相隔一千八百法里，總督卻意欲從巴黎遙控一切。

殖民政府從不設法增加當地人口、促進當地經濟繁榮，反而不擇手段，借助嚴刑峻法分散人口分布：強制耕作、所有涉及土地轉讓的訴訟不得提交法庭，而由政府獨自審理、強制用特定方式耕作、強迫人民在指定地點定居等等。

上述情形均發生在路易十四統治下，這些敕令由柯爾貝爾副署[88]。如同在阿爾及利亞一般，人們生活在高度中央集權的制度下。事實上，加拿大正是阿爾及利亞過往情況的忠實寫照。兩國境內，都有和人口一樣為數可觀的政府，它們占統治地位，積極運作，制定法規，強制民眾執行，意欲預知一切、總攬一切，常常比被統治者更了解自身的利益所在。它雖積極活躍，卻收效甚微。

88　副署：出於英國內閣制。副署是副署者自己對某事項表示同意，需為自己的同意負責。國王的所有行為均需有至少一位國務員副署；各個國務員的主管事項亦均須有人副署。

美國的情況截然相反，英國人推行的地方分權制度得以發揚光大，市鎮成為幾乎獨立的政府或某種民主共和國。構成英國憲法和風俗基石的共和精神在此未遭抵制，自由發展。在英國，政府作為甚少，個人功勞卓著；在美國，政府幾乎更不再介入任何事務，個人得以大加發揮、無所不為。由於上層階級的缺席，使得加拿大居民比同時期的法國居民更加順從政府，卻使得英屬各州越發獨立於中央政權之外。

這兩個殖民地，最終都建立了真正的民主社會；然而，在加拿大隸屬法國的時期，平等和專制政府相混合；在英屬地區，則是平等和自由相結合。就兩種殖民方式的物質結果而言，一七六三年，正值殖民時期的加拿大擁有六萬人口，英屬各州的人口則多達三百萬人。

原注❺

共同商討事務所帶來的反種姓效應。

從十八世紀農業協會為數不多的文件中，可以看出共同商討集體利益所帶來的反種姓效應。會議召開時，正值舊制度，距大革命爆發尚有三十年；會議所涉的內容僅是理論問題，唯此才能引起各階級的興趣，繼而共同討論。儘管如此，人們仍可立即感受到不同人群在相互接近與融合。特權階級和其他群體都因此萌發了理性改革的念頭，然而，討論內容僅觸及保護事宜和農業問題。

我確信，沒有哪個政府像舊制度下的政府那樣，只一味培植自己的勢力，常常使得民眾嚴重分化。大革命爆發之際，只有這種政府還能維持法國社會中荒謬可笑的不平等制度。然而，只要稍稍接觸到自治，這種政府頃刻間就會發生深刻的改變，或者徹底毀滅。

原注❻

各省的自由傳統由來已久，與當地的習慣、風俗、記憶混同，專制反而是新生事物。此時，尚無國家自由可言，地方的自由傳統尚可維繫一段時日。但若就此認為廢除普遍自由，便可隨心所欲地建立或長久維繫這種傳統，就未免不夠理智了。

原注❼

杜爾哥在呈交給國王的文書中，以十分精準的方法，就貴族納稅特權的真實範圍做出如下總結：

一、特權者若擁有面積四犁[89]地的農場，就可免繳軍役稅。同樣的地產在巴黎附近要徵收兩千法郎。

89 犁：舊時土地面積單位。

二、特權者無須為樹木、牧場、葡萄園、池塘或城堡周邊的土地納稅，無論面積大小。有些地區主要出產畜牧產品和葡萄，那麼其貴族持有者便可免稅，繼而轉嫁到繳交軍役稅的人身上。這第二種好處可謂利益豐厚。

原注❽

《亞瑟．楊格一七八九年遊記》為我們描繪出兩種社會狀況，筆調輕鬆卻準確，於是我不禁想在此展示一番。

楊格的法國之旅，恰逢攻占巴士底監獄所引發的第一次動亂之際。由於他沒有佩戴帽徽，行至某個村莊時，便被一群村民抓了起來，要把他關進牢裡。為求脫身，他跟村民進行了短暫交談：

「先生們，剛才有人說應像從前那樣納稅。納稅是毋庸置疑的，但絕不能採用老辦法，應當效法英國人。我們有許多你們沒有的捐稅，但第三階級，也就是人民，是不必納稅的，需繳稅的只有富人。在我們英國，我們得繳窗戶稅，但房子僅有六扇窗戶的人家可以免稅；領主需繳二十分之一稅、軍役稅，可是只有小花園的人就不必納稅了；富人要繳車馬稅、僕人稅，甚至還得為獵山雞繳稅，小地主卻什麼稅都不用繳。還有啊！英國還規定富人得繳一種稅，稅款用以賑濟窮人。所以說，若要繼續納稅，必須採用其他方式。英國人的辦法就很好。」

楊格還補充道：「我的法語糟透了，跟他們的方言差不多蹩腳，但村民們完全領會了我的意思。我每說一句，他們就報以熱情的歡呼，覺得我是個正直誠實的人。為了證實這點，我又高呼：第三階級萬歲！村民立刻歡呼著讓我離開了。」

原注❾

一七八九年貴族階級陳情書解析。

法國大革命是一場絕無僅有的革命。革命初期，不同階級皆能真實地表述自己的觀點和感受，儘管後來革命扭曲、篡改了這些觀點和感受。眾所皆知，這些真實的證詞就記錄在一七八九年三個階級共同起草的陳情書中。陳情書，或稱奏章，是由相關階級自由擬定，完全公開；經過當事人長時間的討論和起草人的深思熟慮，最終成文；因為那個年代的政府與民眾交涉時，並不兼具提問和答覆的責任。

草擬時，陳情書的主要部分被編印為三卷，如今在各個圖書館都能看到。陳情書原件、起草會議的紀錄現存於國家檔案館，同時期內克爾及其代理人有關此會議的部分往來信函也藏於此處。這些藏品彙集成一部卷帙浩繁的對開本叢書。這是舊法國留給後人最寶貴、最重要的文獻，但凡有人想知曉大革命爆發之際，我們祖先的思想狀況，都需不斷地查閱它。

我原以為彙編成三卷的摘要，也許只是一部分作品，恐怕不能精確地再現這個大規模調查的特點；然而對比過後，我發現浩繁的原始檔和濃縮的複製本之間有著驚人的相似。

從下文的貴族陳情書摘要中，不難洞悉此一階級多數人的真實情感。哪些是他們執意要保留的古老特權、哪些是他們所做出的讓步、哪些是他們甘願犧牲的東西，從中清晰可見。尤其是事關政治自由時，激勵整個貴族階級的那種精神。多麼怪異又悲慘的場景啊！

個人權利：貴族首先要求起草一份明確闡釋人普遍權利的宣言，宣言需確保人民的自由和安全。

人身自由：貴族希望徹底廢除殘存的封建奴隸制，力主取消黑奴貿易；人人享有在國內外自由旅行、任意定居，且不被專橫逮捕的權利；改革員警制度的弊端，確保從今以後，即便在動亂之際，員警也處於法官的控制之下；唯有法官有權逮捕和審判；取締國家監獄和非法拘禁場所。甚至有人呼籲拆除巴士底監獄，巴黎的貴族對此尤其堅持。

禁止所有密札、國王密札。如遇國勢危急，無法將被捕者送交普通法庭，也要設法杜絕濫施刑罰，或將拘留一事知會國務會議，或採用其他辦法。

貴族們要求廢除所有特別委員會、所有權利分配或特別法庭、所有辯護或延期判決等特權；嚴懲下達或執行武斷判決的人；在唯一應予以保留的普通法庭上，應採取必要措施保障個人自由，涉及刑事犯罪時更應如此；司法審判全部免費，撤銷各種無效的法庭。一份陳情書中寫道：「法官為民服務，而非民眾為法官服務。」人們還呼籲在每個司法轄區設立委員會，為窮人免費提供辯護；預審公開，訴訟人享有自我辯護的自由；審理刑事案件時，必須為被告提供一名顧問；在所有司法程序中，法庭須允許一定數量的、與被告同一階級的公民旁聽審理，他們負責依嫌疑人犯罪情節的輕重進行宣判。就這點來說，頗有英國憲法的味道：量刑依犯罪情節輕重而定，且一視同仁；死刑甚為罕見，體罰、刑訊拷問等手段全部廢除；犯人，尤其是嫌疑犯的境遇應大加改善。

依照陳情書所示，應力圖尊重個人從軍和不從軍的自由，服兵役的義務可轉換為繳納金錢的方式，徵兵抽籤必須在三個階級都在場的情況下進行；最後，遵守軍紀、服從命令的同時也要顧及公民和自由人的權利。

自由與財產不受侵犯：個人財產不受侵犯，除非是出於維護公眾利益的目的。若因公眾利益而損害個人財產，政府需給予當事人高額補償，且不得拖欠。杜絕一切充公行徑。

商業、**勞動**、**工業自由**：確保工業和商業自由。取締個別公司的壟斷及特權，只在邊境徵收關稅。

宗教自由：天主教是法國的國教，但也應給予每個人信仰自由，應恢復非天主教徒的社會地位，奉還其財產。

出版自由、信件保密不受侵犯：保障出版自由，預先立法規定涉及公共利益的各種限制。除涉及教義的作品，其餘書籍皆不受教會審查，只需採取必要的預防措施，知道作者和印刷者即可。不少人呼籲，出版罪只能交由陪審員審判。

人們在陳情書中一致強調，必須尊重信件的保密原則不受侵犯，如此信件才不會成為控訴的名目和手段。私拆信件是最卑劣的間諜行為，嚴重踐踏公眾信仰。

教學、教育：貴族們在陳情書中只談到要積極熱心支持教育事業，將其推廣到城市和鄉村，採用符合孩子們預期的原則來教學；特別要對孩子們進行國民教育，使學生懂得公民的權利和義務。他們甚至提出要為此編寫一套入門課本，用學生能夠理解的方式講解憲法中的核心精神。總之，貴族們並未給出簡化和普及教育的具體方法，僅限於呼籲為沒落貴族的子弟建造教育設施。

關心人民疾苦：大量陳情書堅稱要多關心人民疾苦。許多人控訴員警規章有濫用職權之嫌。員警們總是不經正式審判，就把大量手工業者和有用的公民丟進監獄，名目往往是犯了錯或單單有嫌疑而已。這嚴重侵犯了天賦的自由權利。所有陳情書都要求徹底廢除勞役制度。多數轄區都希望允許贖買使用領主磨坊、麵包烘爐的稅目，允許贖買通行稅。大量陳情書懇請減輕法律規定的苛捐雜稅，廢除世襲領地稅。其中一份陳情書說道，方便土地買賣對政府有利。這正是人們為一舉廢除領主權利、出售不可轉讓的法人財產而將要提出的理由。

眾多陳情書要求減輕鴿舍權對農業的損害。而旨在保護國王獵物的專門機構，即當時所謂的王室狩獵總管區，應以侵犯財產權為由立即廢除。人們要求用負擔較輕的捐稅取代現行捐稅。

貴族們要求設法使農村富裕，並推廣福利制度；在村莊裡建立紗廠、粗布紡織廠，以便在農閒時節雇用村莊中的農民；為預防饑荒，把糧食價格穩定在一定水準之上；應在各個轄區內建公共穀倉，交由地方政府監管；力求改進農業、改善農民處境；發展公共工程，尤其要致力於排乾沼澤、預防洪災等工作；要給予各省鼓勵政策，用以促進商業、農業的發展。

陳情書要求拆分濟貧院，用以在各區建若干小型收容所；取締流民收容站，代之以慈善工廠；在省三級議會領導下建立救濟基金，由政府出資，讓外科醫生、醫師、助產士免費為窮人服務；最後，還要為盲人、聾啞人士、棄嬰等群體建立相應設施。

總之，在上述各方面，貴族階級僅滿足於表述改革願望，而並未提供重要的施行細節。可見，他們不如置身社會底層的低級教士那樣了解民間疾苦，因而也就很少考慮相應的改革辦法。

提及貴族擔任公職、貴族地位的等級制、和榮譽特權等事宜，尤其，或者說唯有提及貴族等級制及社會地位的差異時，貴族們才會偏離已提出的改革願望；儘管做出某些巨大讓步，他們和舊制度之間還是有著千絲萬縷的聯繫。貴族們感到他們正為了自身的生存而在此戰鬥。在陳情書中，他們懇求保留教士和貴族這兩個特殊階級。希望設法保持貴族階級的純正，嚴禁購買貴族頭銜，貴族階級也不再提供此類空缺，唯有長期辛勤為國立功的人，才配授予貴族頭銜。他們還要求追查、起訴假貴族。所有陳情書，歸根究柢，還是堅持應保留貴族的全部榮譽。甚至有人提議授予貴族某種特殊標誌，以便從外表便能辨識出貴族的身分。

難以想像還有什麼要求比這更典型、更能證明貴族與平民間的巨大相似之處，儘管二者之間也存在著巨大差異。大體上，貴族們在陳情書中，在許多權利方面皆表現得非常隨和，卻一意孤行地堅持保留各項榮譽特權。他們自覺已被捲進民主的浪潮中，害怕就此萬劫不復，因而渴望保留所有既得利益，甚至還試圖創造出不曾享有的權利。真是怪事！他們本能地嗅到危險的氣息，卻對此知之甚少。

就職務委派而言，貴族要求杜絕法官職務的買賣。凡涉及此類職位，所有公民都享有被舉薦給國王的權力，除非出於年齡、能力因素，否則國王皆應一視同仁加以任命。至於軍階問題，多數貴族認為不應將第三階級排除在外，所有軍人只要有功於國家，都有權晉升至最高官位。一些陳情書中寫道：「貴族階級否決了將第三階級拒之於軍隊門外的法律。」貴族們只求保留自身可直接擔任軍官，且無須由低級軍階晉升的特權。幾乎所有的陳情書都聲稱，要針對軍階問題制定適用於所有人的法規，不得將全部官位留作恩典頒發；除高級軍階以外，其餘均可憑資歷獲得。

至於教士職務事宜，貴族們提議恢復有俸聖職選舉制，或者至少由國王創立一個委員會，以向國王彙報聖職分配事宜。

最後，貴族們強調，從今以後要更有選擇性地發放年金，不應再側重於某些家庭。每個公民僅限領取一份年金、一個職位的津貼；廢除職位繼承人的指定權。

教會與教士：當無關自身特權和特殊構成，而牽涉教會特權和組織形式時，貴族階級也就不再小心斟酌了，而是緊盯教廷的弊端不放。

他們要求廢除教士的免稅特權，教士必須親自償還債務，不得將其轉嫁給國民；教會必須徹底進行改革。眾多陳情書都聲稱，各級教會有違宗教精神。

多數轄區都希望減輕什一稅對農業生產的危害；更有不少人懇求廢除什一稅。有份陳情書說：「最繁重的賦稅正是由神父徵收的，他們卻很少用它來為民眾提供精神庇護。」可見，第二階級提及第一階級時，絲毫不會斟酌措辭，對教會也不再畢恭畢敬。不少轄區都明確承認三級會議有權取消部分宗教等級，將教會財產另做他用。十七個轄區宣稱三級會議有權制定教規。也有人認為宗教節日名目繁多，妨礙農業、縱容酗酒，必須大量廢除，將之推遲到禮拜天。

政治權利：關於政治權利，陳情書確認，每個法國人都享有直接或間接參與政府事務的權利，也就是說，擁有選舉權和被選舉權。但同時也保留了階級次序，人們僅能在其所屬階級內提名及獲得提名。這項原則一經確立，代議制的建立就必須確保所有階級都能參與國家事務。

人們在三級會議的表決方式上出現了分歧：多數人要求按階級分開投票；也有人認為捐稅表決應另當別論；還有人要求照此制定表決的慣例。他們表示：「必須按人頭統計選票，而非按照階級，這才是唯一合理的形式，也是唯一能夠避免、消滅私心的方式，私心才是萬惡的本源；唯有這種形式能夠使人們親密合作，引領人們走向最終目標——建立一個集愛國主義、美德和知識於一身的議會。」不過，這項革新太過急切，在目前的思想狀況下不免過於危險，因而許多人認為，採納時要萬分謹慎，會議上要判斷是否應將按人頭投票的建議留給日後的三級會議討論。

貴族們宣稱，無論何時，每一階級都有權保持法國人應有的尊嚴，所以必須廢除一切舊制度下，包括第三階級被迫屈從的、帶有侮辱意味的形式，比如下跪。一份陳情書寫道：「一個人在另一個人面前下跪，這場面有損人的尊嚴，在生而平等的人類之間，顯出了與基本權利相悖的卑微感。」

政府組織形式和憲法原則：關於政府組織形式，貴族們要求維持君主制度，保留國王的立法權、司法權和行政權，但同時要制定根本法，保障國民行使權力時的諸項權益。

因而，陳情書一致宣稱，國民有權召集三級會議，以足夠多的成員人數來保證議會的獨立性。他們希望能夠定期召開會議，每逢新王登基，無需召開集會的手諭也可集會，許多轄區甚至呼籲應將其定為常設會議。倘若截至法律規定的最後期限仍無召集通知，人們有權拒絕納稅。另有少數人提議，在兩屆會議的間隔期間，可設立過渡委員會，負責監督政府。然而陳情書中顯示，人們普遍反對這種委員會，認為它完全違背憲法。他們的理由很奇怪：規模這麼小的議會，面對政府時，難免受其教唆慫恿。

貴族們一致要求取消大臣解散議會的權力，若有人密謀擾亂會議秩序，就應受法律制裁；任何官員、或與政府有所關連的個人，均不得擔任議員；陳情書還希望保證議員不受人身侵犯，不得因其政見而被起訴；議會應公開，為鼓勵民眾參與商議，應借助印刷品傳播會議內容。

許多陳情書認為應取消總督和稅務總管的職位，並一致聲稱，從今以後，唯有省級議會可分派捐稅，並負責監督省內的特殊利益集團。區議會和教區議會也可效仿此法，它們自此僅隸屬於省三級會議。

權力區分、立法權：關於王權和國會權力之間的區分，貴族階級聲稱，任何法律只有經過三級會議和國王的同意，並在負責執行的法院註冊備案後，才具有效力；唯有三級會議有權設立、確定徵稅金額；只有在兩屆三級會議間隔期內，才能同意給予津貼；所有未經三級會議同意而徵收或設立的捐稅均為非法，凡下令徵收此類稅款的大臣和稅務官，均以貪汙罪論處；未經三級會議同意不得舉債；除非在最短期限內召開三級會議，否則不得動用其決定的貸款，留待政府在戰時和重大災害時期使用；國庫所有開支都要受三級會議監督；由三級會議確定各部門的支出，並須採取最謹慎的預防措施，以確保撥款不會超支。

多數陳情書懇求廢除那些激起民怨的捐稅，像登記稅、百分之一得尼埃稅[90]、批准稅等國王領地稅務局轄下的稅目。其中一份陳情書說：「單是稅務局這個名字就足以傷害國民，因為它宣布公民財產中貨真價實的一部分歸國王所有。」

貴族階級顯然是想借助三級會議和省級議會，把財政管理權收歸人民，不論是借款及稅收制度的制定，還是徵收捐稅，均是如此。

司法權：同樣地，在司法組織方面，貴族們力求讓法官的權力，或至少是大部分權力，隸屬於國會。許多陳情書這樣寫道：「法官履行職責時要對國會負責」；未經三級會議同意，不得將法官免職；未經三級會議允許，任何法庭不得以任何藉口干涉法官行使職

90　百分之一得尼埃稅：財產和不動產的轉移，除了直系繼承或婚姻契約贈與外，均需繳納轉移物價值百分之一的稅。

權；三級會議負責審理最高法庭和高等法院的瀆職行為。據多數陳情書所言，除非人民推薦，否則國王不得任命法官。

行政權：行政權一律歸國王所有，但也應設立必要的限制，以防止濫用職權。因此，在行政管理方面，陳情書要求政府各部門刊印帳目，公之於眾；大臣須對國會負責；同樣地，國王在調動軍隊抵禦外侮之前，需向三級會議說明意圖。在國內，非經三級會議徵調，軍隊不得用來對付本國公民。和平時期要限制軍隊編制，僅保留三分之二的二等兵員。政府雇用的外國兵團應遠離王國中心，可派其駐守邊境。

閱讀貴族的陳情書時，最使人驚訝、且任何摘要都無法再現的事實，是他們有多麼與時俱進：這些貴族頗具時代精神，能夠流利使用當代語彙。他們談論不可剝奪的人權，也談論社會契約固有的原則。涉及個人時，他們通常會關注權利；涉及社會時，則關注義務。他們認為，政治原則和道德原則一樣，都是絕對的，二者的共同基礎是理性。他們希望徹底清除殘餘的農奴制，因為這是最後一絲戕害人性的痕跡。貴族們有時稱路易十四為「公民國王」，還屢屢提到危害國民罪，後來證明這條罪狀正是他們發明的。貴族和其他人都公認所有人都有受教育的權利，教育事業應由國家出面領導。一份陳情書中寫道，三級會議十分關注「透過兒童教育改革來塑造民族性格」一事。貴族及其同時代的人，都對統一立法表現出持久熱切的渴望，不過，事關本階級存亡時則另當別論。他們和第三階級一樣，都希望統一行政管理、統一度量衡等等；他們提及各種形式的改革，呼籲改革要徹底。依其所言，所有捐稅都應廢除或修改，無一例外；整個司法制度也都需要變革，而領主司法除外，領主司法只需使之完善即可。他們的想法就像所有法國人一樣，認為法國就是個政治領域的實驗室，或者某種試驗田，在這裡，一切都應被翻耕，一切都應加以嘗試，除了那些生長著他們個人特權的小角落。總之，讀貴族陳情書讓我們知道，只要貴族是平民，他們就能發動這場大革命，因為這是他們唯一不具備的因素。

原注⑩

十八世紀末，法國出現的這種進步精神，同時也出現在整個德國，並且在各處都伴隨著改革舊制度的願望。以下是一位德國歷史學家對當時德國狀況的描述：

他說：「十八世紀下半葉，新的時代精神逐漸滲透到教會領地，教會也著手改革。工業和寬容深入各處，大國已經實行的開明專制在這裡也已出現。可以這麼說，教會領地在十八世紀的任何時期，都不像在法國大革命前最後那幾十年那樣，出現了如此引人注目、如此值得尊敬的君主。」

應當注意到這幅情景與那時的法國多麼相似：致力於改良和進步的運動在同一時期興起，最有資格進行統治的人，在法國大革命即將吞噬一切的時刻現身了。

還應當承認，這部分的德國顯然已捲入法國的文明與政治運動。

原注⑪

儘管各國政制制度的附屬機構都有不完善之處，但只要這些制度遵循的總原則是有生命力的，並受到某種精神的激勵而富有生氣，各國都有繁榮的能力。這種現象在我們研究上世紀英國司法體制的過程中看得最清楚，就像布萊克斯通[91]向我們證明的那樣。

在英國首先能看到兩個重要的、且令人震驚的多樣性，一是法律的多樣性，二是法庭的多樣性。

一、法律的多樣性：

1. 英格蘭本土、蘇格蘭、愛爾蘭，及大不列顛各歐洲附屬地，如馬恩島、諾曼第群島等，以及各殖民地，這些地方的法律都各不相同。

2. 英格蘭本土有四種法律：習慣法、成文法、羅馬法、衡平法。習慣法分為一般習慣法和特殊習慣法，前者在全王國皆通用，後者用於某些領地和城市，有時僅限於某些階級，如商人習慣法。這些習慣法有時彼此大相逕庭，如那些與英

---

91 布萊克斯通（Sir William Blackstone,1723-1780）：英國法學家、法官，在英國大學中教授英國法的第一人。

國法律普遍傾向背道而馳的習慣法，規定遺產需由所有子女均分；而更讓人難以理解的是，長子繼承權只給最年幼的子女。

二、法庭的多樣性。據布萊克斯通說，英國法律設置了大量不同的法庭，具有不可思議的多樣性。以下試簡要分析。

1.首先看到的是英格蘭本土以外的法庭，如蘇格蘭和愛爾蘭法庭，它們並不總是隸屬於英國最高法庭，儘管我想它們最後都必須通向貴族法庭。

2.至於英格蘭本土，如果我沒漏掉什麼的話，布萊克斯通的分類中有：

(1)十一種根據普通法而存在的法庭，其中四種實際上似乎已經被廢除了。

(2)三種裁判管轄區擴及全國，但只用於某些方面的法庭。

(3)十種具有特殊性的法庭。其中之一由地方法庭組成，地方法庭根據最高法院的不同法令創設，或根據傳統而存在；或在倫敦，或在省城或市鎮。這類法庭數不勝數，無論是結構或規章都呈現多樣性，作者沒有詳細描述。

因此，按照布萊克斯通的解釋，僅在英格蘭本土，在他寫作的那個時代，也就是十八世紀下半葉，就有二十四種法庭，其中好幾種又細分為諸多形象各異的法庭。撇開從那時起似乎差不多已經消失的法庭，還剩下十八或二十種。

現在，如果我們仔細考察這個司法制度，很容易就能看到它有各種不完善之處。

法庭雖多，但往往缺乏離訴訟人近、花費少，並能就地審判小案件的初審小法庭，這使得訴訟不方便並且昂貴；同樣的案件由好幾個法庭管轄，這使得訴訟一開始就不明確；幾乎所有上訴法庭，在某些情況下，都要進行初審審判，有時候是普通法法庭，另一些時候是衡平法法庭；上訴法庭各不相同，唯一的中心點是貴族上議院；行政訴訟與普通訴訟並不分開，大多數法國法學家認為這是一大缺陷。最後，所有這些法庭都要根據四部不同的立法做出裁決，其中一部立法只是由先例確立，另一部，即衡平法，依據不明確，因為其目的往往是反對習慣法或成文法，並由法官任意修改成文法或習慣法中已經過時或過於嚴厲的條文。

這些都是其缺陷。如果我們將英國司法這部巨大而古老的機器，和法國司法制度的現代化工廠做比較；將法國司法制度的簡單、嚴密、連貫性，與英國司法的複雜、結構鬆散進行對比，英國司法的缺陷似乎更為明顯。然而，自布萊克斯通那個時代以來，世界上還沒有一個國家像英國那樣，徹底實現了司法的偉大目的。也就是說，在英國，任何一個人，無論其社會地位如何，無論他起訴的是個人還是國王，都更有可能使別人聽到他的控訴，並在他國家的所有法庭，都能找到維護其財產、自由和生命的最大保障。

這並不意味著英國司法制度的種種缺陷都有益於我所說的司法的偉大目的，這只是證明，一切司法組織都有其次要的缺陷，對司法的偉大目的能造成輕微的危害。而其他的主要缺陷，儘管有許多次要的完善之處，卻不僅危害司法的目的，還會將它毀滅。次要缺陷最容易被發覺，它們最先驚動的是普通老百姓，它們如人們所說的一樣，一目了然。其他的主要缺陷常常更隱祕，發現或指出這些缺陷的並不全然是法學家或其他法界人士。

此外請注意，同樣的優點可以是次要的或主要的，依時代和社會政治組織而定。在貴族制時代，也就是不平等的時代，如試圖在法庭面前減少某些個人特權、為歸法院管轄的弱者提供保障，以對付歸法院管轄的強者、使國家行為居統治地位，這種種努力自然都是公允的，尤其當只涉及兩個臣民之間的訴訟時。此時這是主要優點。但是，隨著社會狀況和政治體制轉向民主制，它們的重要性就減弱了。

如果根據這些原則研究英國的司法制度，我們就會發現，所有可能使我們鄰國的司法變得模糊、不暢通、遲緩、昂貴和不便的缺陷依然存在，但是人們採取了數不勝數的防範措施，使強者最終不能以損害弱者來獲益，國家也不能以犧牲個人來獲益。隨著我們深入研究英國立法的細節，我們看到，英國司法制度為每個公民提供了各式各樣的自衛武器，所有的安排目的都是為了提供每個人最大可能的保障，以對抗不公正、法官的賣官鬻爵——這在民主時代更為普遍，尤其也更危險，因為它產生於法庭對公共權力的卑躬屈膝。

從各方面來看，我覺得英國司法制度雖然存在許多次要的缺陷，卻還是比法國的司法制度合理。法國的司法制度幾乎沒染上英國司法制度的缺陷，卻也沒有英國司法制度的主要優點。它在公民的個人爭辯中為每個人提供出色的保障，但在保障個人的利益不受到國家侵犯方面卻非常不足，在像法國這樣的民主社會中，這是始終需要加強的方面。

原注⓬

大革命的發生不能歸因於此一繁榮景象，但可能導致大革命爆發的那種精神，那種活躍、不安於現狀、機智而創新、有抱負的精神，也就是一切新社會所有的那種民主精神，已開始使一切富有生氣，並在使社會瞬間傾覆之前，就已促進社會的動搖與發展。

舊制度與大革命 / 托克維爾 (Alexis de Tocqueville) 著
李焰明譯 . -- 初版 . -- 臺北市 : 時報文化 , 2015.11
面； 公分 . -- (近代思想圖書館 ; 51)
譯自 : L'Ancien regime et la Revolution
ISBN 978-957-13-6391-2(平裝)
1. 法國大革命
742.251 104017369

ISBN 978-957-13-6391-2
Printed in Taiwan

近代思想圖書館 51

舊制度與大革命

L'Ancien Régime et la Révolution

作者 阿勒克西・德・托克維爾 Alexis de Tocqueville ｜ **譯者** 李焰明 ｜ **責任編輯** 陳怡慈 ｜ **文字編輯** 施舜文 ｜ **封面設計** 小子 ｜ **董事長** 趙政岷 ｜ **出版者**／時報文化出版企業股份有限公司 108019 台北市和平西路三段 240 號 1 至 7 樓 **發行專線**——(02)2306-6842 **讀者服務專線**——0800-231-705・(02)2304-7103 **讀者服務傳真**——(02)2304-6858 **郵撥**——19344724 時報文化出版公司 **信箱**——10899 台北華江橋郵局第九十九信箱 **時報悅讀網**——http://www.readingtimes.com.tw ｜ **法律顧問** 理律法律事務所 陳長文律師、李念祖律師 ｜ **印刷** 家佑實業股份有限公司 ｜ **初版一刷** 2015 年 10 月 23 日 ｜ **初版二刷** 2022 年 10 月 21 日 ｜ **定價** 新台幣 420 元 ｜